Street Art Book Art

By Ingrid Beazley

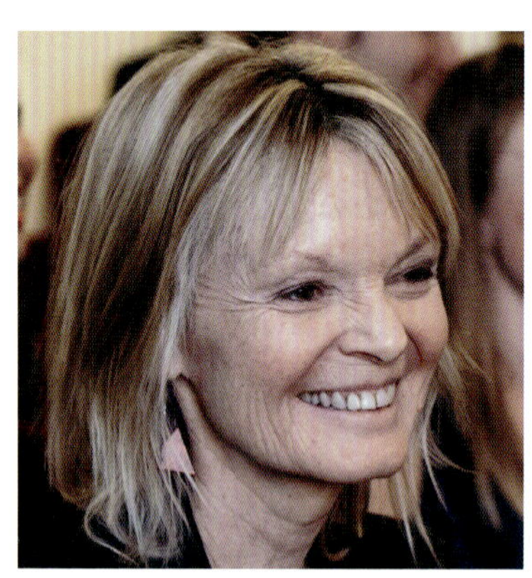

Ingrid Beazley

Ingrid has a BA in Art History and is a qualified teacher. She has worked in numerous schools in the UK and Singapore, and in the education department of Dulwich Picture Gallery — England's oldest public art gallery — for nearly 20 years, guiding, lecturing, and teaching children and adults.

Ingrid is passionate about breaking down prejudice in attitudes towards art. Over the past three years she has worked with 20 internationally renowned street artists who have created works in and around Dulwich, inspired by the 17th and 18th century paintings in Dulwich Picture Gallery. As a result, street art lovers from far and wide have been attracted to this quiet suburb of London and have discovered the glories of the Baroque art that inspired the artists they admire. In addition, the residents of the Dulwich area have been introduced to street art, and in the main are very impressed.

Ingrid has written the book *Street Art, Fine Art*, and an updated second edition, which document the creation of the Dulwich Outdoor Gallery, linking it to art from the past, and positioning it in the continuum of art history.

Contents

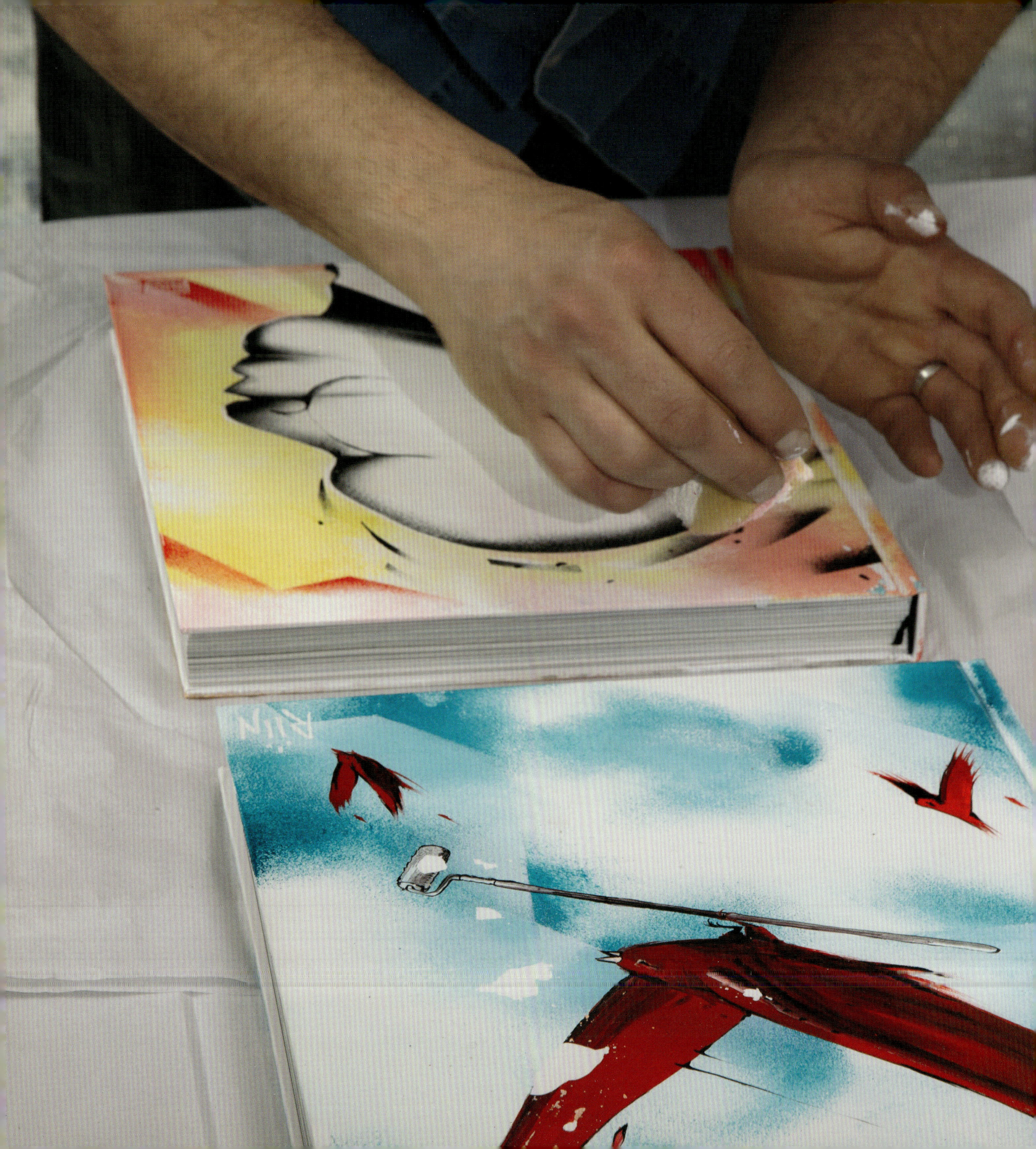

Introduction

Street Art, Book Art

Books have not been systematically decorated by hand since the invention of the printing press over 500 years ago, let alone a series by top international artists, so I am thrilled and delighted and very grateful to these 15 street artists who have painted the cover of my recent book, *Street Art, Fine Art*.

These artists are by definition open minded as they were happy also to be part of Dulwich Outdoor Gallery, which *Street Art, Fine Art* documents. In 2011 I met Stik at a talk he was giving at Forman's Smokehouse Gallery about street art. I had been in the fine art world for a good 15 years at that point, teaching, guiding and promoting art, mainly at Dulwich Picture Gallery in South London. This is Western European, mainly Baroque art, not immediately thought to be attractive to a young street artist from Hackney; or anyone from Hackney, for that matter; or anyone young for that matter. But Stik came to Dulwich Picture Gallery and looking at the art from the perspective of an artist, loved it. He saw many parallels in his art and that of the figure painters represented there, Gainsborough, Murillo and more, and within six months he and I had dragged interpretations of these venerated Old Masters onto the streets around the Gallery. I found the walls and got the permissions, Stik painted them. It went down well in the area.

A year later, with the help of Richard Howard Griffin and Remi Rough, 16 more street artists were doing exactly the same thing – coming to Dulwich, interacting with the Baroque paintings there, and interpreting them in their own style on walls and pavements in the local area. And this is continuing now.

Unlike works of art in museums, which are in strict climatic environments, where temperature, humidity and light are controlled to perfection and where they are insured and guarded, street art is out there in all conditions - to be washed away, subject to fading and flaking and occasionally defacing. No wonder there is an obsession to photograph it while it is still there and in good condition.

In addition, although people gazed, mainly in awe, at the street art popping up in the area, they did not necessarily understand its unifying theme and the connection with Dulwich Picture Gallery; two very good reasons for producing *Street Art, Fine Art*.

It was decided to print some with blank covers and ask the artists to paint them - and almost all of them did. Like street art itself, these are not a commercial undertaking, they are just very beautiful art works by a collection of top street artists, all on the same, very small scale. They do not, in the main, relate to the project, they are merely exquisite paintings in their own right. In 2015 they were brought together and displayed in specially designed acrylic cases at Pace Gallery, Soho, London.

So original art works (walls and pavements) have been recorded digitally in *Street Art, Fine Art*; then some of these books have been made into original art works again; and to complete the circle, these have been digitally recorded to create a further book - this book - so that many more people will have the opportunity to view them.

It is unlikely to be disputed that illuminated manuscripts are a branch of fine art. These books are too. Perhaps the title should be Street Art, Book Art, Fine Art.

Ingrid Beazley

Agent Provocateur

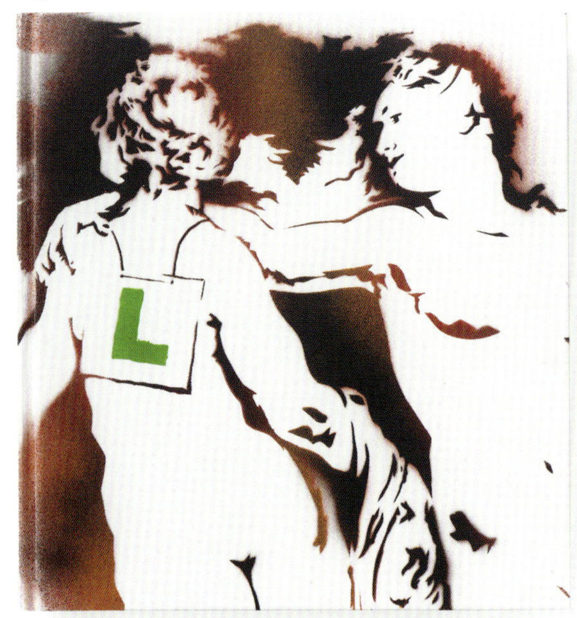

Ben Wilson

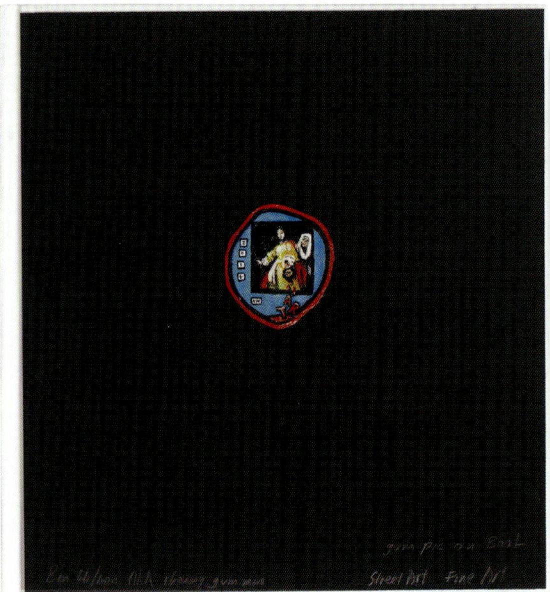

Christiaan Nagel

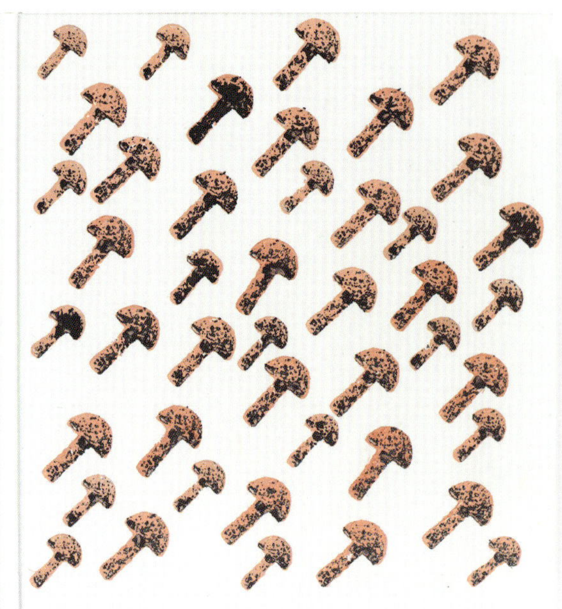

Dscreet

MadC

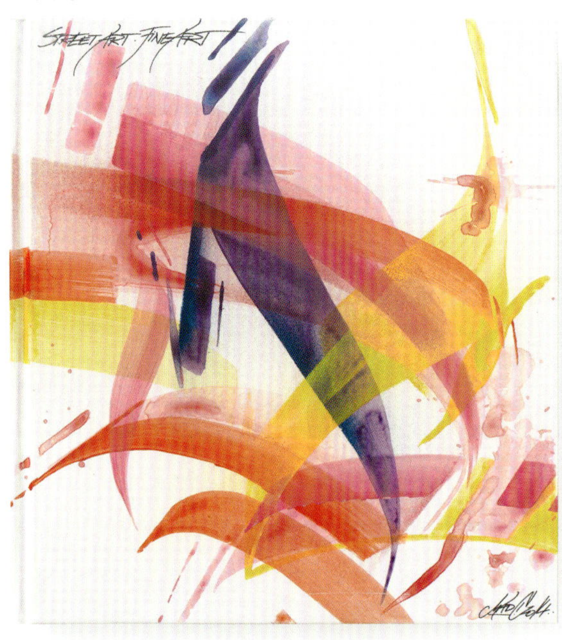

Mear One

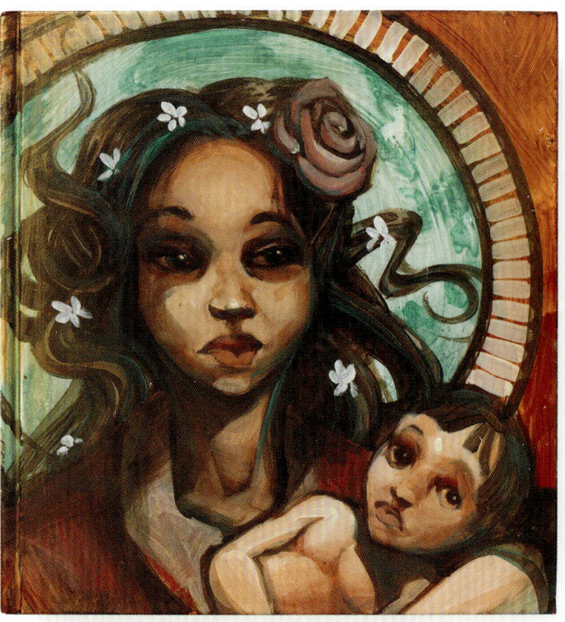

ROA

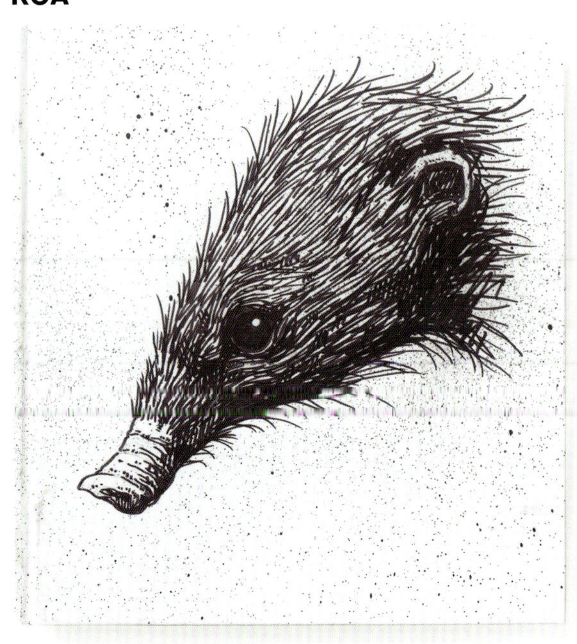

RUN

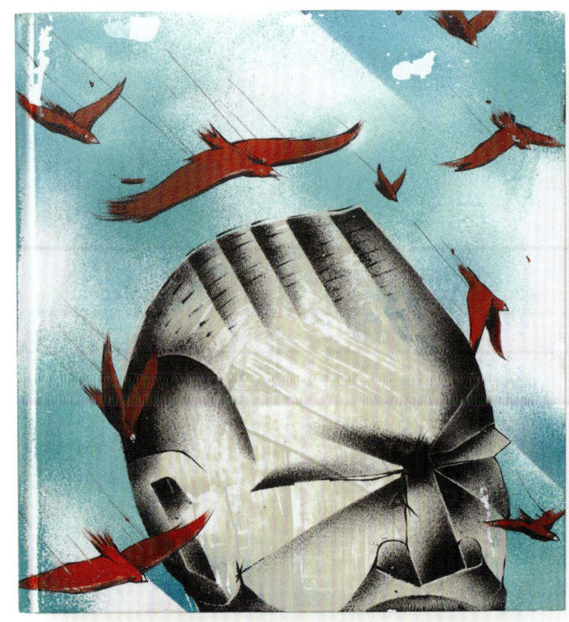

Stik

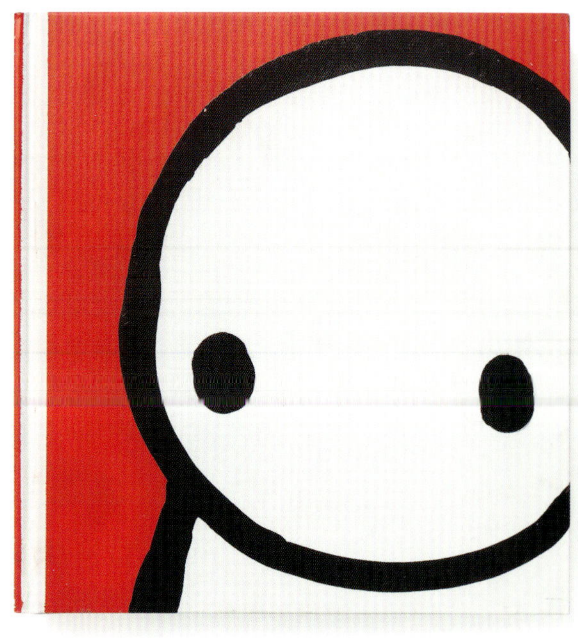

Book Covers

This book has been printed with 15 different covers, one for each artist. There is a limited edition of 100 per artist.

The book cover dimensions are the same for all of the artists:
front cover: 322 x 277 mm;
back cover: 322 x 277 mm;
spine: 322 x 32 mm.

Conor Harrington

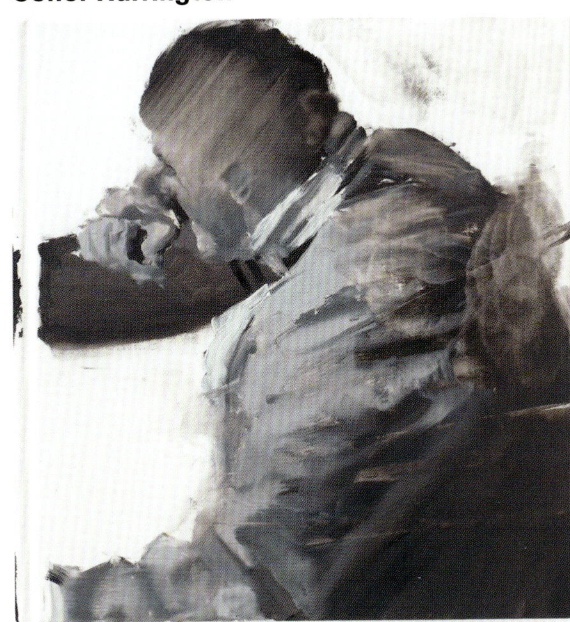

David Shillinglaw

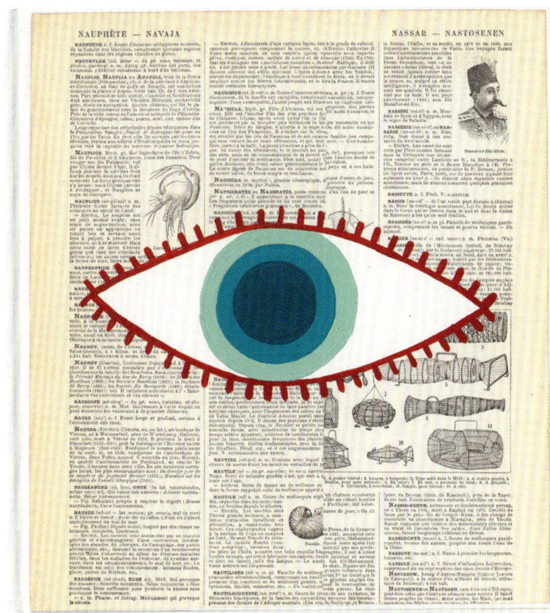

Pablo Delgado

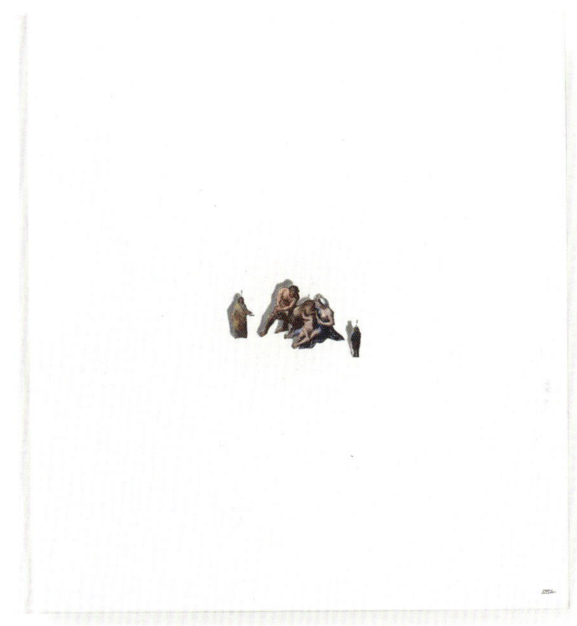

Remi Rough

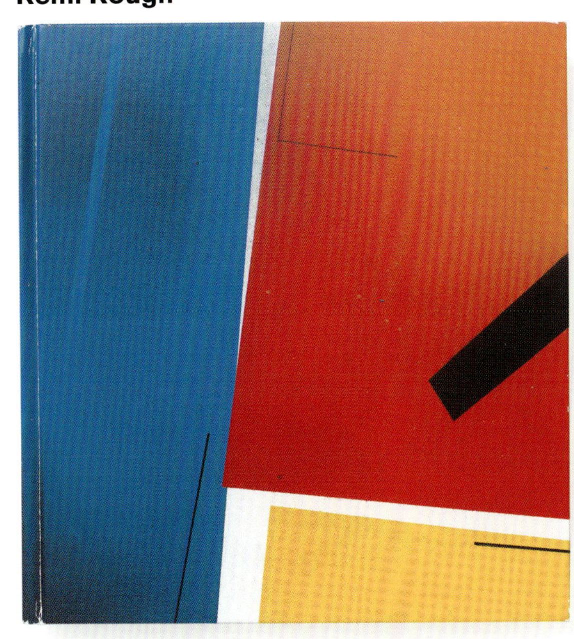

System

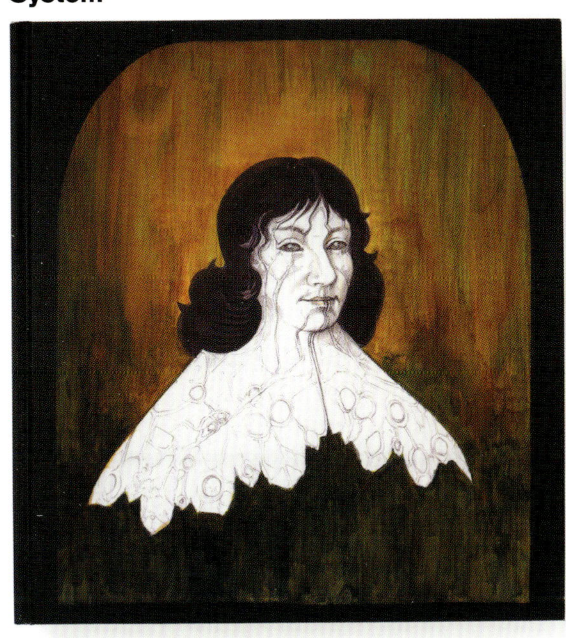

Thierry Noir

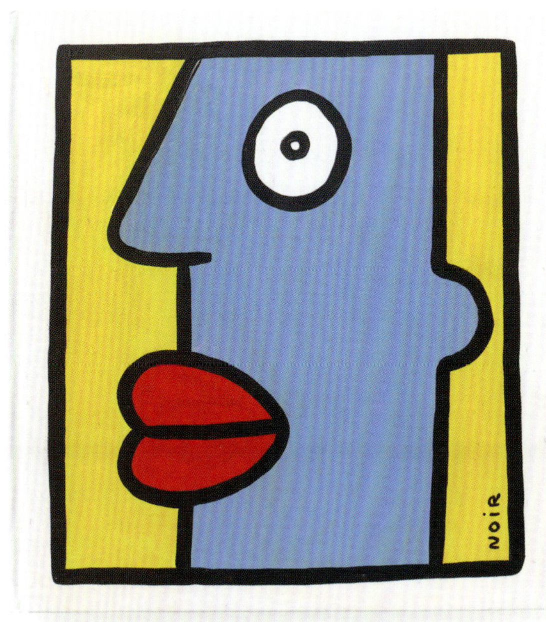

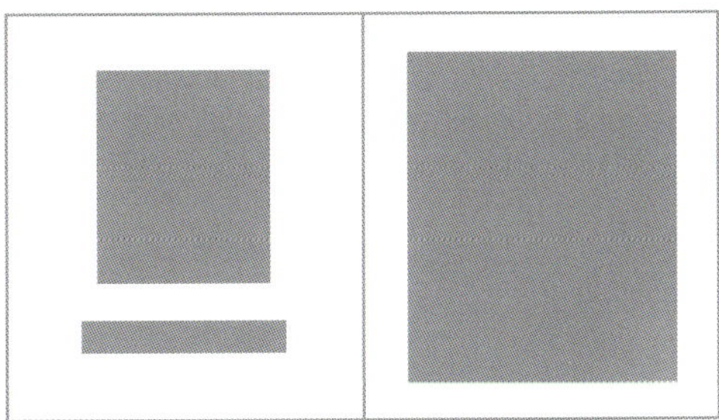

Images arranged clockwise from top left: back cover, front cover, spine. Where an image is not shown the artist decided to leave the cover blank.

Agent Provocateur

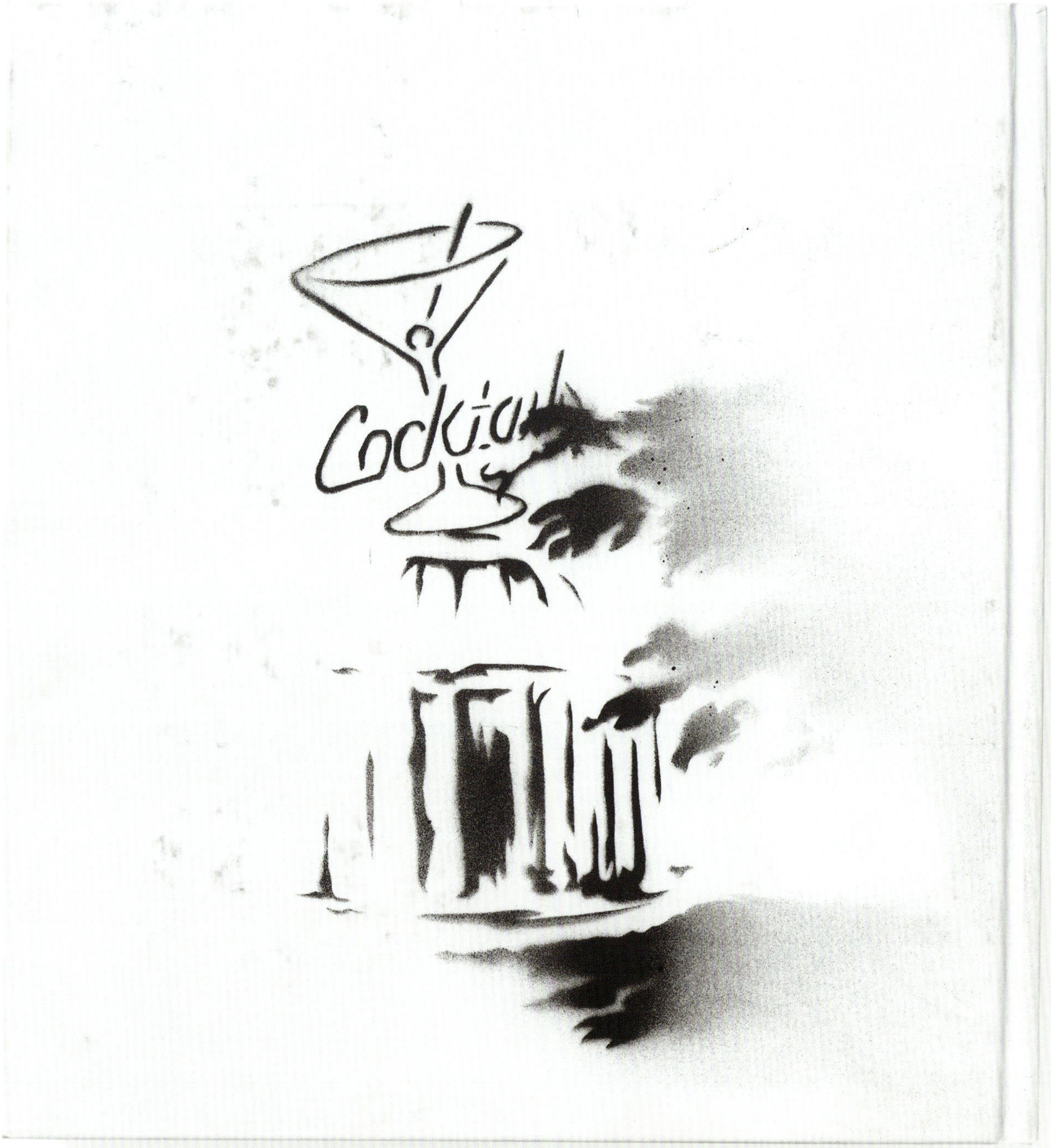

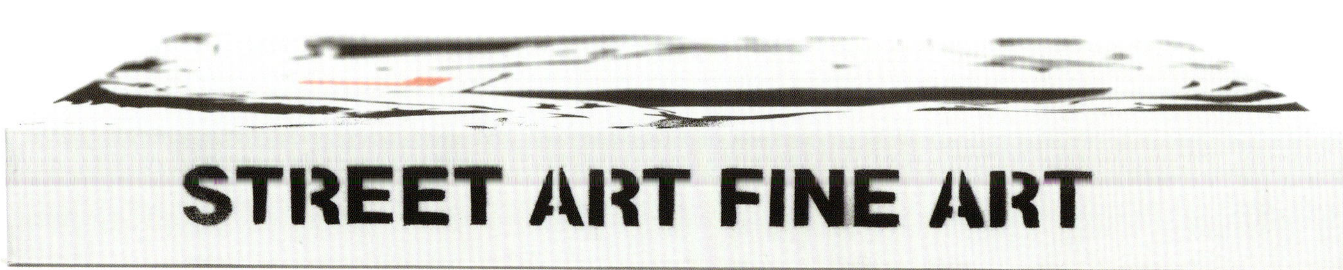

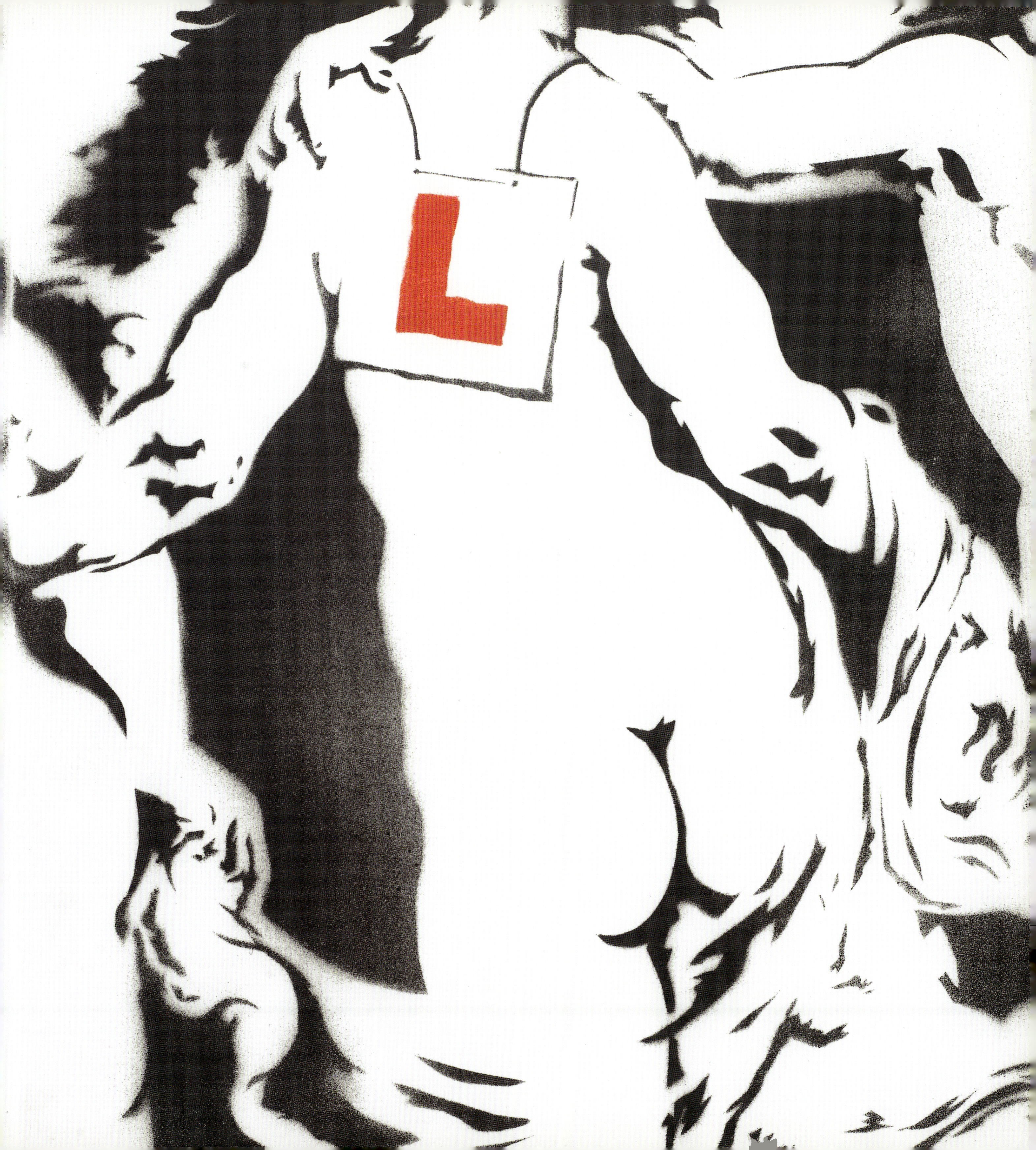
L

Agent Provocateur

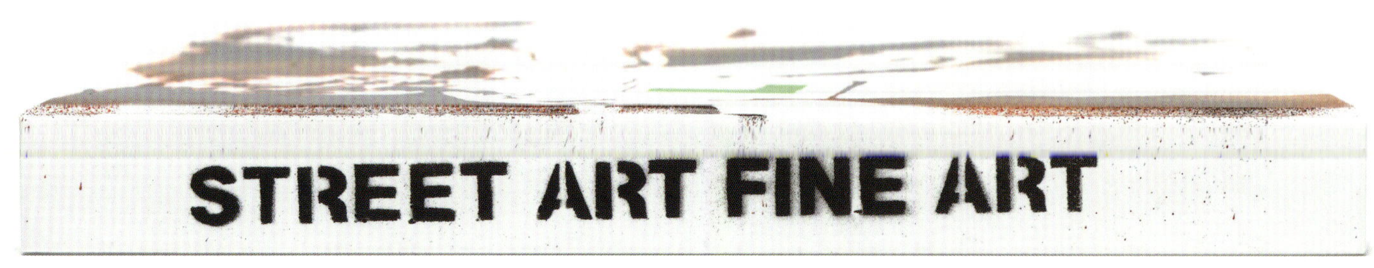

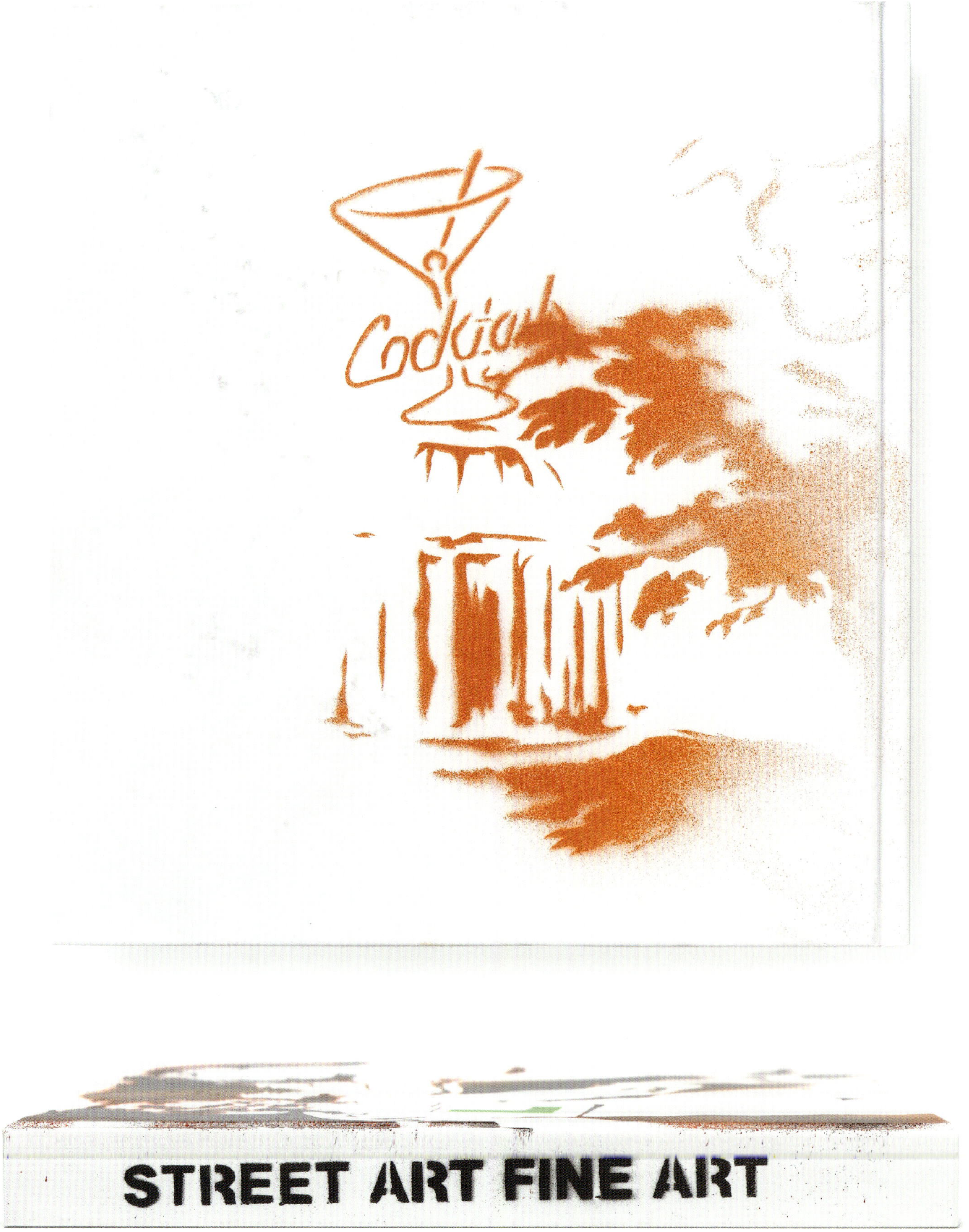

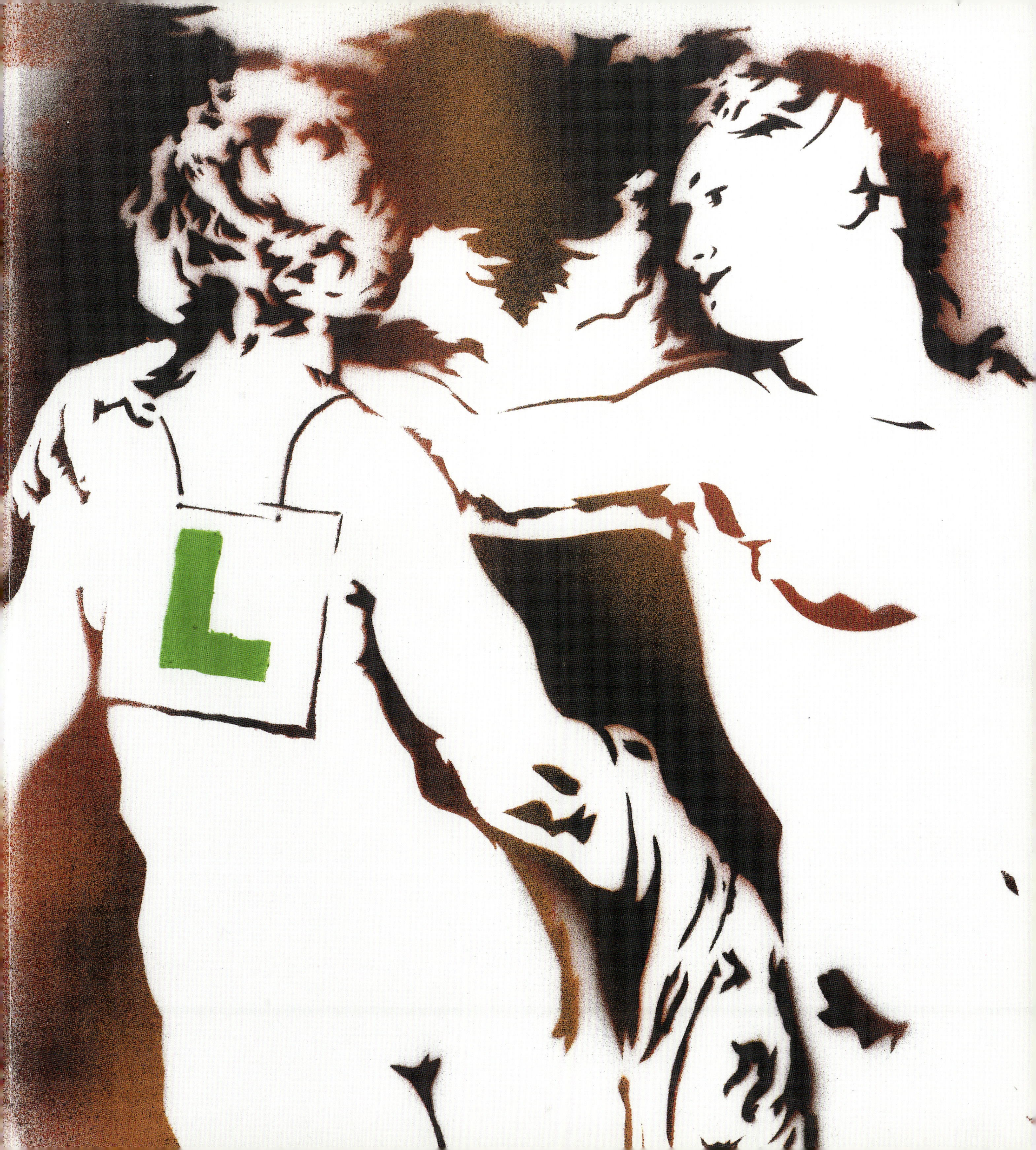

Agent Provocateur

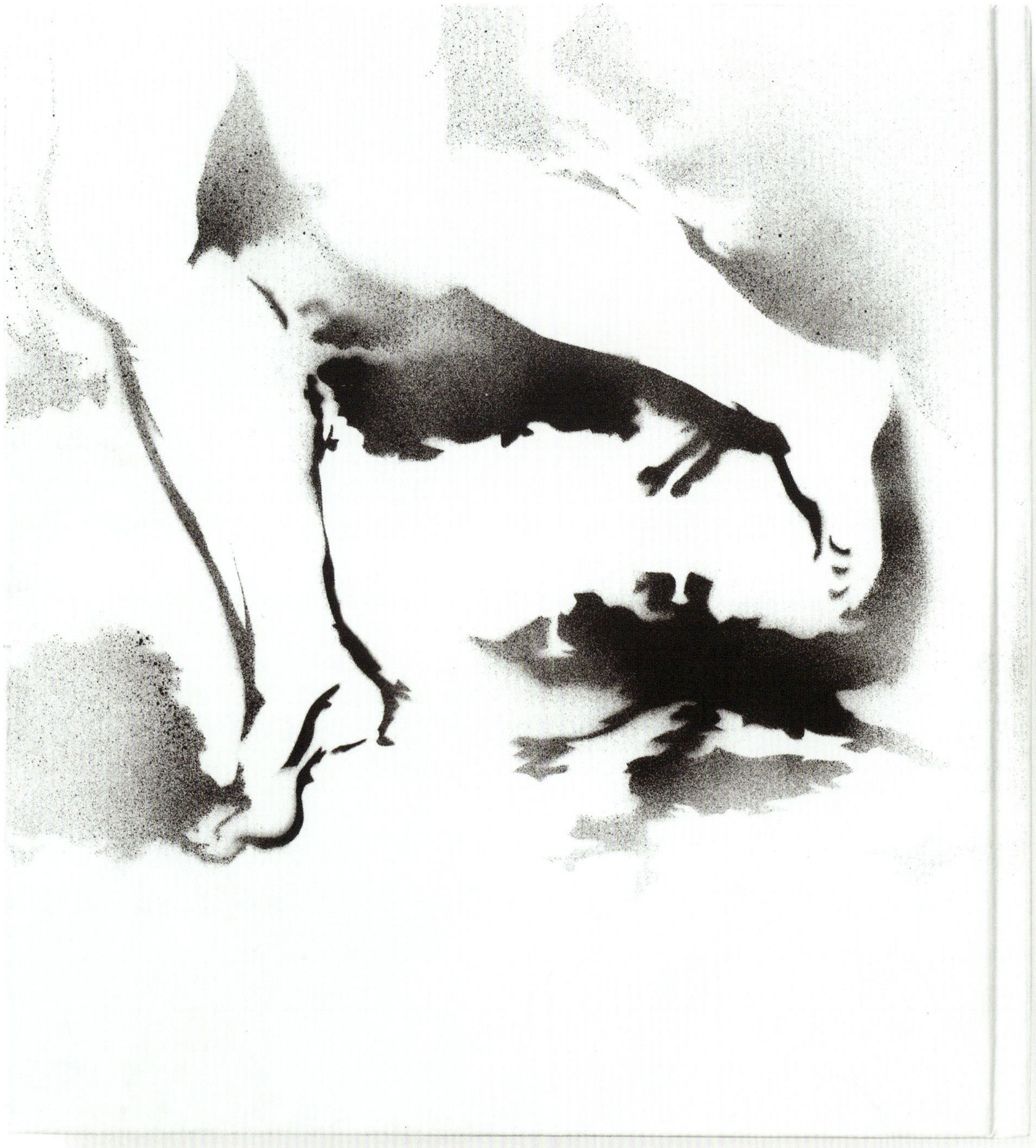

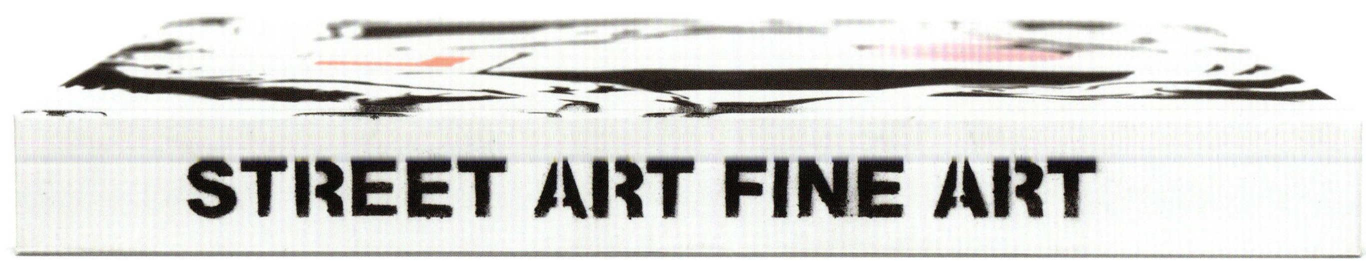

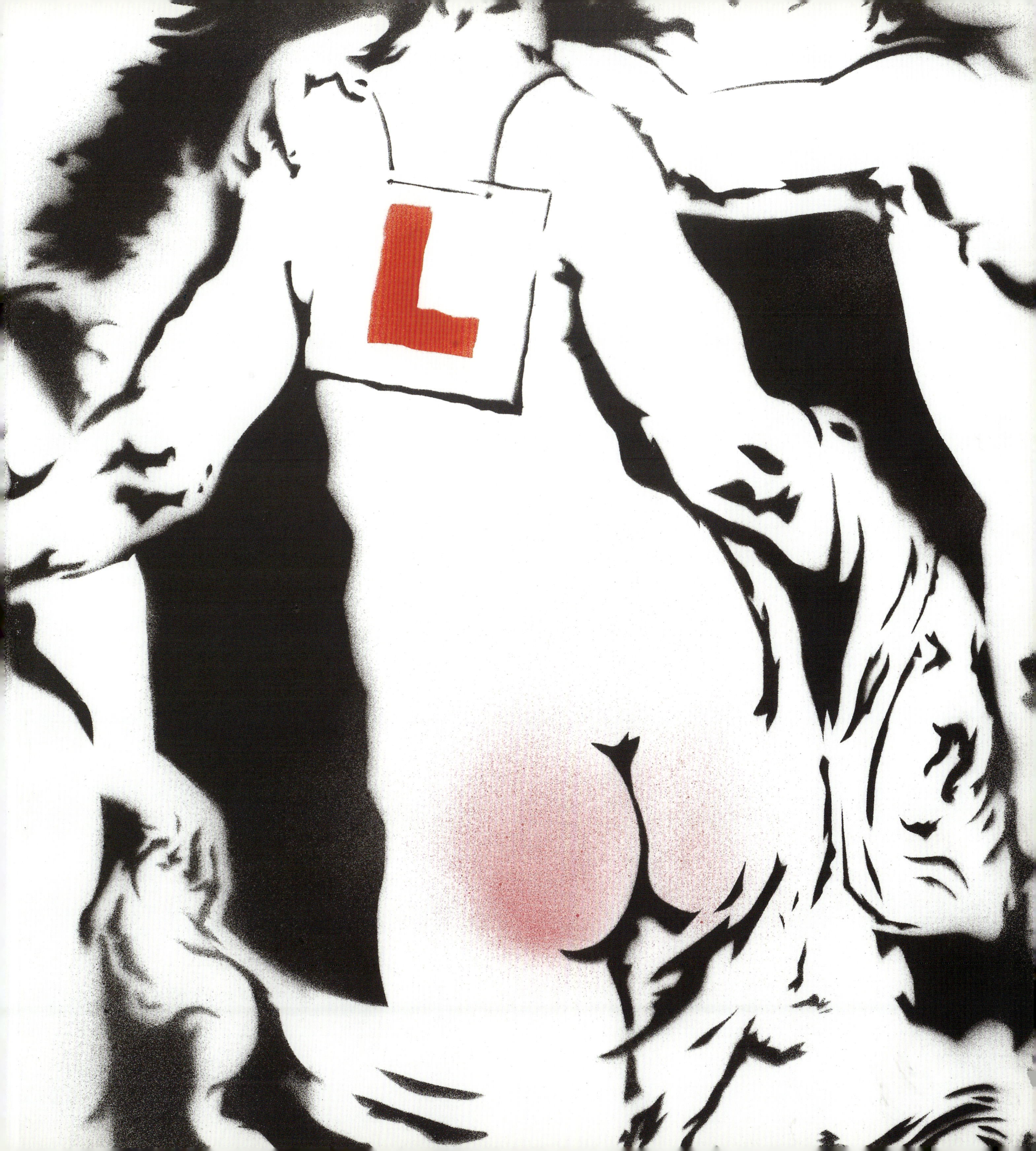
L

Agent Provocateur

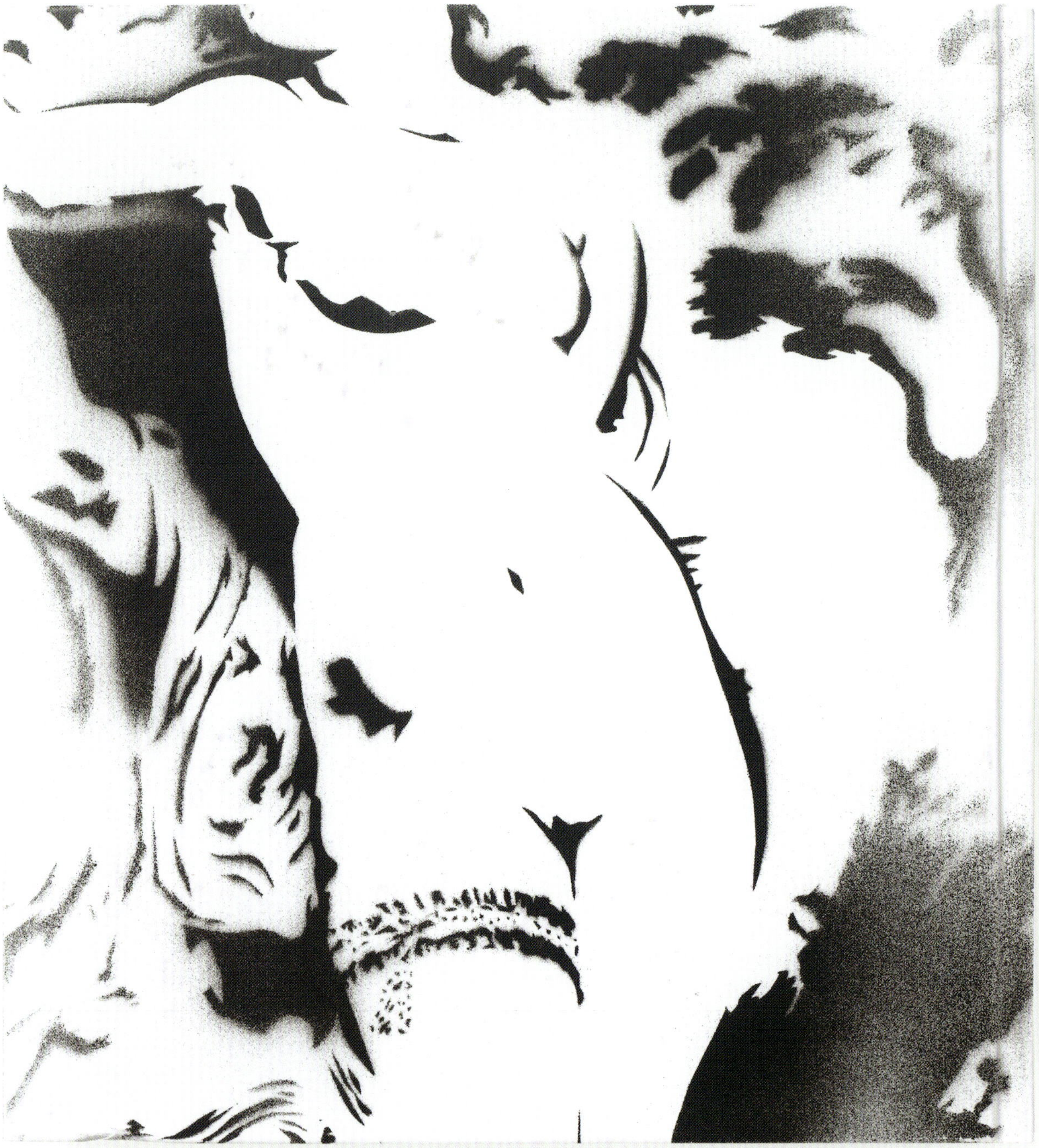

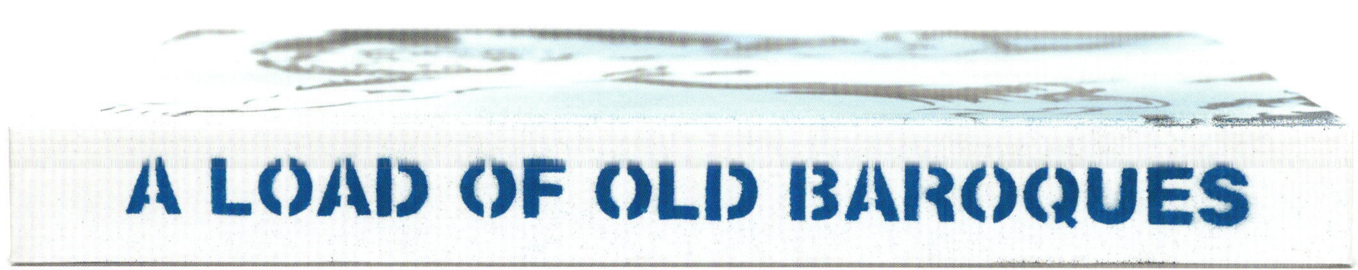

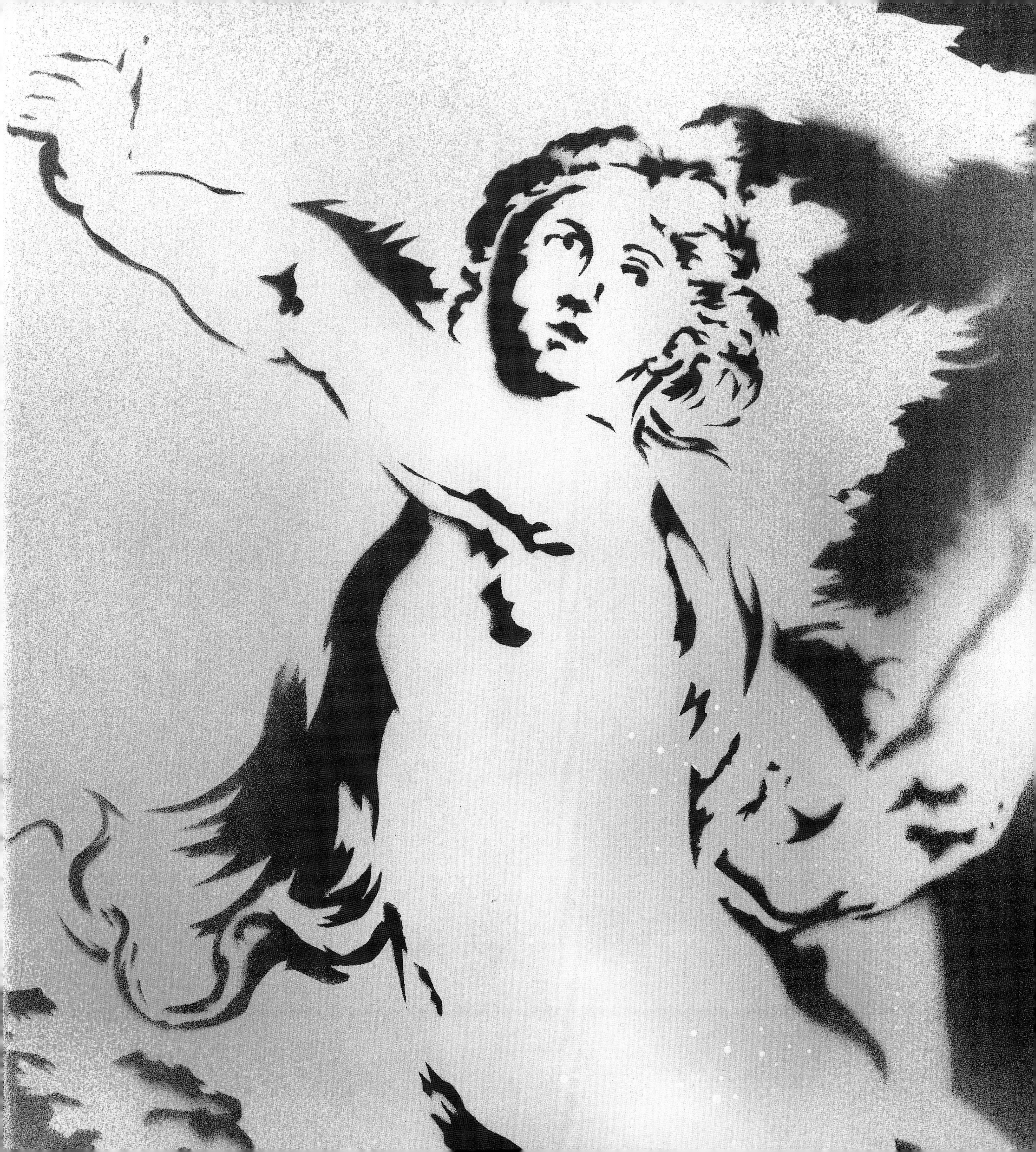

Agent Provocateur

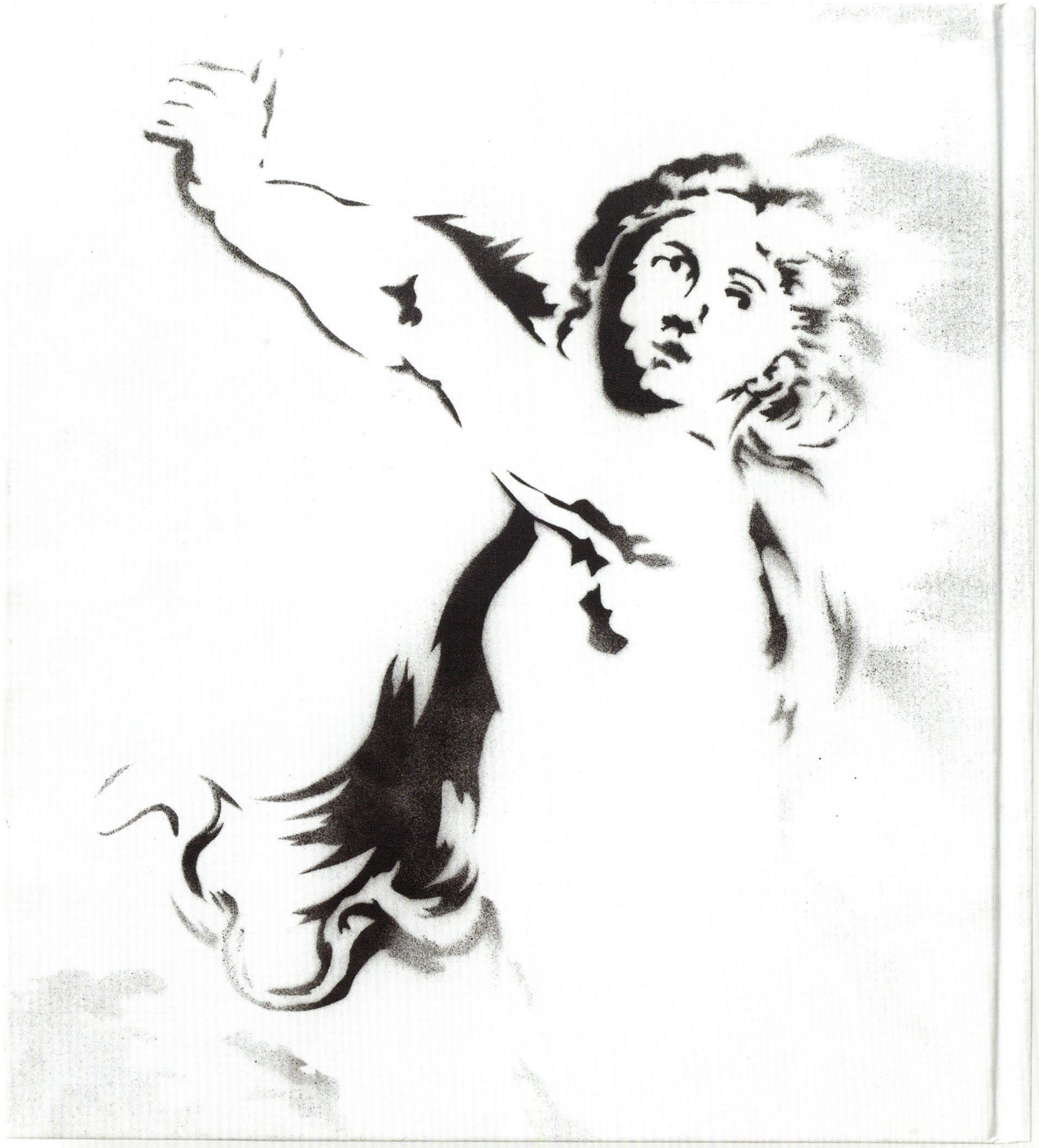

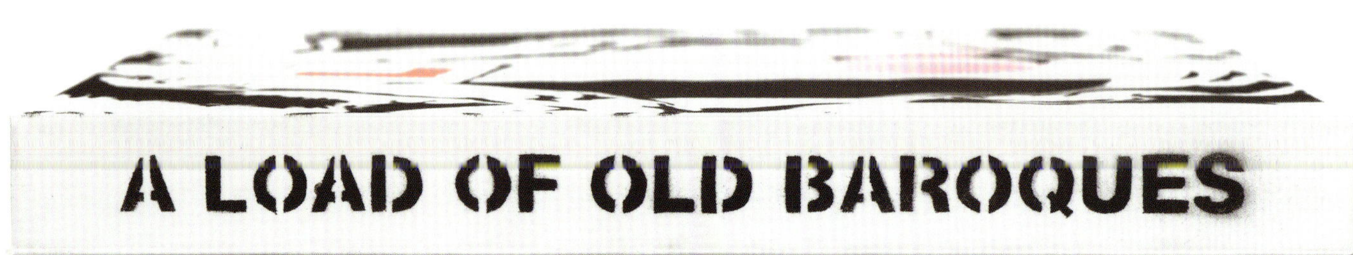

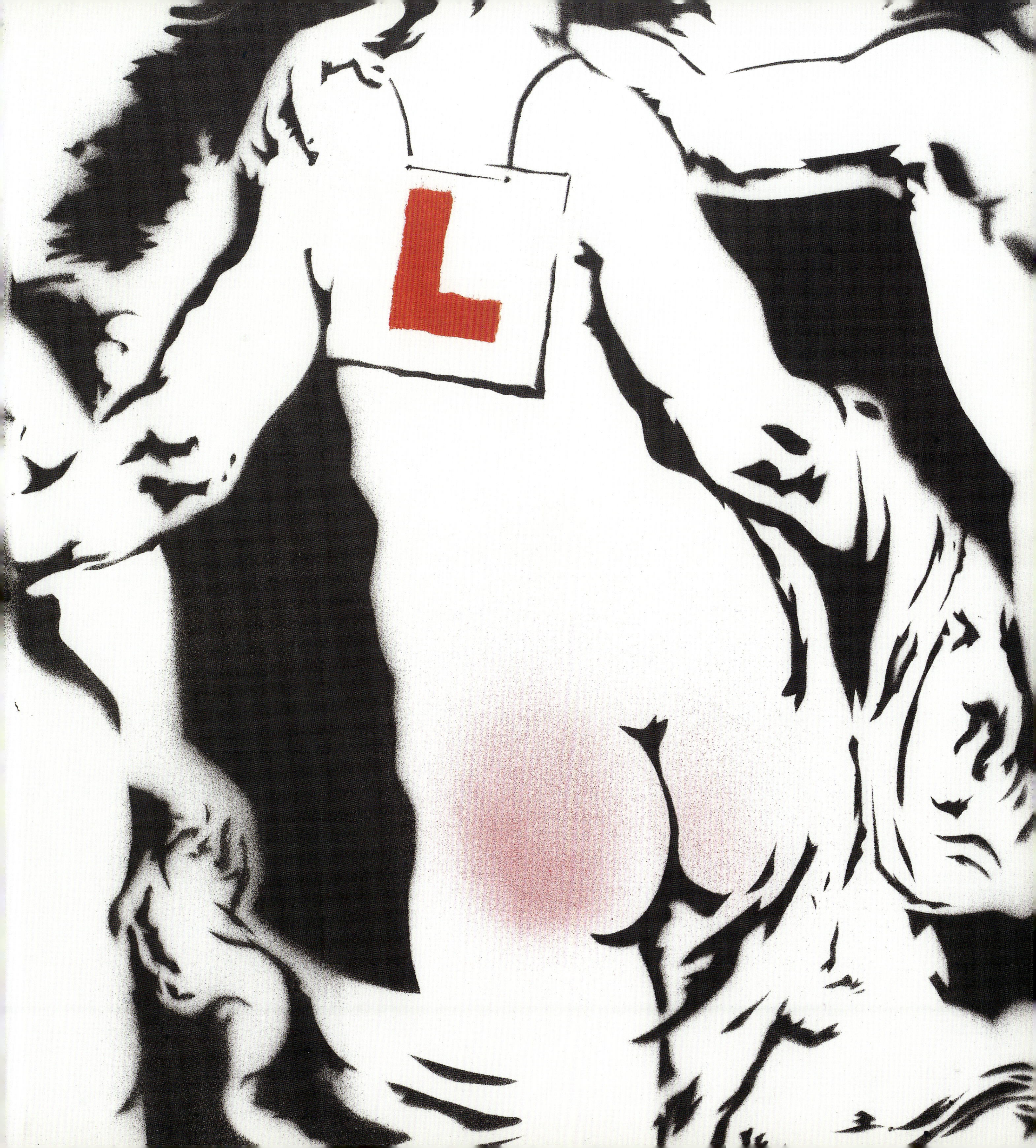
L

Ben Wilson

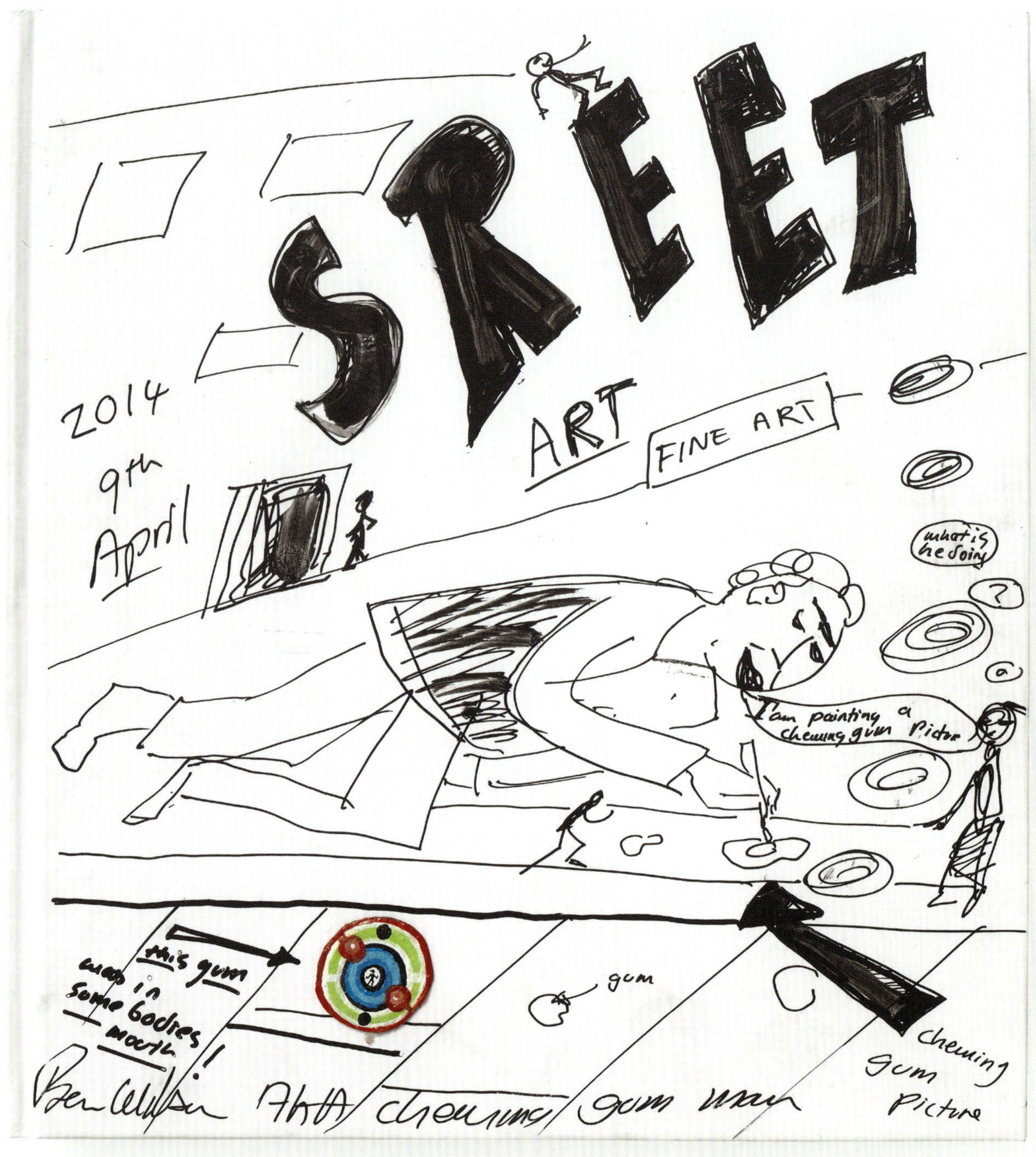

2014
9th April
ART
FINE ART
what is he doing
?
I am painting a chewing gum Picture
this gum was in some bodies mouth!
gum
chewing gum Picture
Ben Wilson AKA chewing gum man

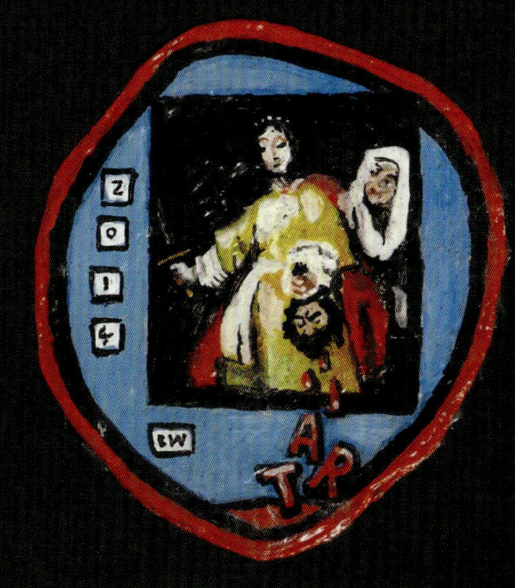

gum pic on Book

Ben Wilson AKA chewing gum man

Street Art Fine Art

Ben Wilson

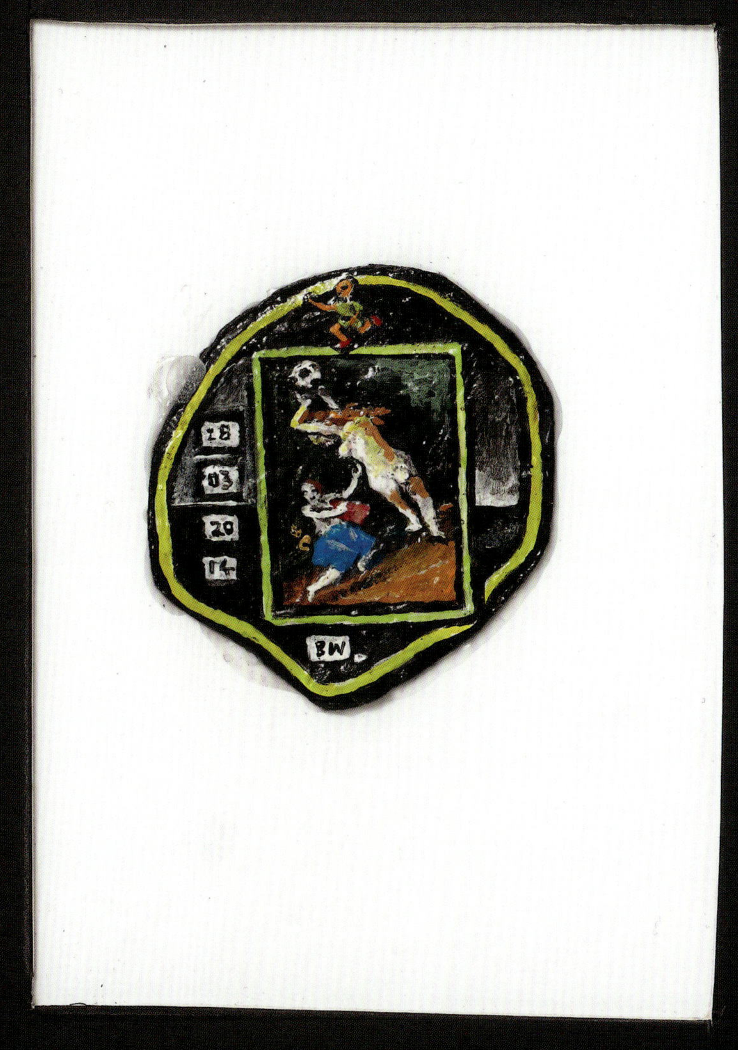

Street Art Fine Art

gum pic on 600k

Ben Wilson AKA chewing gum man

Ben Wilson

Ben Wilson AKA chewing gum man   Gum pic 09/04/2014

Ben Wilson

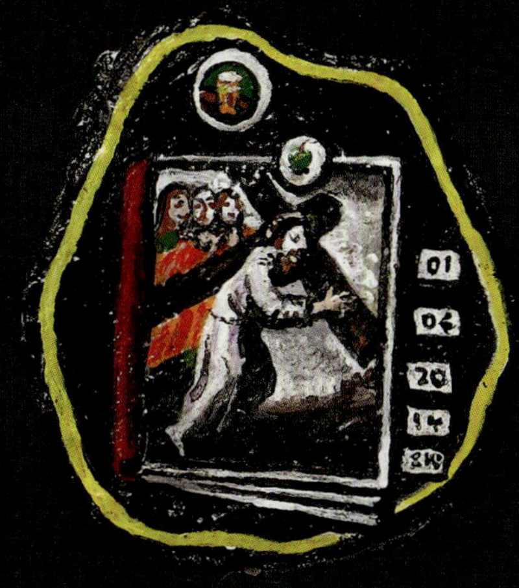

Street Art Fine Art

Ben Wilson AKA Chewing gum man gumpic on book

Ben Wilson

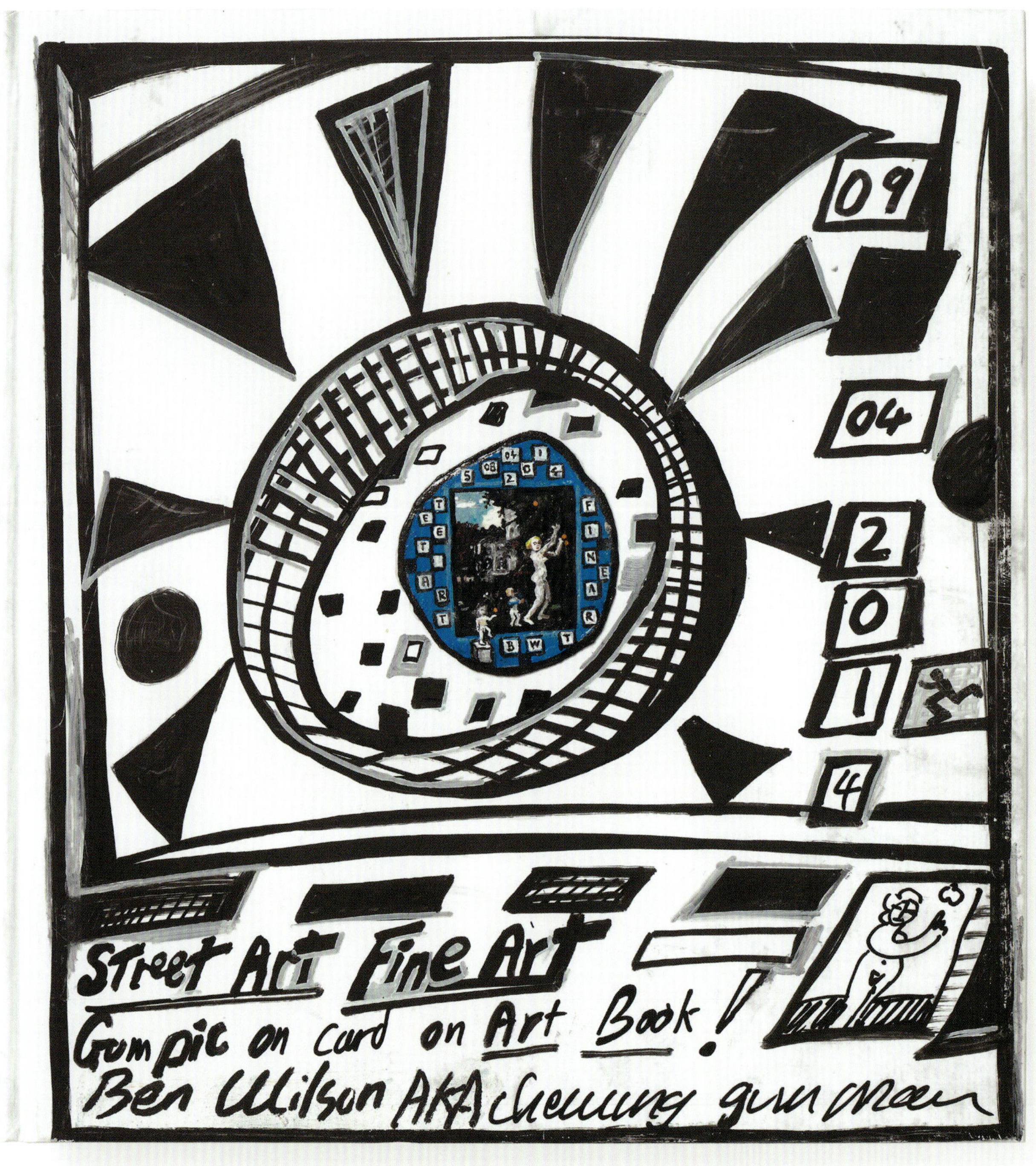

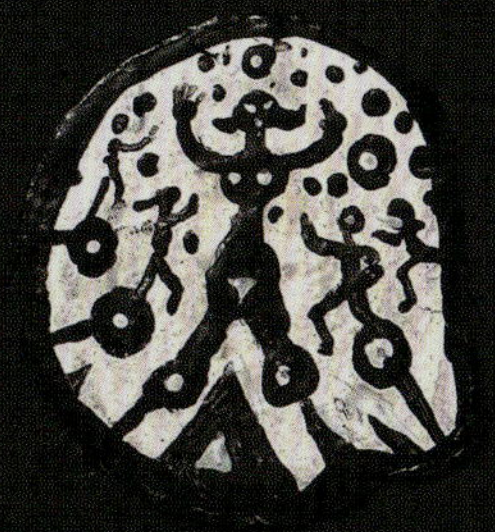

Gum pic made Feb 2014

Ben Wilson AKA Chewing gum man

Christiaan Nagel

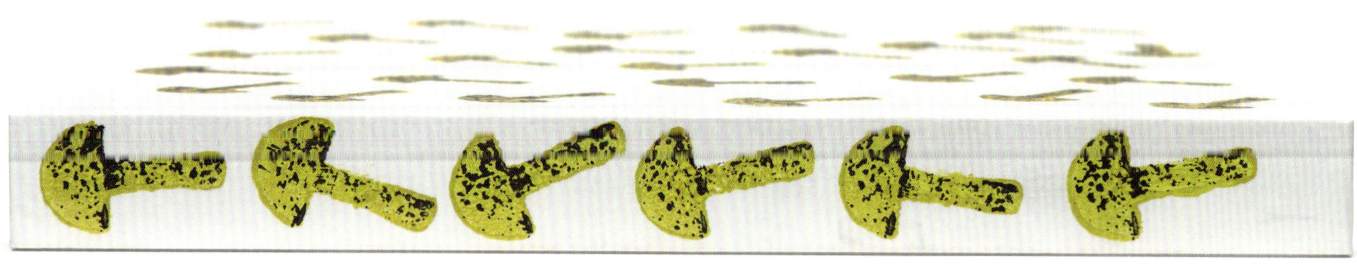

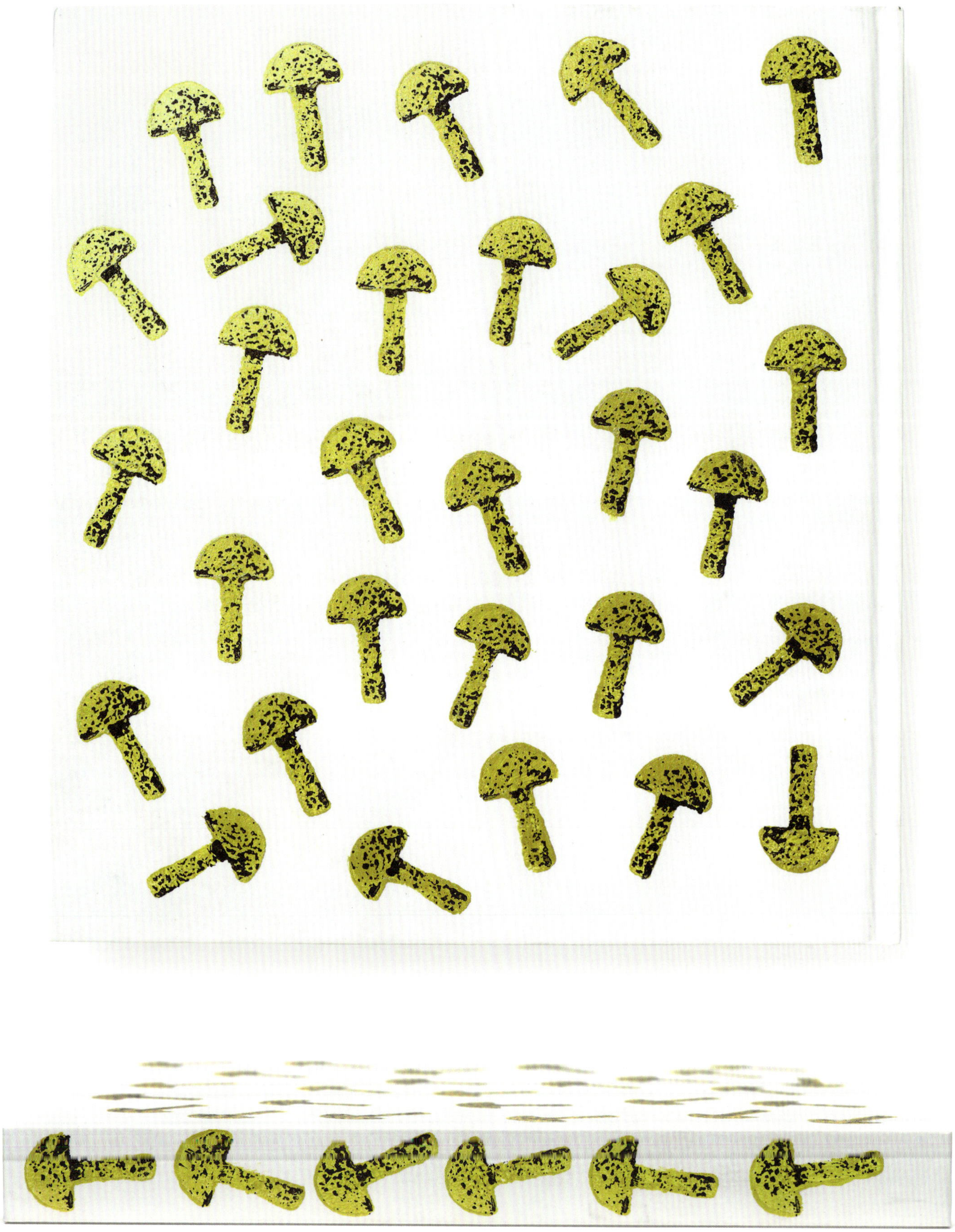

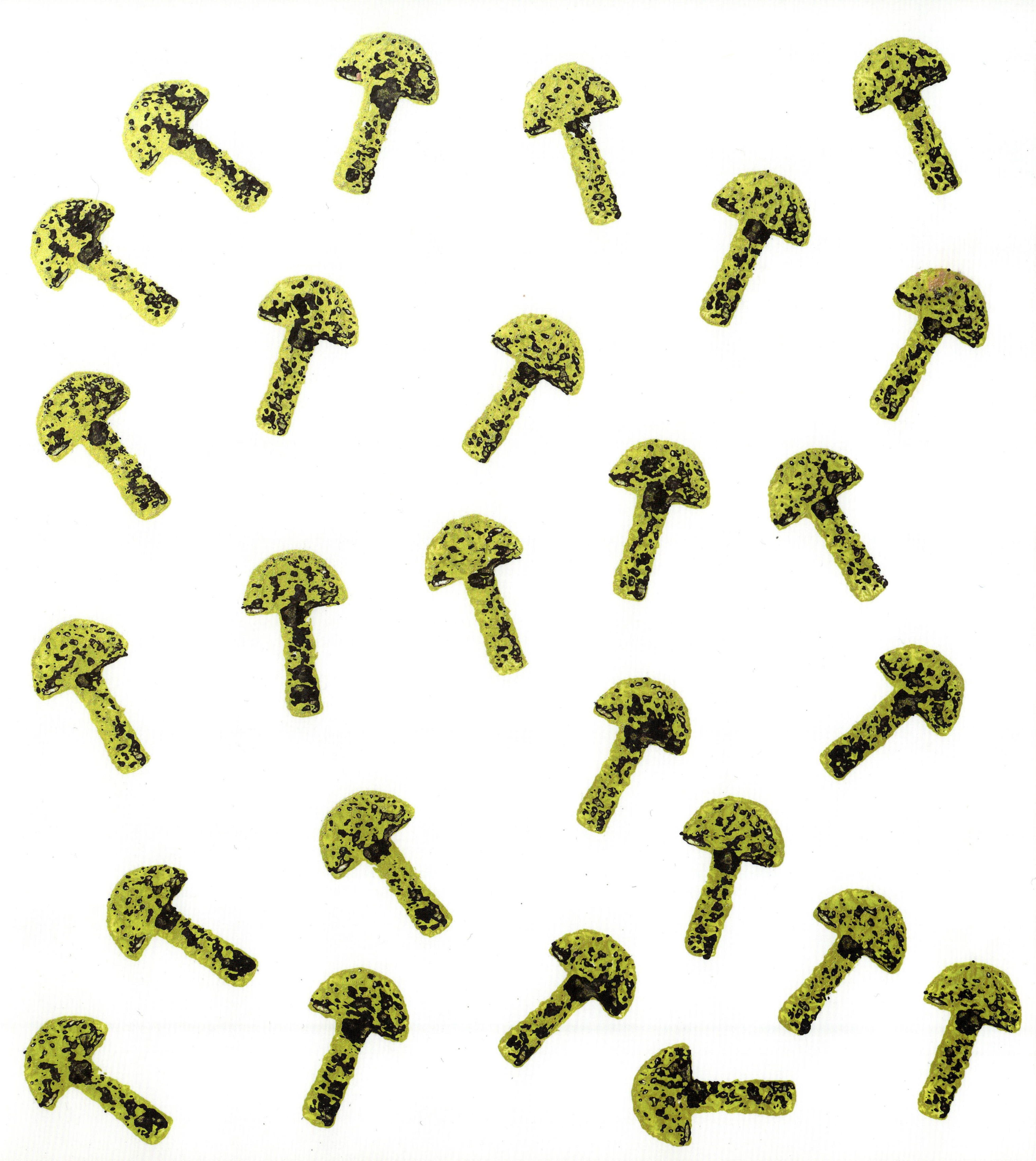

Christiaan Nagel

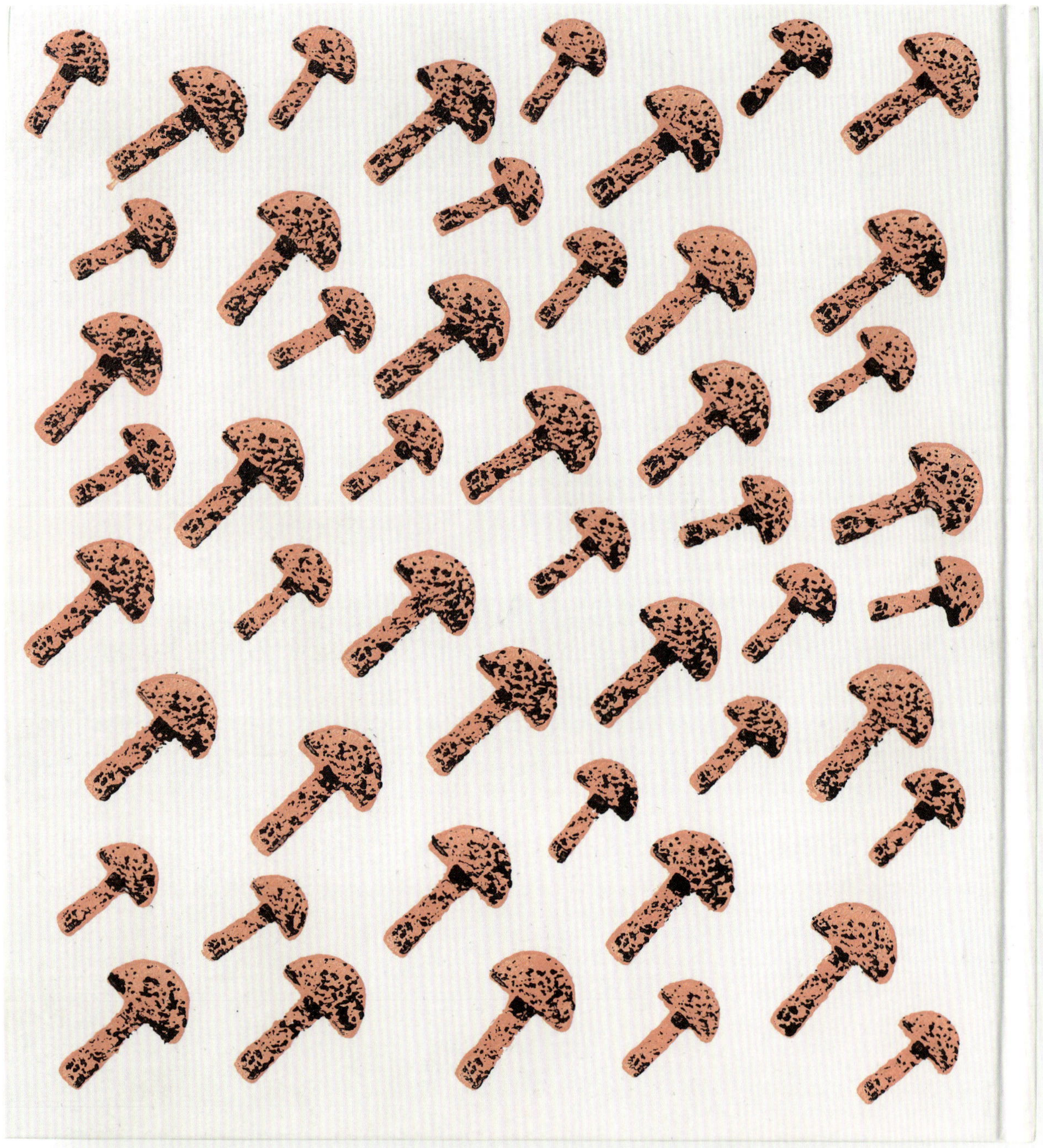

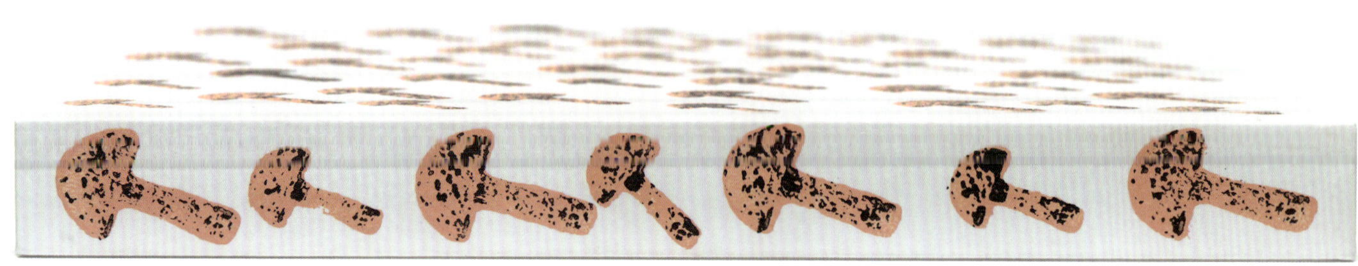

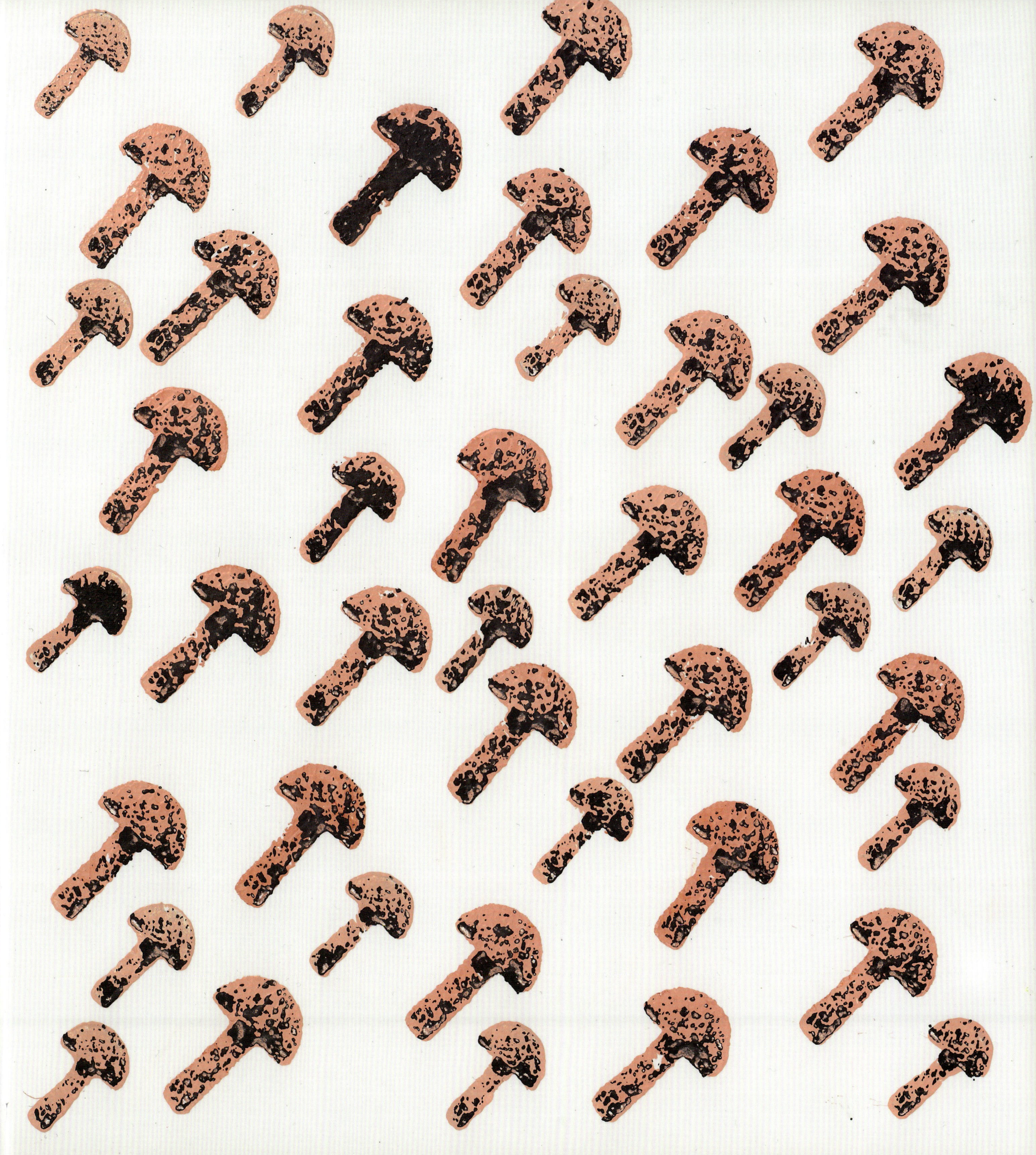

Christiaan Nagel

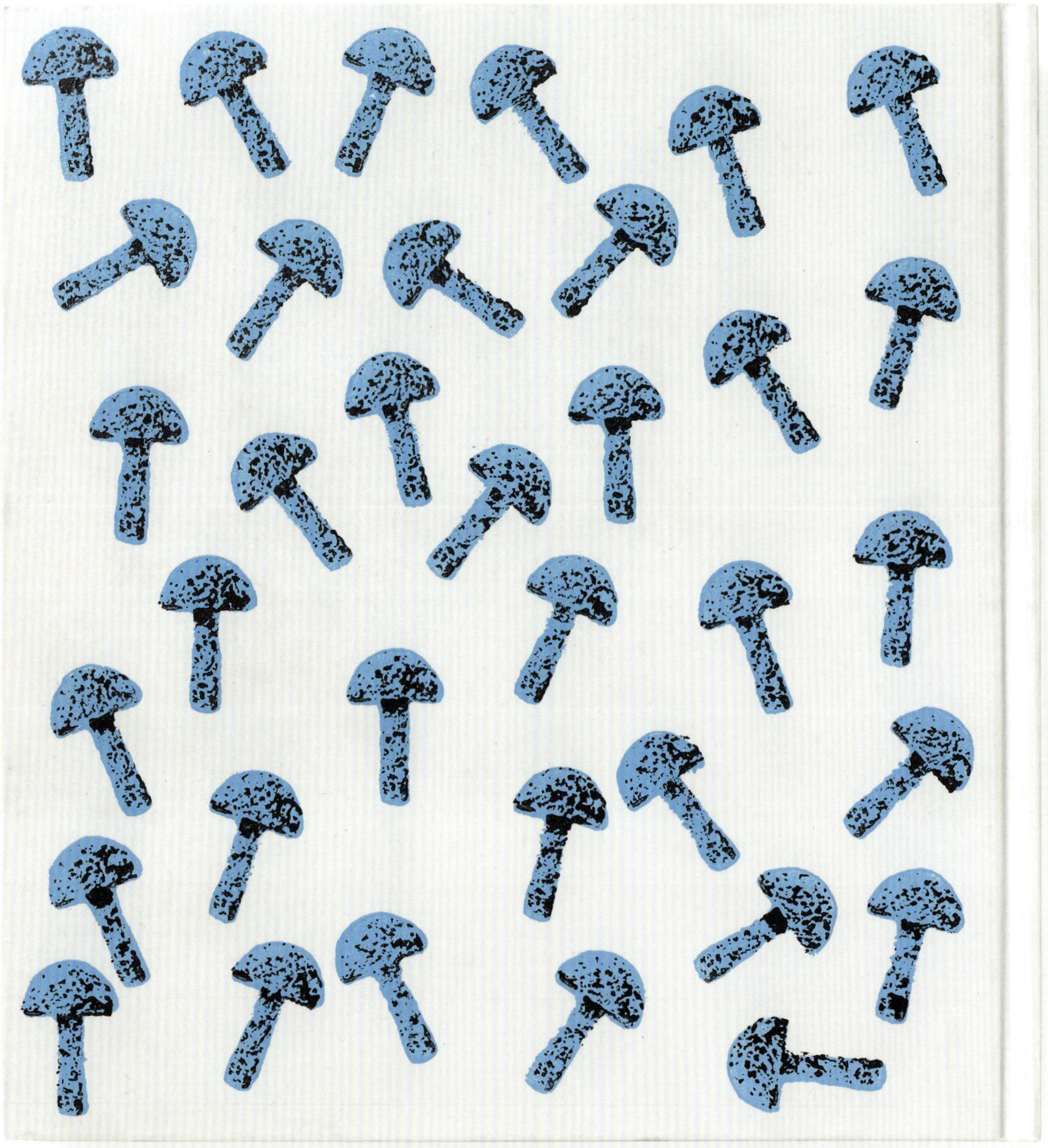

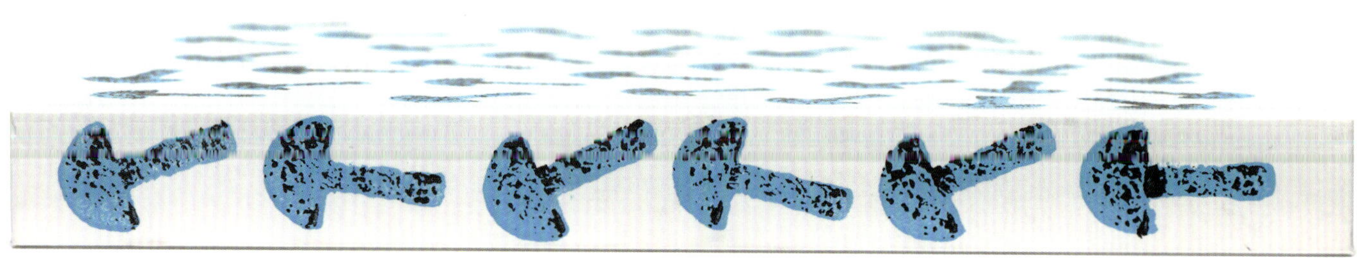

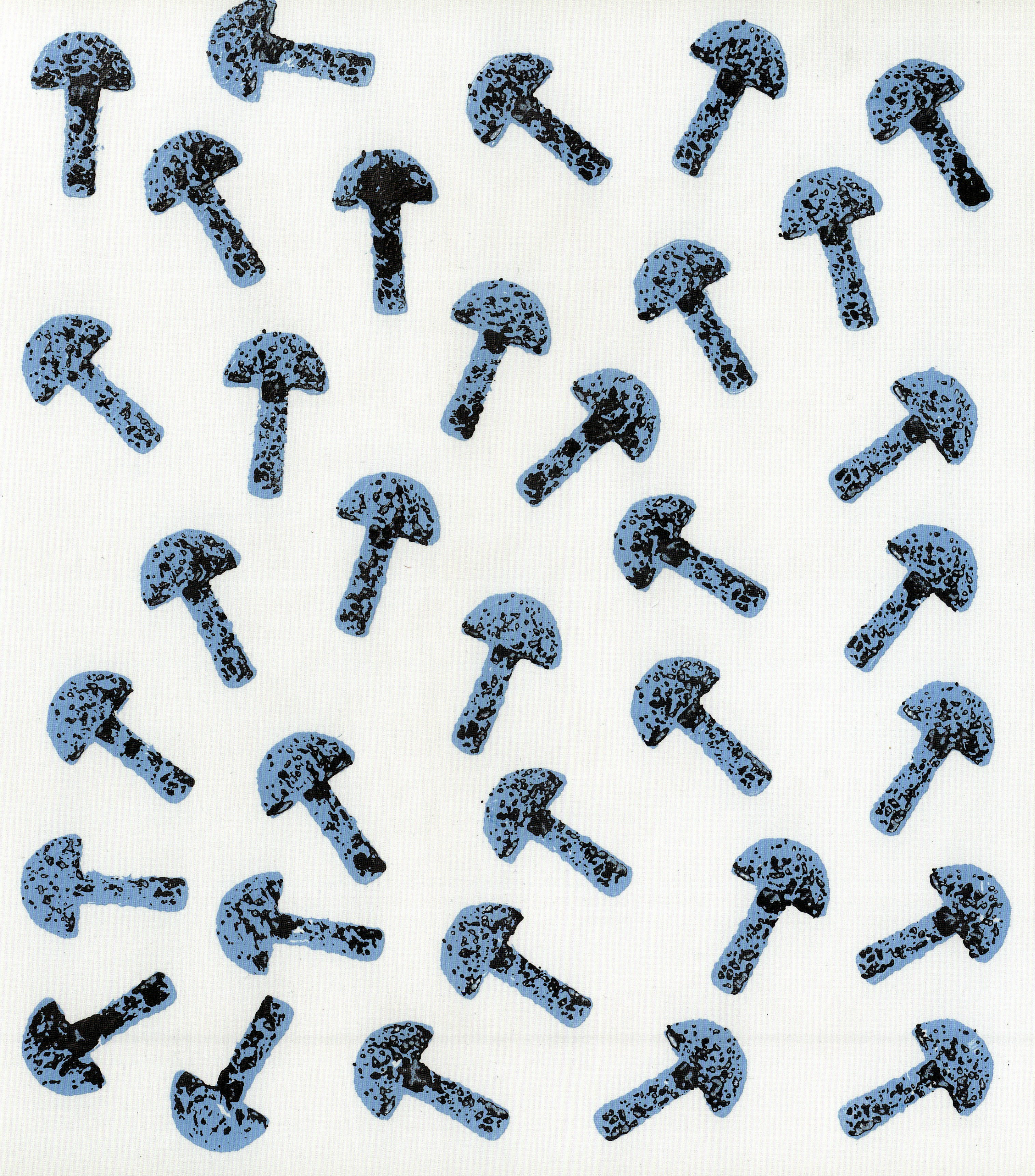

Christiaan Nagel

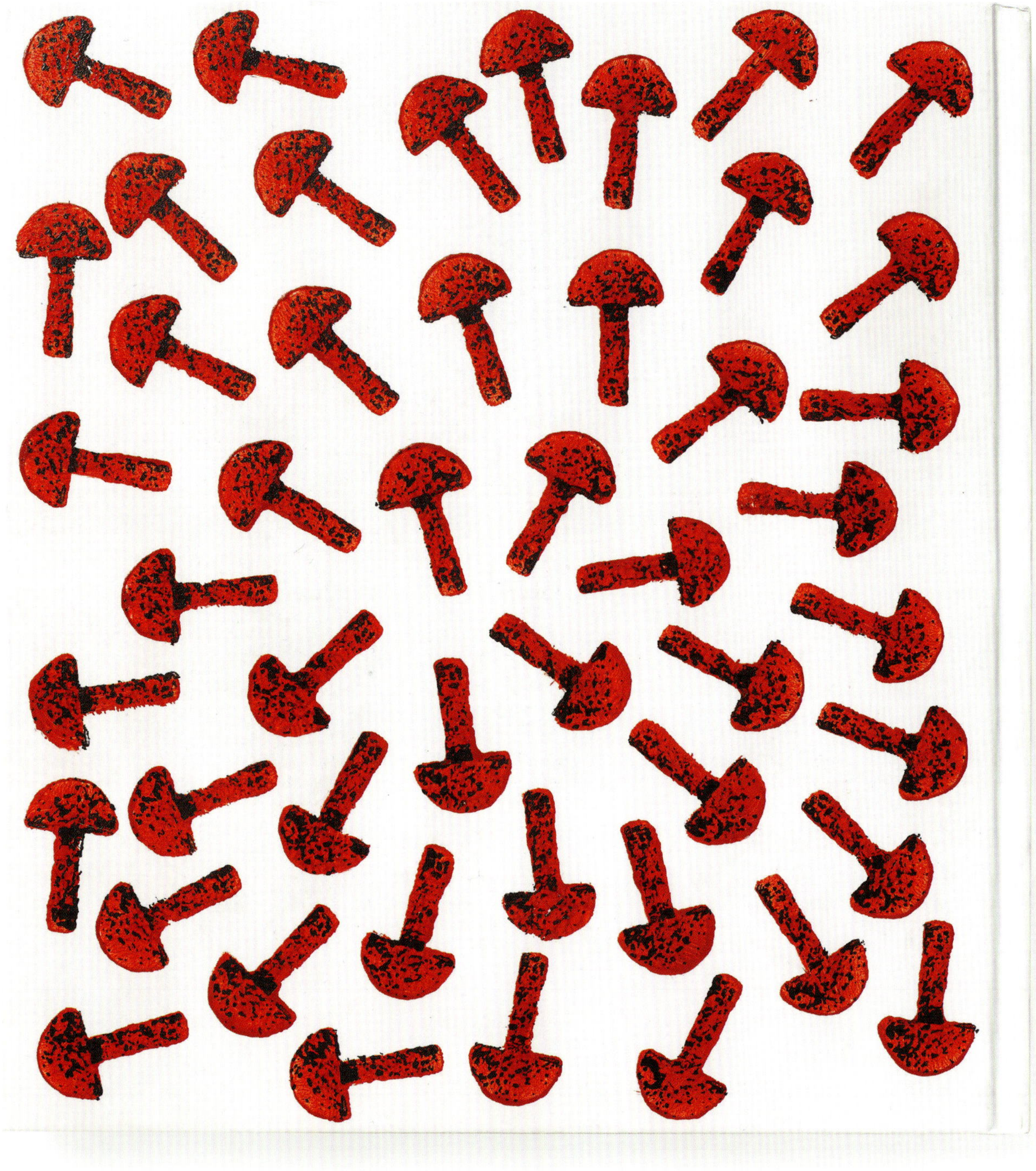

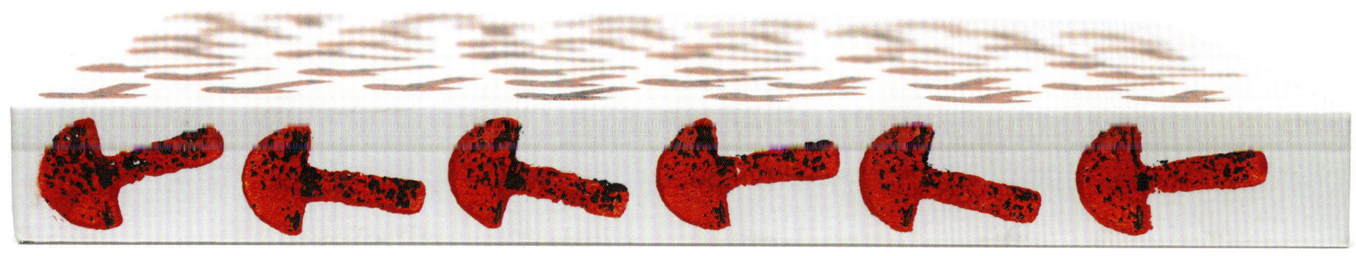

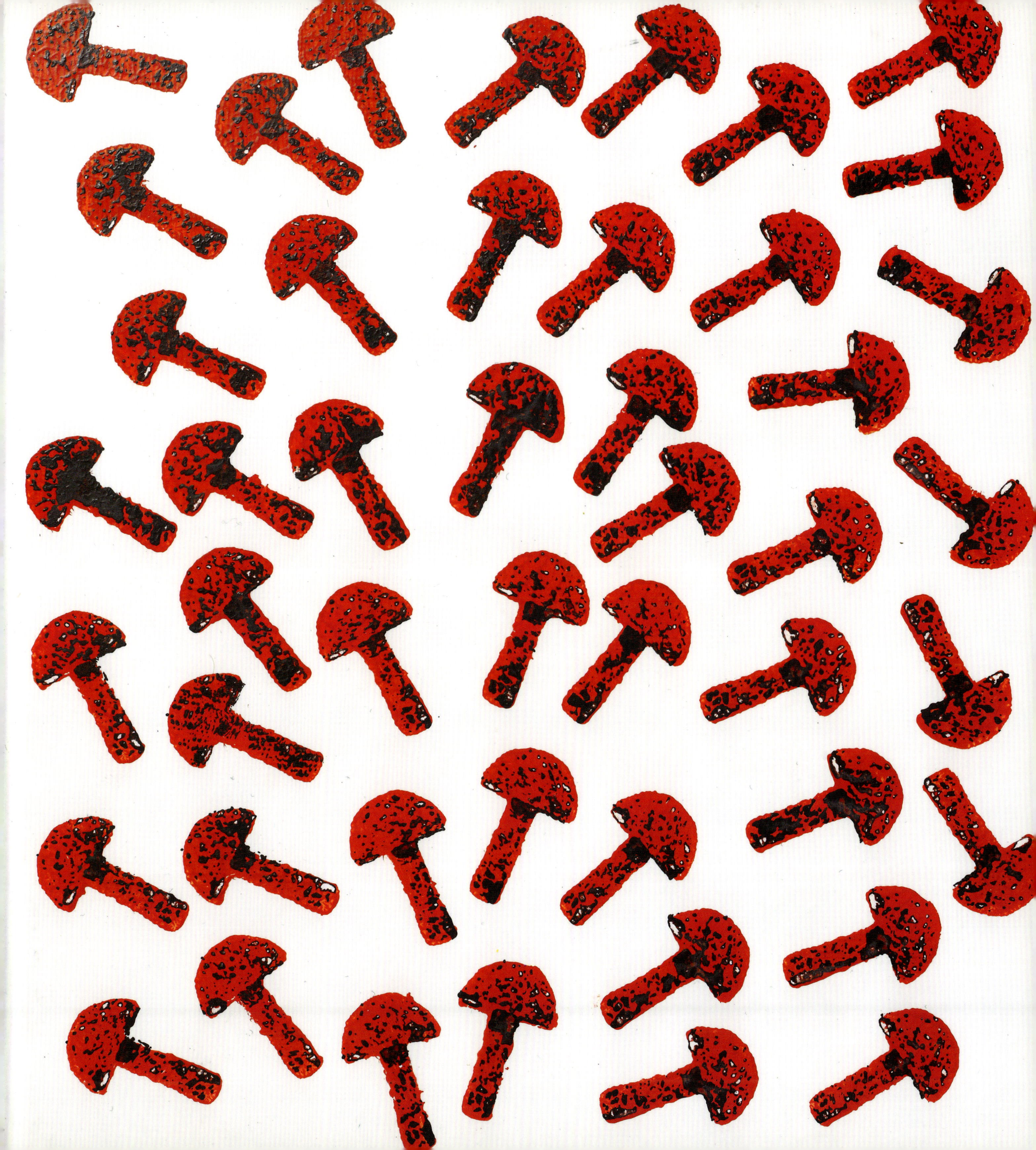

Christiaan Nagel

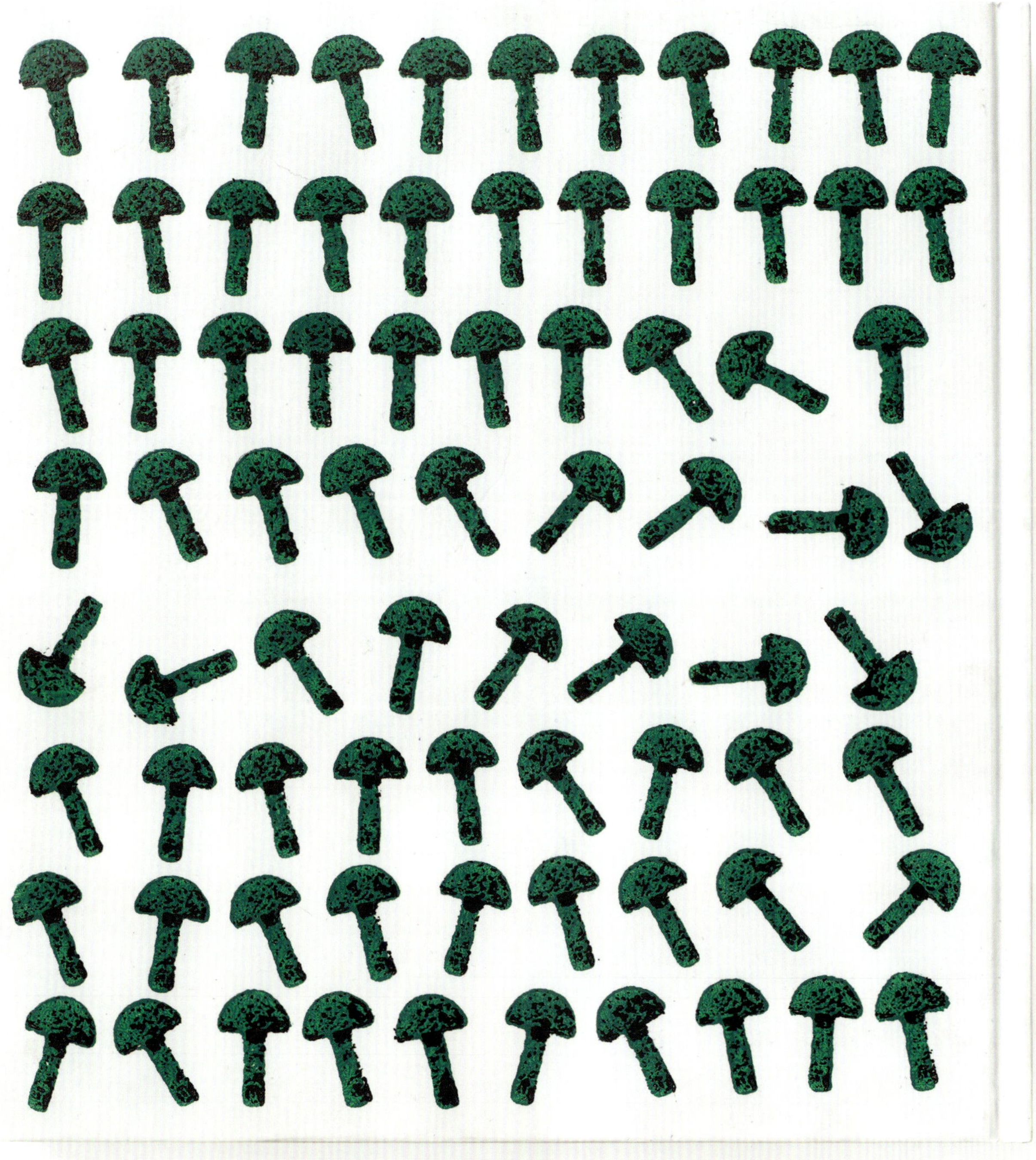

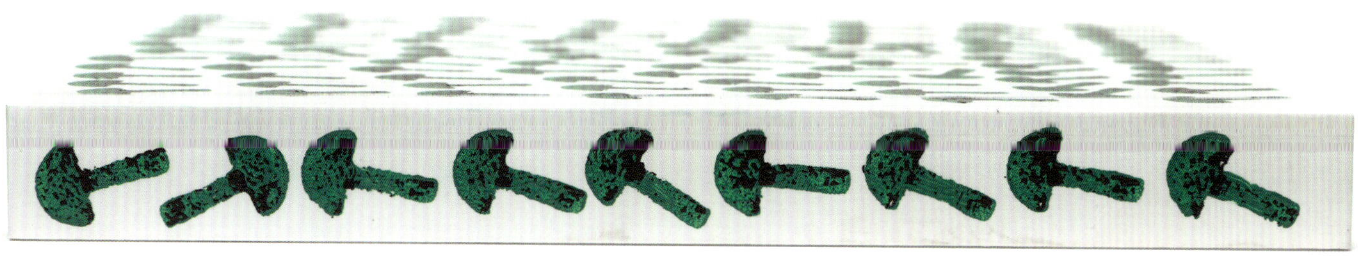

Conor Harrington

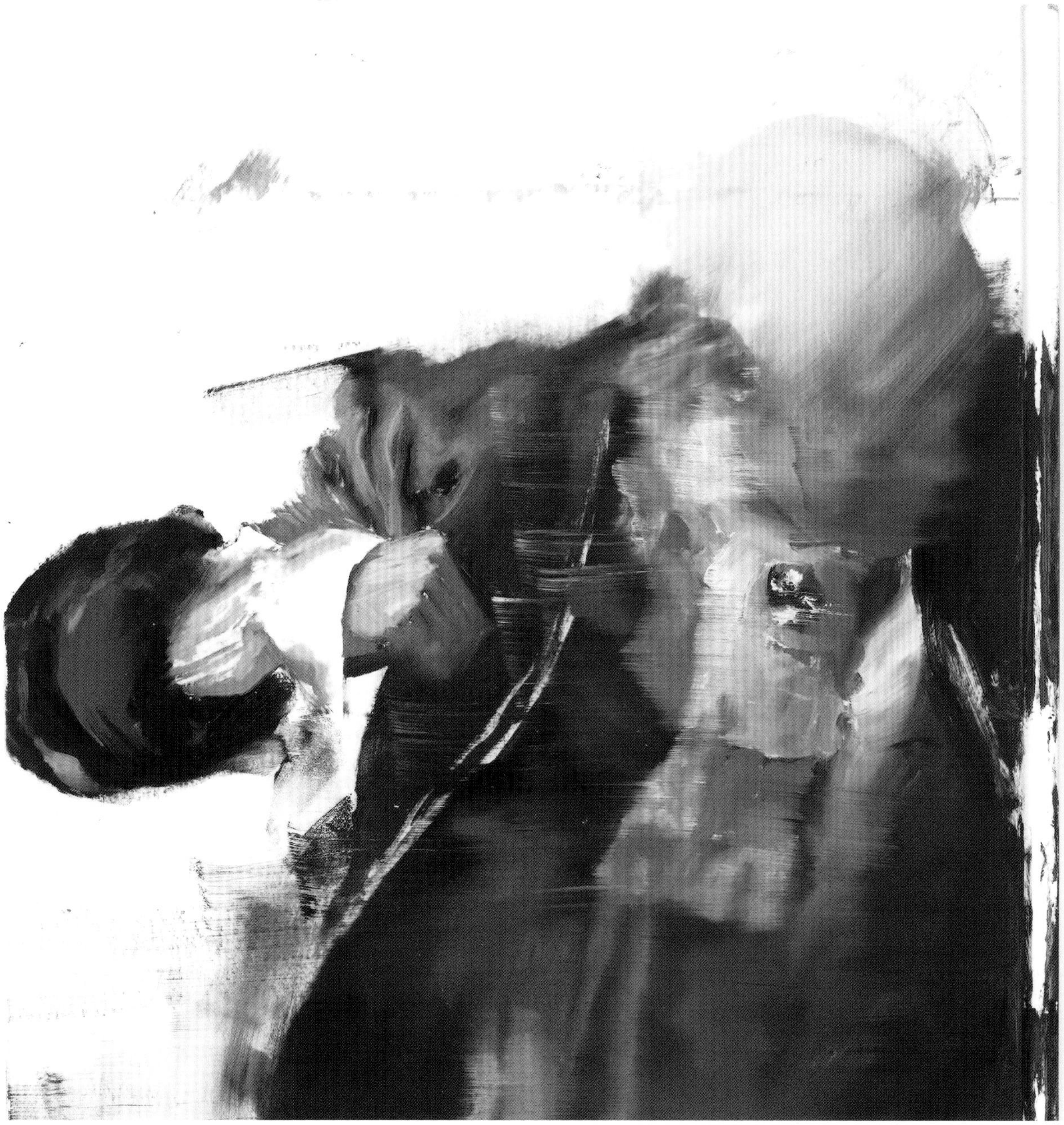

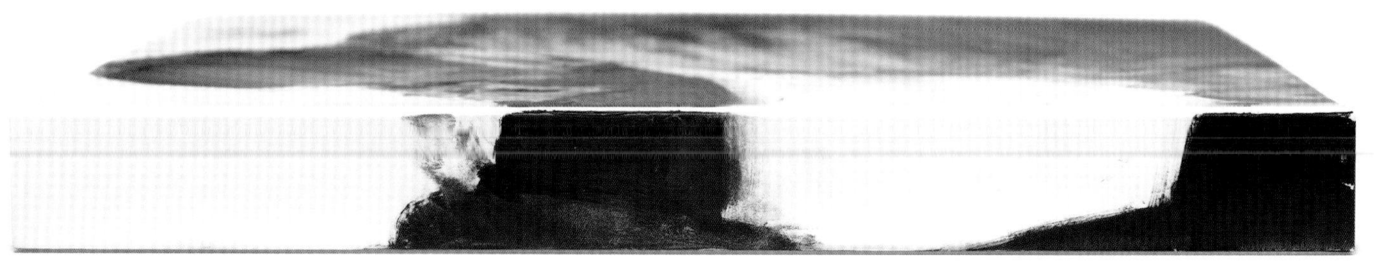

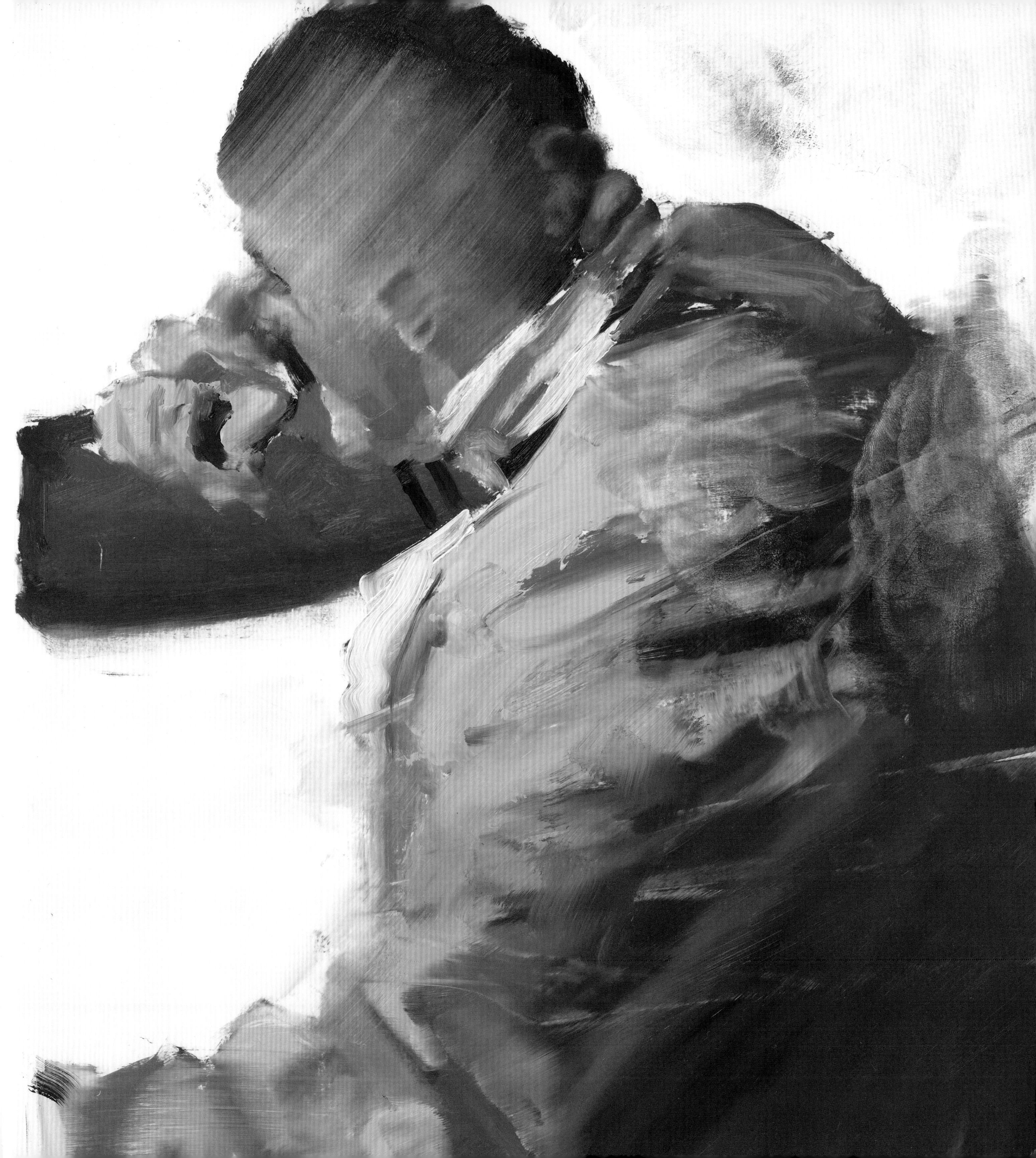

David Shillinglaw

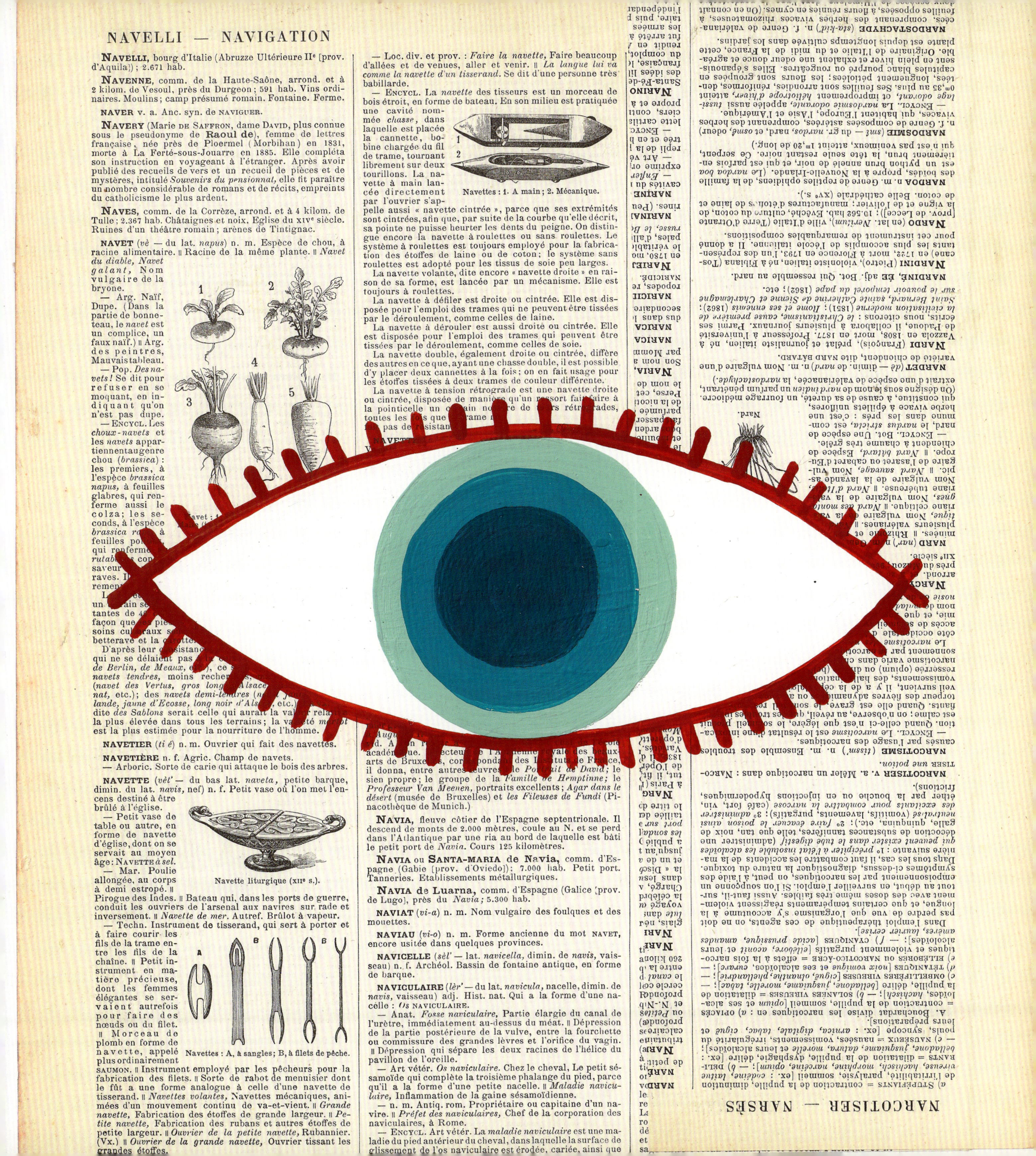

Navelli, bourg d'Italie (Abruzze Ultérieure IIe [prov. d'Aquila]) ; 2.671 hab.

Navenne, comm. de la Haute-Saône, arrond. et à 2 kilom. de Vesoul, près du Durgeon ; 591 hab. Vins ordinaires. Moulins ; camp présumé romain. Fontaine. Ferme.

NAVER v. a. Anc. syn. de NAVIGUER.

Navery (Marie de Saffron, dame David, plus connue sous le pseudonyme de **Raoul de**), femme de lettres française, née près de Ploermel (Morbihan) en 1831, morte à La Ferté-sous-Jouarre en 1885. Elle compléta son instruction en voyageant à l'étranger. Après avoir publié des recueils de vers et un recueil de pièces et de mystères, intitulé *Souvenirs du pensionnat,* elle fit paraître un nombre considérable de romans et de récits, empreints du catholicisme le plus ardent.

Naves, comm. de la Corrèze, arrond. et à 4 kilom. de Tulle ; 2.367 hab. Châtaignes et noix. Eglise du XIVe siècle. Ruines d'un théâtre romain ; arènes de Tintignac.

NAVET (*vè* — du lat. *napus*) n. m. Espèce de chou, à racine alimentaire. ‖ Racine de la même plante. ‖ *Navet du diable, Navet galant,* Nom vulgaire de la bryone.
— Arg. Naïf, Dupe. (Dans la partie de bonneteau, le *navet* est un complice, un faux naïf.) ‖ Arg. des peintres, Mauvais tableau.
— Pop. *Des navets!* Se dit pour refuser en se moquant, en indiquant qu'on n'est pas dupe.
— Encycl. Les *choux-navets* et les *navets* appartiennent au genre chou (*brassica*) : les premiers, à l'espèce *brassica napus,* à feuilles glabres, qui renferme aussi le colza; les seconds, à l'espèce *brassica r*[...]

[...] *de Berlin, de Meaux,* e[...]), ce [...] *navets tendres,* moins recher[...] (*navet des Vertus, gros long* [...] *Alsace* [...] *nat,* etc.); des *navets demi-tendres* (n[...] *lande, jaune d'Ecosse, long noir d'Als*[...], etc.) [...] dite *des Sablons* serait celle qui aurait la va[...] rela[...] la plus élevée dans tous les terrains; la va[...]té *m*[...]*ot* est la plus estimée pour la nourriture de l'homme.

NAVETIER (*ti é*) n. m. Ouvrier qui fait des navettes.

NAVETIÈRE n. f. Agric. Champ de navets.
— Arboric. Sorte de carie qui attaque le bois des arbres.

NAVETTE (*vèt'* — du bas lat. *naveta,* petite barque, dimin. du lat. *navis,* nef) n. f. Petit vase où l'on met l'encens destiné à être brûlé à l'église.
— Petit vase de table ou autre, en forme de navette d'église, dont on se servait au moyen âge : Navette *à sel.*
— Mar. Poulie allongée, au corps à demi estropé. ‖ Pirogue des Indes. ‖ Bateau qui, dans les ports de guerre, conduit les ouvriers de l'arsenal aux navires sur rade et inversement. ‖ *Navette de mer.* Autref. Brûlot à vapeur.
— Techn. Instrument de tisserand, qui sert à porter et à faire courir les fils de la trame entre les fils de la chaîne. ‖ Petit instrument en matière précieuse, dont les femmes élégantes se servaient autrefois pour faire des nœuds ou du filet. ‖ Morceau de plomb en forme de navette, appelé plus ordinairement SAUMON. ‖ Instrument employé par les pêcheurs pour la fabrication des filets. ‖ Sorte de rabot de menuisier dont le fût a une forme analogue à celle d'une navette de tisserand. ‖ *Navettes volantes,* Navettes mécaniques, animées d'un mouvement continu de va-et-vient. ‖ *Grande navette,* Fabrication des étoffes de grande largeur. ‖ *Petite navette,* Fabrication des rubans et autres étoffes de petite largeur. ‖ *Ouvrier de la petite navette,* Rubannier. (Vx.) ‖ *Ouvrier de la grande navette,* Ouvrier tissant les grandes étoffes.

Navette liturgique (XIIe s.).

Navettes : A, à sangles; B, à filets de pêche.

— Loc. div. et prov. : *Faire la navette,* Faire beaucoup d'allées et de venues, aller et venir. ‖ *La langue lui va comme la navette d'un tisserand.* Se dit d'une personne très babillarde.
— Encycl. La *navette* des tisseurs est un morceau de bois étroit, en forme de bateau. En son milieu est pratiquée une cavité nommée *chasse,* dans laquelle est placée la cannette, bobine chargée du fil de trame, tournant librement sur deux tourillons. La navette à main lancée directement par l'ouvrier s'appelle aussi « navette cintrée », parce que ses extrémités sont cintrées, afin que, par suite de la courbe qu'elle décrit, sa pointe ne puisse heurter les dents du peigne. On distingue encore la navette à roulettes ou sans roulettes. Le système à roulettes est toujours employé pour la fabrication des étoffes de laine ou de coton; le système sans roulettes est adopté pour les tissus de soie peu larges.

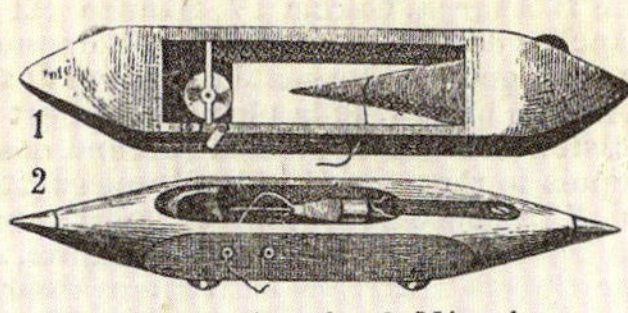

Navettes : 1. A main ; 2. Mécanique.

La navette volante, dite encore « navette droite » en raison de sa forme, est lancée par un mécanisme. Elle est toujours à roulettes.

La navette à défiler est droite ou cintrée. Elle est disposée pour l'emploi des trames qui ne peuvent être tissées par le déroulement, comme celles de laine.

La navette à dérouler est aussi droite ou cintrée. Elle est disposée pour l'emploi des trames qui peuvent être tissées par le déroulement, comme celles de soie.

La navette double, également droite ou cintrée, diffère des autres en ce que, ayant une chasse double, il est possible d'y placer deux cannettes à la fois; on en fait usage pour les étoffes tissées à deux trames de couleur différente.

La navette à tension rétrograde est une navette droite ou cintrée, disposée de manière qu'un ressort fait faire à la pointicelle un c[...]ain no[...]re de [...]rs rétr[...]ades, toutes les [...]s que [...]rame [...] pas de [...]sistan[...]

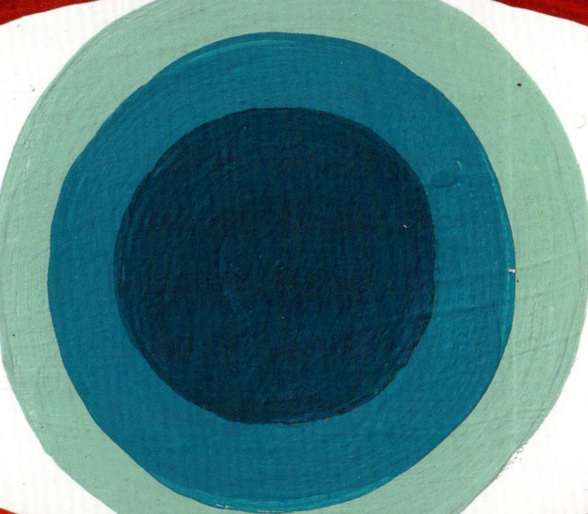

[...] académ[...]que. [...]ecteu[...] [...] des beaux-arts de Bruxe[...]s, cor[...]pondan[...] des I[...]tituts de France, il donna, entre autres œuvres, le *Po*[...]*it de David;* le sien propre; le groupe de la *Famille de Hemptinne;* le *Professeur Van Meenen,* portraits excellents; *Agar dans le désert* (musée de Bruxelles) et *les Fileuses de Fundi* (Pinacothèque de Munich.)

Navia, fleuve côtier de l'Espagne septentrionale. Il descend de monts de 2.000 mètres, coule au N. et se perd dans l'Atlantique par une ria au bord de laquelle est bâti le petit port de *Navia.* Cours 125 kilomètres.

Navia ou **Santa-Maria de Navia**, comm. d'Espagne (Gabie [prov. d'Oviedo]); 7.000 hab. Petit port. Tanneries. Etablissements métallurgiques.

Navia de Luarna, comm. d'Espagne (Galice [prov. de Lugo], près du *Navia;* 5.300 hab.

NAVIAT (*vi-a*) n. m. Nom vulgaire des foulques et des mouettes.

NAVIAU (*vi-o*) n. m. Forme ancienne du mot NAVET, encore usitée dans quelques provinces.

NAVICELLE (*sèl'* — lat. *navicella,* dimin. de *navis,* vaisseau) n. f. Archéol. Bassin de fontaine antique, en forme de barque.

NAVICULAIRE (*lèr'* — du lat. *navicula,* nacelle, dimin. de *navis,* vaisseau) adj. Hist. nat. Qui a la forme d'une nacelle : *Os* NAVICULAIRE.
— Anat. *Fosse naviculaire,* Partie élargie du canal de l'urètre, immédiatement au-dessus du méat. ‖ Dépression de la partie postérieure de la vulve, entre la fourchette ou commissure des grandes lèvres et l'orifice du vagin. ‖ Dépression qui sépare les deux racines de l'hélice du pavillon de l'oreille.
— Art vétér. *Os naviculaire.* Chez le cheval, Le petit sésamoïde qui complète la troisième phalange du pied, parce qu'il a la forme d'une petite nacelle. ‖ *Maladie naviculaire,* Inflammation de la gaine sésamoïdienne.
— n. m. Antiq. rom. Propriétaire ou capitaine d'un navire. ‖ *Préfet des naviculaires,* Chef de la corporation des naviculaires, à Rome.
— Encycl. Art vétér. La *maladie naviculaire* est une maladie du pied antérieur du cheval, dans laquelle la surface de glissement de l'os naviculaire est érodée, cariée, ainsi que

David Shillinglaw

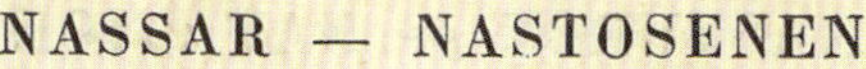

NAUPHÈTE n. f. Genre d'insectes orthoptères coureurs, de la famille des blattidés, comprenant quelques espèces répandues dans les régions chaudes du globe.

NAUPHYLAX (*nô, lakss* — du gr. *naus*, vaisseau, et *phulax*, gardien) n. m. Antiq. gr. Gardien des ports, des vaisseaux. || Officier subalterne à bord d'un vaisseau.

NAUPLIE, NAUPLIA ou **ANAPOLI**, ville de la Grèce méridionale (Péloponèse), ch.-l. de la province d'Argolide-et-Corinthie, au fond du *golfe de Nauplie*, sur une colline dominant la plaine d'Argos : 9.000 hab. Ch. de f. vers Athènes. Port profond et bien abrité. Citadelle et fortifications déjà anciennes, dues au Vénitien Morosini. Archevêché grec, école de navigation. Ancien château, qui fut le palais du gouvernement sous la dictature de Capo d'Istria. Près de la ville, restes de l'ancienne acropole de Palamède. Commerce d'éponges, tabac, peaux, miel, cire, raisins dits de *Corinthe*.

Longtemps une des principales places vénitiennes dans le Péloponèse, Nauplie (*Napoli di Romagna*) fut prise en 1715 par les Turcs. En 1822, elle fut occupée par les Grecs révoltés, résista aux efforts d'Ibrahim-pacha et resta jusqu'en 1834 la capitale du nouveau royaume hellénique.

NAUPLIOS. Myth. gr. Roi légendaire de l'île d'Eubée, fils de Poseidon et d'Amymone, l'une des Danaïdes. Pour venger son fils Palamède, tué par Ulysse devant Troie, il alluma pendant la nuit des feux sur les écueils dont son île était entourée. La flotte grecque vint s'y briser; mais Ulysse parvint à s'échapper, et Nauplios se noya de désespoir.

NAUPLIUS (*nô-pli-uss*) n. m. Première forme larvaire des crustacés au sortir de l'œuf.
— ENCYCL. Le *nauplius* est un petit animal ovale, sans trace de segmentation, avec six pattes ou appendices en tenant lieu et servant aussi bien à palper, à prendre les aliments, qu'à se mouvoir. Mais cette sorte de larve n'existe guère que chez les crustacés inférieurs; les autres sortent ... la forme de *zoea*, larve mu...

Larve de nau...

NAUPRESTIDE ... *naus*, navire, ... filles de Laom... tésilas ... l'e...

NAUR... naison, ... à mesu...

NA...ROS ... les Indiens.

NAUR... tude, à la frontiè... entre le versant ... l'A... et celui de la Méditerrané... terre, canal du Midi, che... Obélisque à la mémoire d...

NAUROY, comm. de l'Aisne, a... Saint-Quentin, à 1 kilom. et de... du ca... 1.244 hab. Betteraves à sucre. Chaux.

NAUROY (Charles), littérateur françai... né à M... 1846. Il se fit surtout connaître par d'intéressan... re... cherches sur la famille des Bourbons. Nous citerons ... lui : *le Premier Mariage du duc de Berry* (1880); *les Secrets des Bourbons* (1882); *les Derniers Bourbons* (1883); *la Duchesse de Berry* (1889); *les Secrets des Bonaparte* (1889); *Révolutionnaires* (1891); etc. Il collabore activement à l'« Intermédiaire des chercheurs et des curieux ».

NAUSCOPE (*nô-skop'* — du gr. *naus*, vaisseau, et *skopein*, observer) n. m. Mar. Instrument à l'aide duquel on peut découvrir les vaisseaux à de grandes distances.

NAUSE (*nôs'*) n. f. Fossé large et profond, servant à l'écoulement des eaux.

NAUSEA (Frédéric UNRATH, ou, en lat.), archevêque de Vienne, né à Weissenfeld, près de Wurtzbourg (Bavière), vers 1480, mort à Trente en 1550. Il professa le droit à Francfort (1523-1525), puis la théologie et l'Écriture sainte à Mayence (1526-1533). Ferdinand le nomma prédicateur de la cour, et, en 1538, coadjuteur de l'archevêque de Vienne, Jean Fabri, auquel il succéda en 1541. Envoyé, en qualité d'ambassadeur de Ferdinand, au concile de Trente, il mourut dans cette ville. De ses nombreux ouvrages latins, les plus remarquables sont : *Du dernier jour de ce monde et du jugement dernier* (1551); *Homélies sur les évangiles de l'année liturgique* (1534).

NAUSÉABOND (*nô, bon*), **ONDE** [du lat. *nauseabundus*, même sens] adj. Qui cause des nausées : *Aliment* NAUSÉABOND. *Odeur* NAUSÉABONDE.
— Fig. Rebutant, propre à inspirer le dégoût : *Drame* NAUSÉABOND. *Vices* NAUSÉABONDS.

NAUSÉE (*nô-zé* — lat. *nausea*; gr. *nausia*, mal de mer) n. f. Envie de vomir : *Avoir des* NAUSÉES. || S'est dit d'abord exclusivement du mal de mer.
— Fig. Profond dégoût moral, inspiré par des choses rebutantes, insipides, honteuses.
— ENCYCL. Les *nausées* sont annoncées par un malaise général et s'accompagnent d'une contraction involontaire des muscles du pharynx, de l'œsophage, des parois abdominales, etc., donnant la sensation d'un vomissement avorté. Elles s'observent au début de diverses maladies fébriles, dans les maladies de l'estomac, du système nerveux, dans les empoisonnements, le mal de mer, etc. Le traitement est celui des vomissements : boissons froides, glace, potion de Rivière, etc.

NAUSÉEUX (*nô-zé-eû*), **EUSE** adj. Méd. Qui provoque des nausées : *Remèdes* NAUSÉEUX. *Odeur* NAUSÉEUSE. || *Dose nauséeuse*, Dose suffisante pour produire la nausée sans provoquer le vomissement.

— ENCYCL. Administrés d'une certaine façon, ces ... caments provoquent simplement la nausée, et, d... d'une autre manière, ils sont vomitifs (*ipéca, ap... phine, émétique, kermès, sulfate de cuivre et de zi...*). Il faut les distinguer des « narcotiques nauséeux », dont ... tio. n'est jamais mise à profit. Les doses nauséeuses ... duisent souvent des effets spéciaux. L'ipéca à dose ... séeuse est expectorant; l'émétique à dose nauséeuse ... employé contre les fièvres intermittentes, et le k... contre certaines hémoptysies.

NAUSIBIUS (*nô, bi-uss*) n. m. Genre d'insectes coléop... clavicornes, de la famille des cucujidés, comprenant ... espèces : l'une cosmopolite, l'autre propre aux États-...

NAUSICAA. Myth. gr. Fille d'Alcinoos, roi des ... ciens. Elle est l'héroïne d'un des plus gracieux épi... de l'*Odyssée*. Ulysse, après avoir quitté l'île de Cal... est poursuivi par la tempête qu'a déchaînée la hai... Poseidon. Brisé de fatigue, il aborde à la nage su... côte de l'île des Phéaciens. Il s'endort sur le riva... est réveillé par les cris de Nausicaa et de ses compa... qui sont venues laver leurs vêtements, et qui, leur ... finie, jouent à la balle. La jeune princesse a pitié de l'... ger, lui donne des vêtements, et le conduit au pal... son père, mais en lui recommandant de la suivre de ... de peur d'exciter la médisance. Plus tard, quand U... quitte Alcinoos, elle vient saluer gracieusement le ... La douce figure de Nausicaa est un admirable mé... de raison naïve, de bonté simple et touchante.

NAUSICAA (n. mythol.), planète télescopique, n... découverte en 1879, par Palisa.

NAUSICRATÈS ou **NAUCRATÈS**, poète comique ... (IVe s. av. J.-C.). Il appartenait à la comédie moy... Les fragments qu'on possède de lui sont réunis da... « Fragmenta comicorum græcorum », de Meineke.

NAUSIOS... (*nô, zis...*) n. m. Phénomèn... qui a ... certaines h... ...

Naut... ... l'Amira... vation ... reconnu ... ner la longitude ... aux étoiles, perfectionna cette méthode, la fit expé... ter et obtint enfin l'autorisation de faire paraître ces ... mérides nautiques, avec l'impression des tables de l... de Tobie Mayer. Le *Nautical Almanac* paraît sans ... ruption depuis 1766. Il donne des positions d'étoile... damentales. Depuis 1834, le *Nautical* se publie so... nouvelle forme, avec substitution du temps moy... temps solaire apparent, addition de coordonnées h... pour la lune, coordonnées fréquentes des planète... tances lunaires, étoiles fondamentales, sous la di... de Strafford, Flind, etc., et il est soigneusement ... jour. V. CONNAISSANCE DES TEMPS.

NAUTIER (*nô-ti-é*) n. m. Couteau avec lequel l... cheurs de morue ôtent les noues ou entrailles du p...

NAUTILE (*nô* — du gr. *nautilos*; de *naus*, navire) ... Natat. Sorte de ceinture gonflée d'air, qui sert à s... tenir sur l'eau.
— Archéol. Sorte de lampe ou de veilleuse en ... dont la forme rappelait celle du mollusque appelé n...

NAUTILE (*nô*) n. m. Genre de mollusques céph... des, répandus dans les mers chaudes, ou fossiles depuis le silurien.
— ENCYCL. Les *nautiles* sont d'assez grands animaux, à nombreux tentacules lamelleux et rétractiles, à mandibules très fortes. Ces céphalopodes nagent à la surface de l'eau ou rampent au fond; ils sont friands de crustacés. Le nautile flambé (*nautilus pompilius*), commun dans les mers de l'Inde, possède une belle coquille bla... bandes rousses, qui sert à fabriquer des camées, desti... et dont on faisait jadis des lampes. — Le nauti... vieux auteurs est l'*argonaute*.

Nautile.

NAUTILIDÉS (*nô*) n. m. pl. Famille de mollusq... phalopodes tétrabranchiaux, comprenant les *nautil...* prement dits (*nautilus*) et de nombreux genres, t... *cyrtoceras, lituites, mesoceras*, etc. — *Un* NAUTILID...

NAUTILOCORYSTE (*nô, risst'*) n. m. Genre de cr...

... le grade de colonel. ... Russie. Catherine II ... ottille avec laquelle ... marque (1788). En 1789, ... Baltique, il défit ... ée par Gustave III ... Rhin, où il devait ... la France. Il rentra

... *pu*, n. pr.) n. f. Genre ... *nassauviées*, compre... ... en capitules soli... espèces, des parties ... it aussi NASSAVIE, et

... Qui ressemble ou qui ... On dit aussi NASSAU... *uvie*. — *Une* NASSAU...

... *a, èn'*), personne née ... ns l'ancien duché de ... SAUVIENS. ... pays ou à ses habi...

... nique d'osier, de jonc, ... prendre du poisson. ... *issaugue*. ... d'où l'on ne peut se

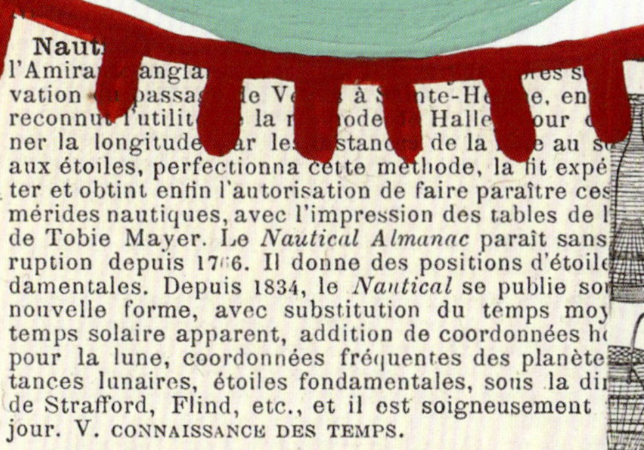

1. A goulet latéral; 2. Longue, à lamproie; 3. Type usité dans le Midi; 4. A double goulet, à Double, pour gros poissons; 6. En osier; 7. De mer, à poissons de fond; 8. A goujons; 9. Circulaire, à écrevisses; 10. Simple, pour vérons; 11. A rats.

... un chaînon occidental ... allée au climat humide ... Pacifique; 350 kilom. ... nasse de jonc. || On dit

... le Perse, de la dynastie ... en 1831, assassiné près ... son père, Mohammed-... elques jours après être ... instruit que ses prédé... progrès; il eut à lutter ... national et surtout ... *bab* Ali-Mohammed, ... du shah. Nasser-ed-Din ... grande influence dans ... colas Ier un traité qui le ... le général anglais Ou... ... land la convention de ... cette guerre. Le shah ... de son royaume, fit

la Suisse, l'Italie, et se rendit, en 1878 et en 1889, aux Expositions universelles de Paris. Ces voyages furent suivis d'améliorations sensibles dans l'administration de la Perse. Cependant, tout en se donnant comme libéral, le shah ne voulut jamais tolérer dans ses conseils d'autre opinion que la sienne, et, malgré sa réelle intelligence, il s'exagéra souvent ses qualités. Il fut assassiné par un babi. Il eut pour successeur (1896) son fils Mozaffer-ed-Din.

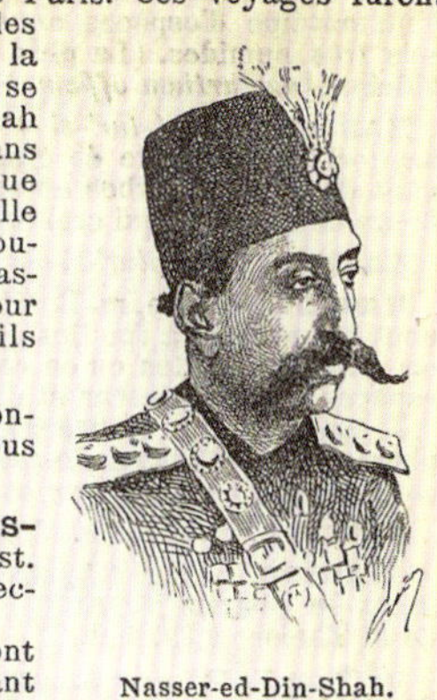
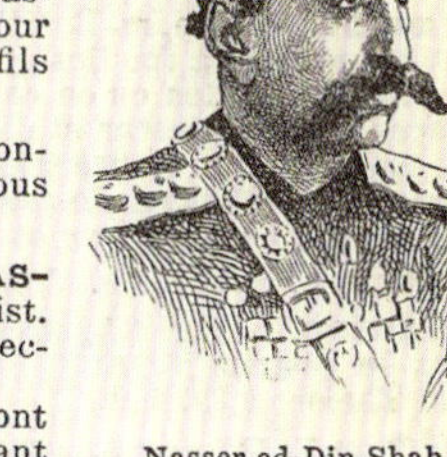

Nasser-ed-Din-Shah.

NASSÉRI (*na-sé*) n. m. Monnaie de Syrie et d'Égypte, sous le règne de Saladin.

NASSÉRIE (*na-sé-rî*) ou **NASSARIE** (*na-sa-rî*) n. m. Hist. relig. Nom donné à des sectaires du XVIIe siècle.
— ENCYCL. Les *nasséries* sont cités par Pline comme formant dans la Célésyrie une tétrarchie comprise entre Laodicée au N., la Méditerranée à l'O., Tortose au midi et le fleuve Marathus à l'E. Plusieurs missionnaires, en particulier le P. Besson, jésuite (*la Syrie sainte*, Paris, 1660), ont de nouveau signalé leur existence au XVIIe s. : ils étaient alors regardés comme musulmans; mais ils avaient conservé quelques pratiques chrétiennes.

NASSETTE n. f. Pêch. V. NASSELLE.

NASSIB (*na-sib'* — de l'ar. *nasib*, part donnée à chacun) n. m. Dans la théologie musulmane, Loi du destin écrite dans le Coran qui se trouve dans le ciel et dont le Coran de Mahomet n'est qu'un seul feuillet.

NASSIDÉS (*na-si*) n. m. pl. Famille de mollusques gastéropodes, comprenant les *nasses* et genres voisins. — *Un* NASSIDÉ.

NASSIER (*na-si-é* — rad. *nasse*) n. m. Pêcherie. (Vx.)

NASSIK ... ville de l'Hindoustan (présid. de Bombay ... du ... canj), sur le Godavery supérieur; 27.000 hab. ... rict. ... ville neuve, au Nord, date du XVIIIe s. ... ntchav... habité par les Brahmanes. ... équen... Fabrication de papier; tis... ... Est la *Nasika* de Pto... ... 883 ki... carr. et 781.000 hab. ... les de l'empire anglais ... Nord-... (prov. d'Adj... ... is; 21.300 hab. ... dans ... prési... ... x Brah... ... Bombay

(prov. du Deccan [distr. du Kandech]), près de la Tapti; 10.240 hab. Fabrication de pendants d'oreilles en verre.

NASSIR-EDDYN, astronome et mathématicien persan, né à Thous en 1201, mort à Bagdad en 1274. Comblé de biens par le petit-fils de Gengis-Khan, il fut chargé de construire un observatoire à Maragha, près de Tauris. Nassir composa une théorie des mouvements célestes et un traité de l'astrolabe. Ses tables, dites *Tables ilkhaniennes*, furent longtemps célèbres en Orient.

NASSODONTE (*na-so*) n. f. Genre de mollusques gastéropodes, voisins des nasses, propres aux cours d'eau de la Chine.

NASSONE (*na-son'*) n. f. Nasse à prendre les langoustes, homards, etc.

NASSULE (*na-sul'*) n. f. Genre d'infusoires holotriches, comprenant six ou sept espèces des eaux douces d'Europe.

NASTASOW, bourg d'Austro-Hongrie (Galicie [cercle de Tarnopol]), à la source d'un affluent du Sereth, tributaire du Dniester; 2.945 hab.

NASTOSENEN ou **NASTOSEN**, nom d'un roi d'Éthiopie, peut-être celui que Cambyse attaqua sans succès. Il battit

David Shillinglaw

NATTERER — NATURE
NASAMONS — NASOTRANSVERSAL

David Shillinglaw

David Shillinglaw

bémols à la clef, on est en *mi* bémol majeur, le *mi* étant baissé d'un demi-ton par l'effet du second bémol.)

— Mythol. rom. *Dieux naturels*, Parties de l'univers personnifiées et adorées comme dieux: *Le soleil, la lune, l'air, la terre, le feu étaient des* DIEUX NATURELS.

— Théol. Qui appartient à l'homme déchu. (Se dit par opposition à l'ordre de la grâce : *Désirs trop naturels*. [Bourd.].)

— n. Personne qui habite un pays et qui en est originaire : *Les* NATURELS *de Java*. (Ne se dit guère que des habitants d'un pays plus ou moins sauvage ou, par plaisanterie, des habitants de quelque province.)

— n. m. Propriété inhérente à la nature d'une personne ou d'une chose : *C'est le* NATUREL *de l'homme d'être sociable*. ‖ Caractère, inclinations, humeur : NATUREL *jaloux*.

— Bonté de caractère ; facilité à s'émouvoir, à sentir : *Il faut être sans* NATUREL *pour ne pas soulager un malheureux quand on le peut*. ‖ Tempérament, constitution physique : *Avoir un* NATUREL *vigoureux*.

— Absence d'affectation dans les sentiments, le langage, les manières : *Le simple* NATUREL *vaudra toujours mieux qu'une sottise prétentieuse*. (P. Janet.)

— Forme réelle de chaque chose : *Peindre, Dessiner d'après le* NATUREL.

— Loc. adv. : *Au naturel*, D'après nature. [Avec une exacte ressemblance : *Portrait peint* AU NATUREL. — Dans la réalité des choses : *L'illusion se dissipera, vous verrez tout* AU NATUREL. (Mass.)]

— Art culin. Sans apprêt, sans accompagnement : *Bœuf* AU NATUREL.

— Blas. *Au naturel*. Se dit des fig[ures] ... taux, etc.), représentées sur l'écu av... turelles. (Les figures au natu... loi héraldique qui inte[rdit] de... métal sur métal, et l'o... leurs, qui sont c... ées...

— SYN. Naturel, ... plexion, ... stitution ...

— ALLU...

Vers... à La F... touch... typ...

NATU...

Le lièvre ... *de la nature* : ...

— Sans le s... urs ... LEMENT.

— Par les moyens ordin... *gner, cela n'arrive pas* NA[TU]RELL...

— Comme il est natur[el], com... *Nous mourrons tous un jour*. — NATU...

— Sans être cherché ou provoqué : *Selon* ... *qui viennent* NATURELLEMENT. (Fén.)

— D'une manière naturelle, sans recherche, s[an]s affec[ta]tation : *Ecrire* NATURELLEMENT.

— D'une manière qui imite exactement la nature : *Artiste qui rend le paysage très* NATURELLEMEMT.

— Avec franchise : *Répondre* NATURELLEMENT.

NATURE-MORTIER n. m. Mot burlesque, imaginé pour désigner un peintre de nature morte. (V. NATURE morte.) ‖ Pl. *Des* NATURE-MORTIERS.

NATURISME (*rissm'* — rad. *nature*) n. m. Philos. Syn. peu usité de NATURALISME.

— Méd. Système ou opinion de ceux qui attendent tout des seules forces de la nature.

— ENCYCL. Méd. Le mot *naturisme* a été consacré pour désigner la doctrine médicale d'Hippocrate. Deux principes essentiels dominent toute la doctrine médicale d'Hippocrate : 1° le ἡ φύσις, ou nature médicatrice ; 2° le τὸ θεῖον (*divinum quid*), ou puissance divine .« La nature médicatrice régit l'organisme, le protège contre l'invasion des maladies. Dans son essence intime, ce principe conservateur est le τὸ ἐνορμον, le *calidum omniscium, impetum faciens*, le feu intelligent, la chaleur innée, pénétrant toutes les parties de cet organisme. » Nous trouvons plus tard la reproduction de cette entité sous les noms d'*archée*, d'*âme*, de *principe vital*, etc. « La puissance divine domine la nature médicatrice, et, dans les maladies de l'ordre surnaturel, paralyse en même temps ses efforts et ceux de l'art. » Dans cette doctrine, les maladies sont, en général, envisagées comme des phénomènes anomaux, offrant cependant une marche plus ou moins régulière, avec des phases de « préparation, d'invasion, d'augmentation, de décroissement, de terminaison ». Hippocrate voyait dans cette marche ce qu'il nommait un *jugement*, et distinguait les trois périodes principales de cette révolution complète, par les termes : *crudité, coction, crises*. « La nature était l'arbitre de ce jugement... Les terminaisons funestes étaient le résultat, soit de la supériorité de la violence du mal aux réactions de la nature, soit des crises accidentelles soit enfin de l'influence absolue du τὸ θεῖον. » — « Les terminaisons régulières s'effectuaient à des jours plus ou moins précis, dits *jours critiques*, se comptant ordinairement par septénaires, mais dont les principaux étaient le quatrième, le septième, le onzième, le quatorzième et le vingtième. » Le naturisme ne remonte point à la recherche des causes premières, de l'essence des maladies ; mais il s'attache à la connaissance positive des influences morbides et des symptômes appréciables par nos sens. Le traitement des maladies y est ordinairement simple, rationnel. On a beaucoup d'égards pour les désirs instinctifs des malades.

Le naturisme, tel qu'Hippocrate l'a fondé, présente un grand nombre d'éternelles vérités médicales, mais il pèche par le défaut complet de base anatomi[q]ue et physiologique. Il donne à la *nature médicatrice* u[ne] trop forte puissance, en réduisant le plus ordinairement l'art médical à l'état de *médecine expectante*. Il généralise trop la marche des maladies. V. HIPPOCRATE.

— Philos. Le mot *naturisme* est d'ordinaire réservé pou[r] désigner, parmi les religions primitives, celles qui s'adres[s]ent à des objets naturels personnifiés : ciel, soleil, lune, montagnes. Le naturisme, à l'état presque pur, est trè[s] répandu en Afrique. Mais on en saisit encore des trac[es] dans les religions supérieures, notamment dans la mytho[-]logie hellénique.

NATURISTE (*risst'*) n. m. Méd. et philos. Partisan [du] naturisme.

— Adjectiv. Philos. Qui procède du naturisme : C... NATURISTE.

NAU (*nô* — du lat. *navis*, même sens) n. f. Forme ancienne du mot NEF.

— P. et chauss. Grande pièce de bois creuse, q[ui]... l'égout des étangs. (Vieux mot.)

NAU (Michel), missionnaire et écrivain jésuite, mort à Paris (1631-1683). Après avoir passé douze... dans le professorat, il fut envoyé dans les... d'Orient, visita la Terre sainte, la Mésopotamie, ... et l'Arménie, et acquit une profonde connaissa[nce]... diverses sectes chrétiennes et aussi de la religion... mane. Il a laissé deux ouvrages remarquables : l'... tin : *Véritable idée des Eglises grecque et latine et*... *accord merveilleux* (1680) ; l'autre en français : *l'É*... *sent de la religion mahométane* (1684).

NAU (Maria Dolorès Benedicta Josephina), ca[n]... française d'origine espagnole, née à New-York e[n]... morte à Levallois en 1891. Elle fut, après sa so[rtie du] Conservatoire, engagée à l'Opéra ... elle débuta ... dans le page ... *Huguenots*. Jolie, élégante, de ... voix cla... ... excelle[nte] ... favo...

...ripide ... ments d'Euripide ... de Sophocle (1867), des *Fragments des tragiques grecs* (1856) ; enfin, ses *Etudes sur Euripide* (1859-1862) et ses *Mélanges gréco-romains* (1860-1880).

NAUCLÉE (*nô*) n. f. Genre de rubiacées cinchonées, comprenant des arbres ou arbustes grimpants, dont on connaît une cinquantaine d'espèces de l'Asie, de l'Afrique et de l'Océanie tropicales. (L'écorce du *nauclea* est connue au Sénégal sous le nom de *koss*, est employée comme fébrifuge.)

Nauclée : *a*, fleur.

NAUCLÈRE (*nô*) n. m. Genre d'oiseaux rapaces, du groupe des milans, comprenant deux espèces de l'Afrique et de l'Amérique.

— ENCYCL. Les *nauclères*, appelés aussi *milans-hirondelles*, sont de jolis oiseaux à grandes ailes falquées, à queue fourchue très longue. Ils ont pour type le *nauclerus Riocouri*, de l'Afrique moyenne, Sénégambie et Darfour. Les nauclères américains (*elanoides*) ont pour type le milan de la Caroline (*elanoides furcatus*), à livrée blanche et noire.

Nauclère.

NAUCORE (*nô*) n. f. Genre d'insectes hémiptères hétéroptères, type de la tribu des *naucorinés*, répandus dans l'ancien monde.

— ENCYCL. Les *naucores* sont des punaises d'eau, larges, courtes, plates, verdâtres ou jaune brun. Leur piqûr[e] ... meuse est sans danger pour l'homme. La naucore tachetée (*naucoris maculatus*) et la naucore cimicoïde (*ilyocoris cimicoides*), plus grande, sont communes.

NAUCORIDÉS (*nô*) n. m. pl. Famille d'insectes hémiptères hétéroptères, du groupe des hydrocorises, comprenant les *naucores* et genres voisins. — *Un* NAUCORIDÉ.

Nauco[re] (gr. d'un ...

NAUCORINÉS (*nô*) n. m. pl. Tribu d'insectes hémiptères, de la famille des corisidés, dont le genre *naucore* proprement dit est le type. — *Un* NAUCORINÉ.

NAUCRARE (*nô* — gr. *naukraros* ; de *naus*, nav[ire] ... *kras*, tête) n. m. Antiq. gr. Magistrat athénien, pr[ésident] d'une *naucrarie*.

NAUCRARIE (*nô, ri* — rad. *naucrare*) n. f. Ant[iq.] ... Subdivision de la tribu attique.

— ENCYCL. Les quatre tribus primitives de l'A[ttique] ...

Dscreet

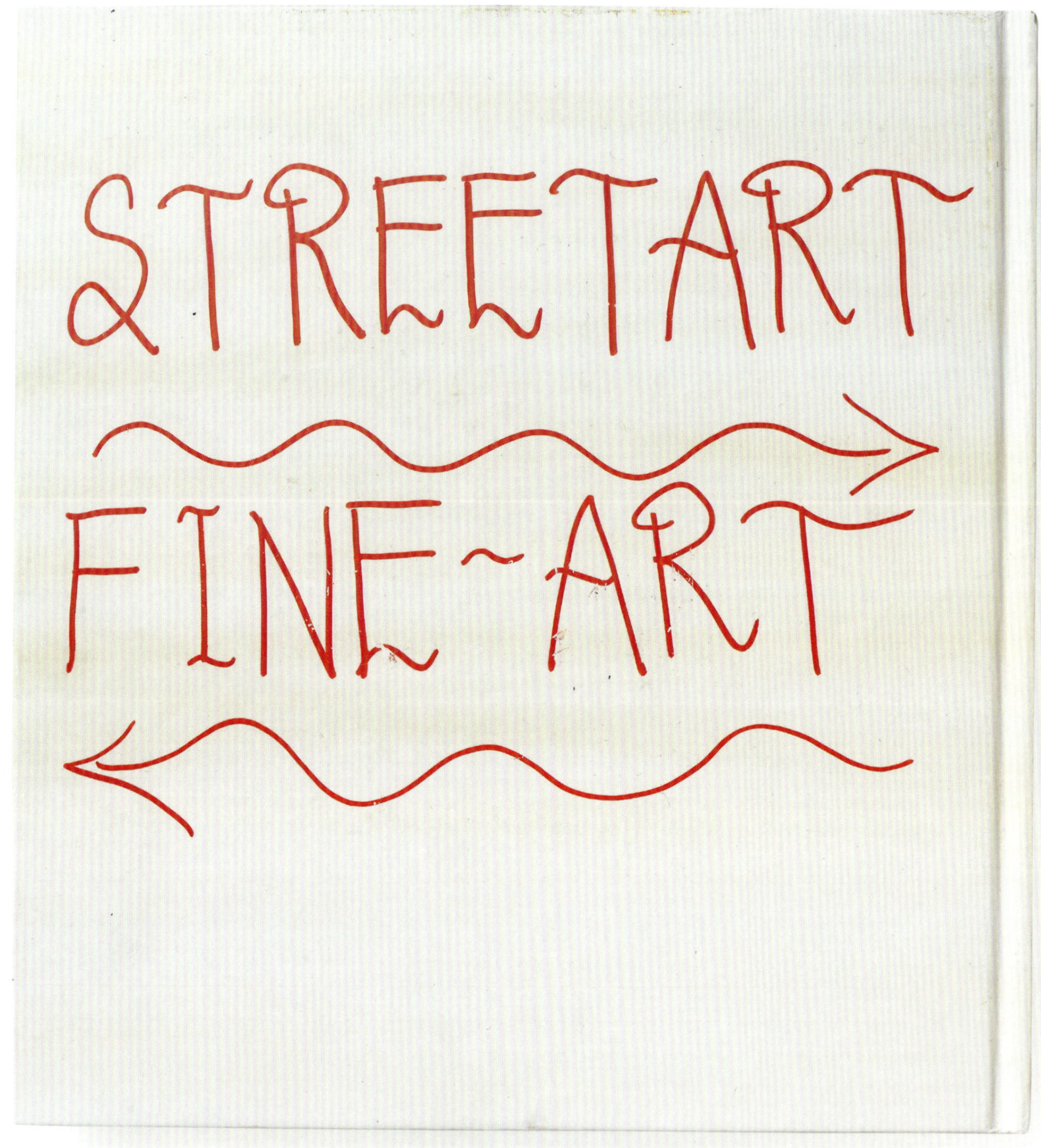

DSCREET

Dscreet

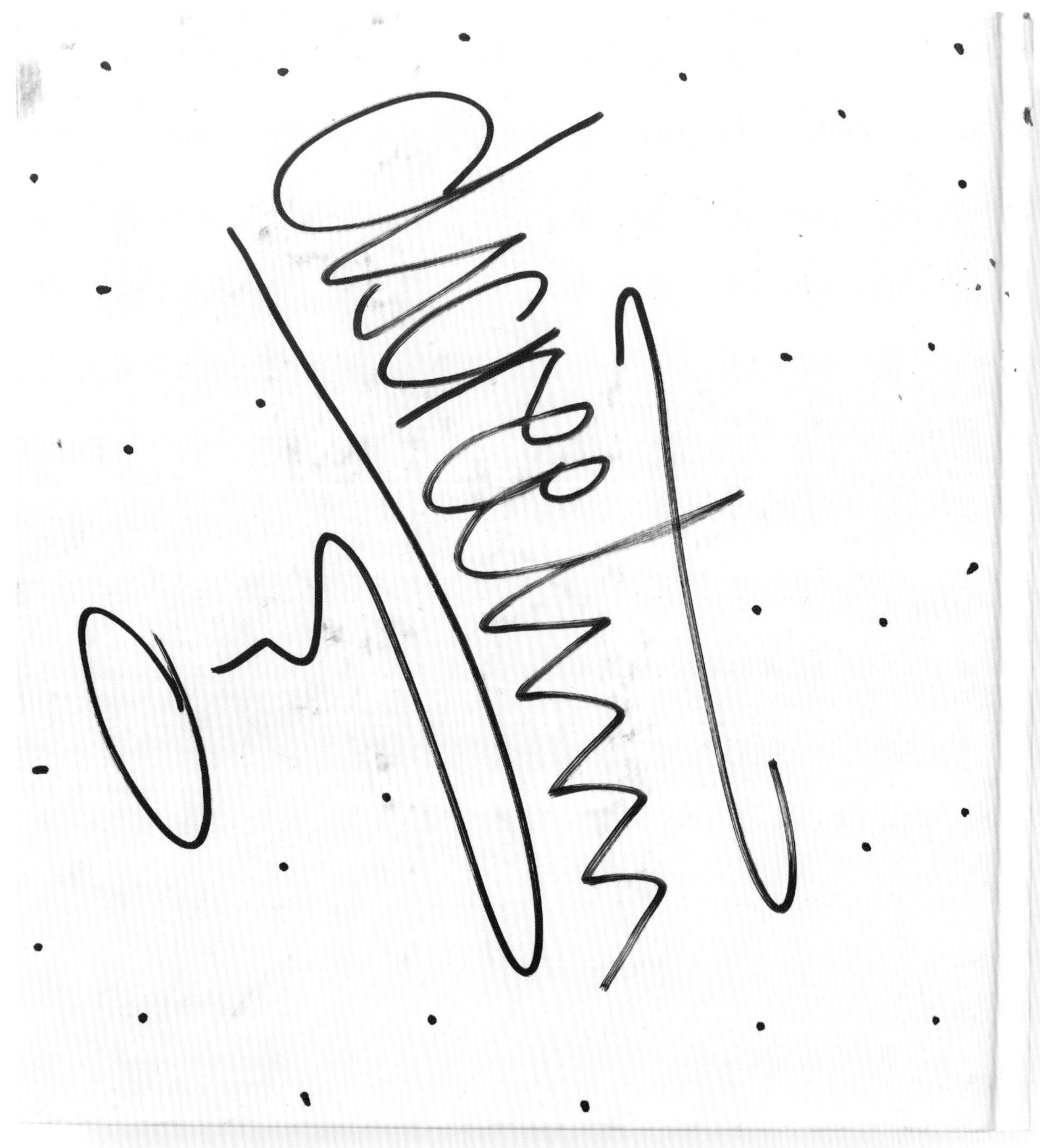

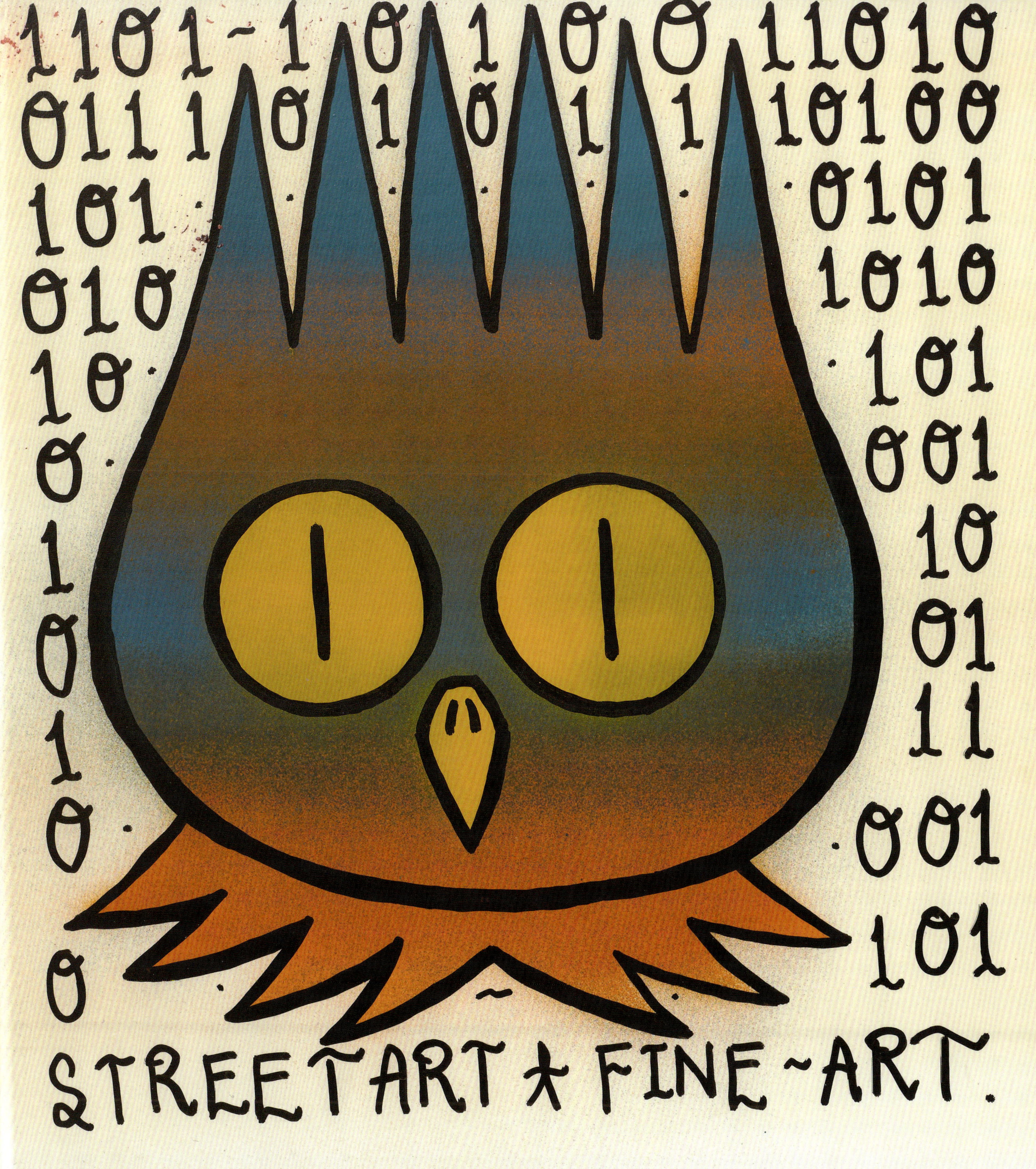
STREETART ★ FINE-ART.

Dscreet

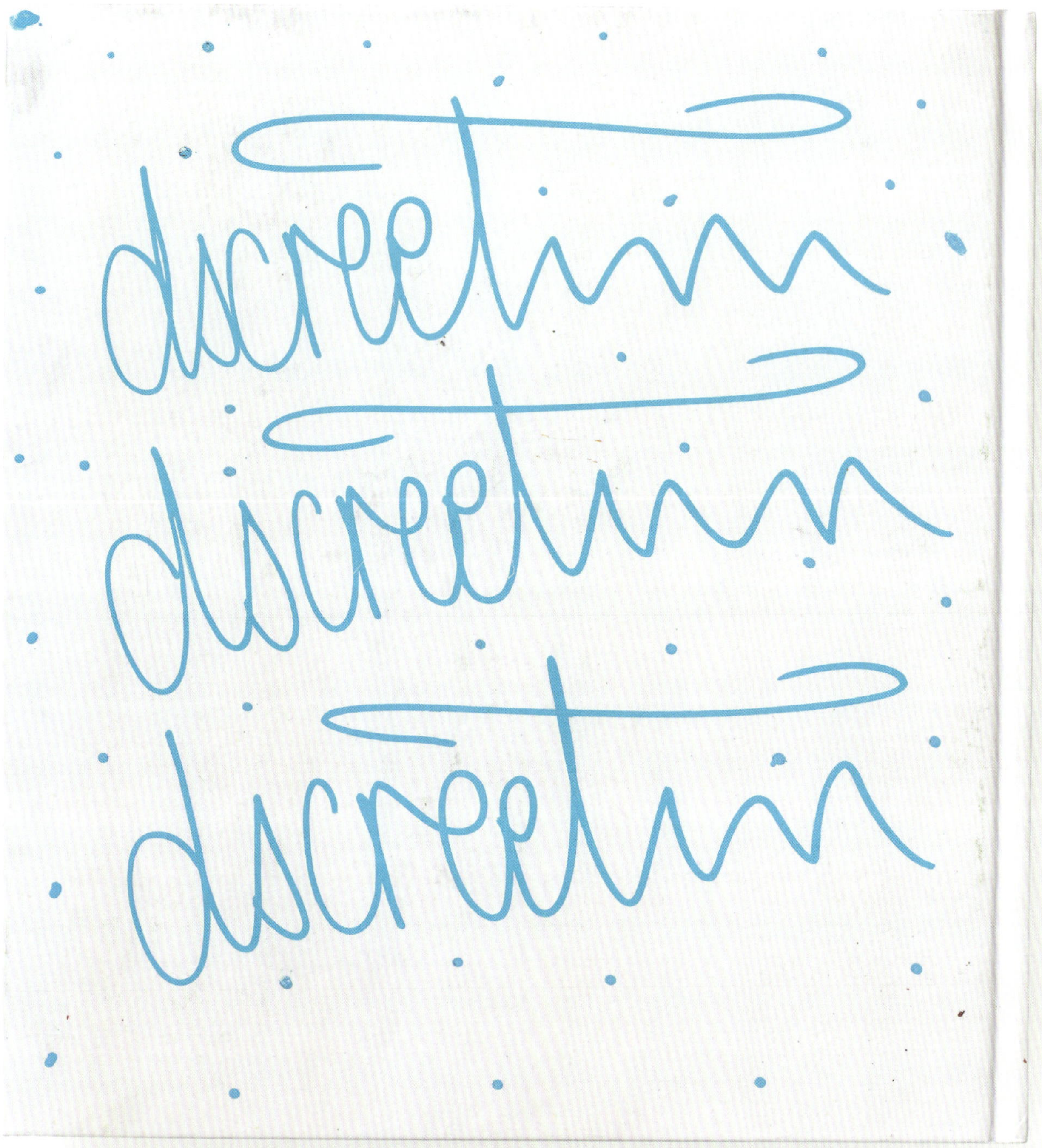

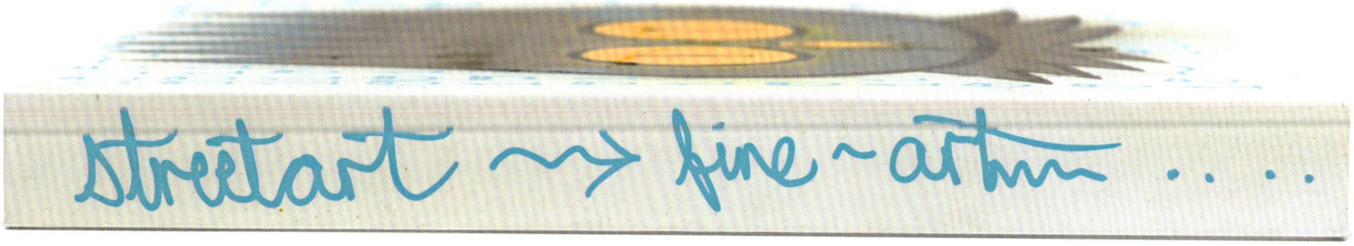

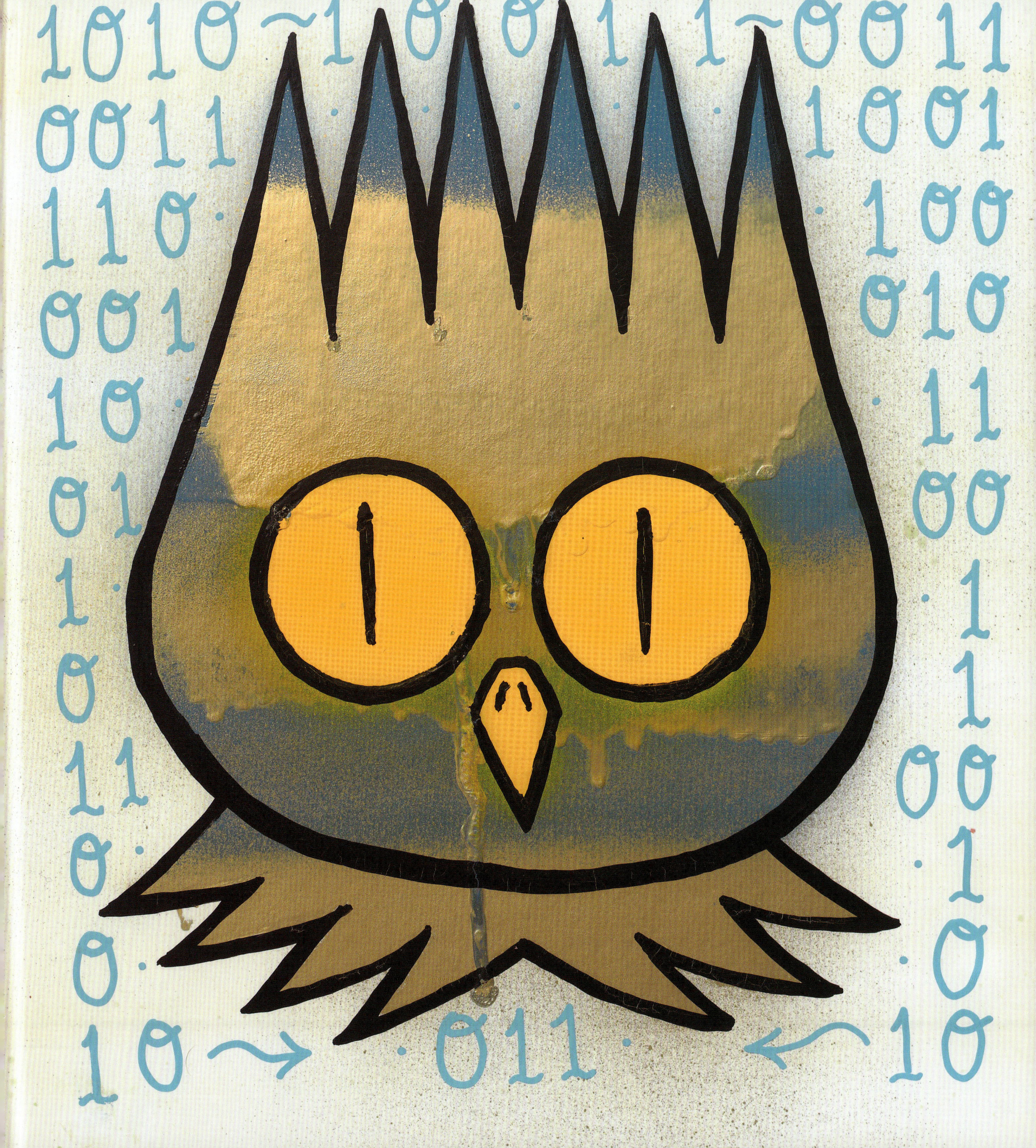

Dscreet

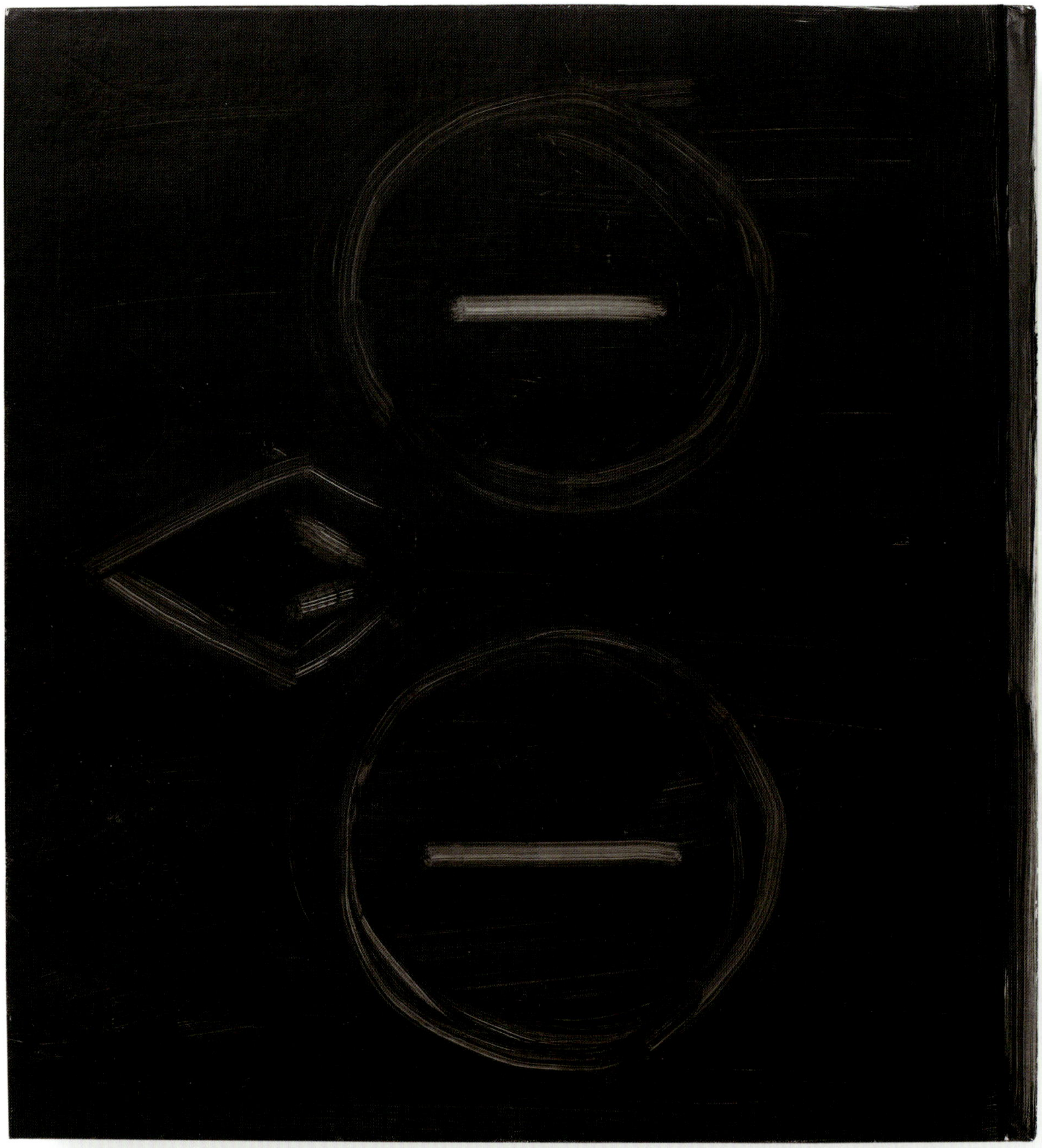

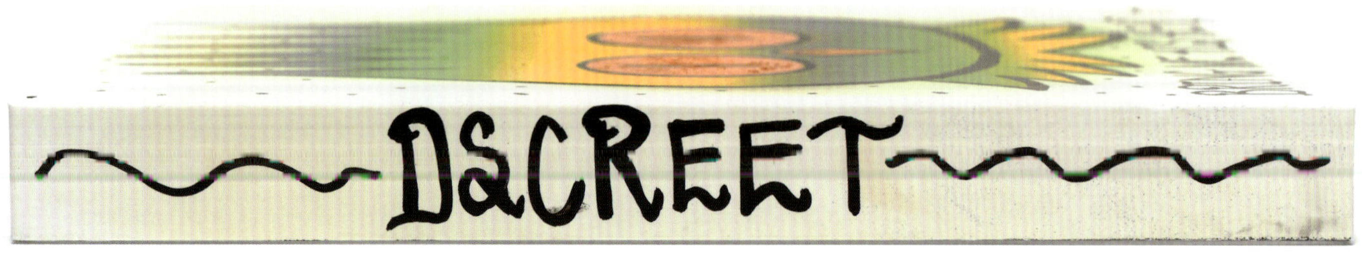

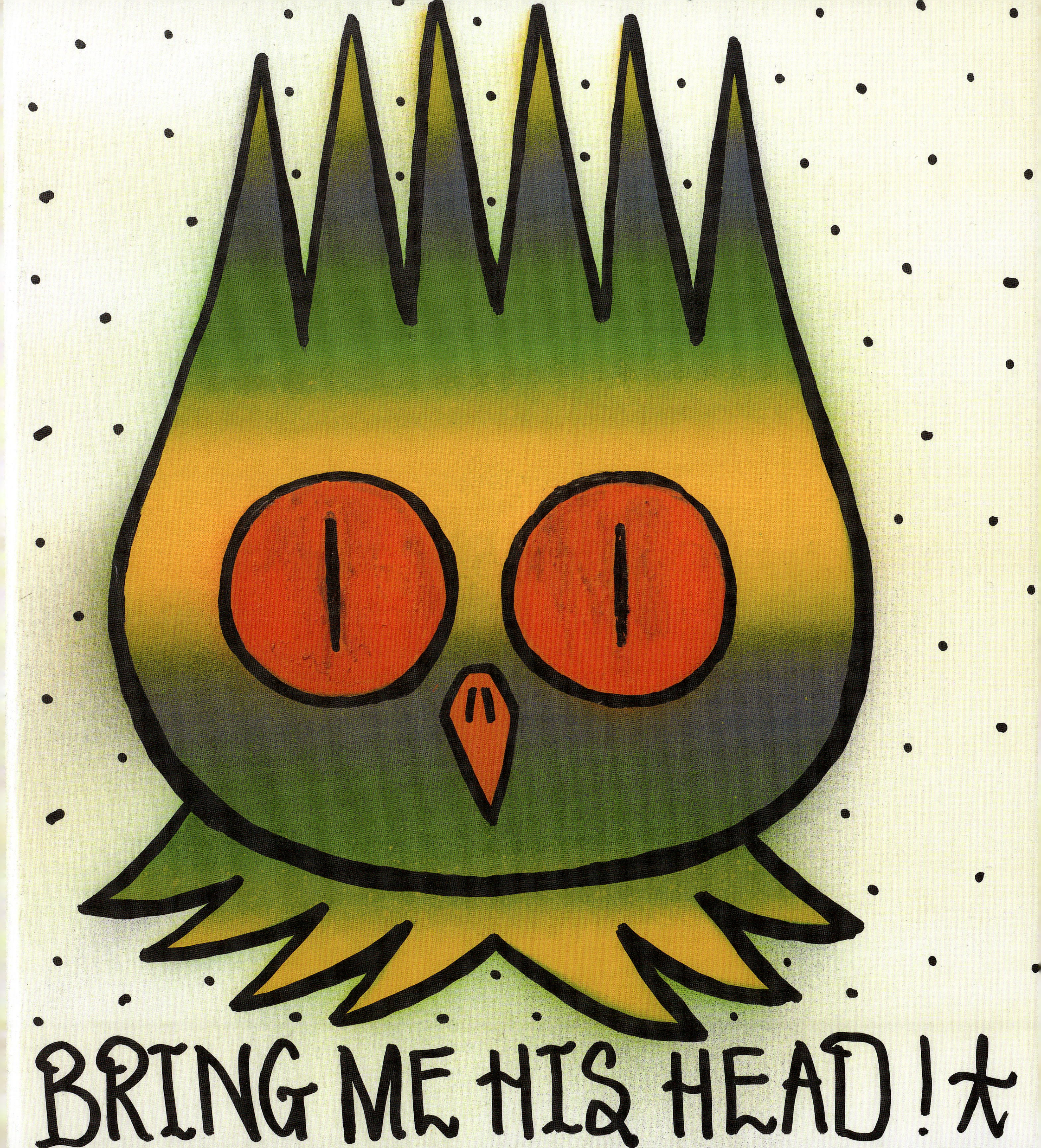
BRING ME HIS HEAD!

Dscreet

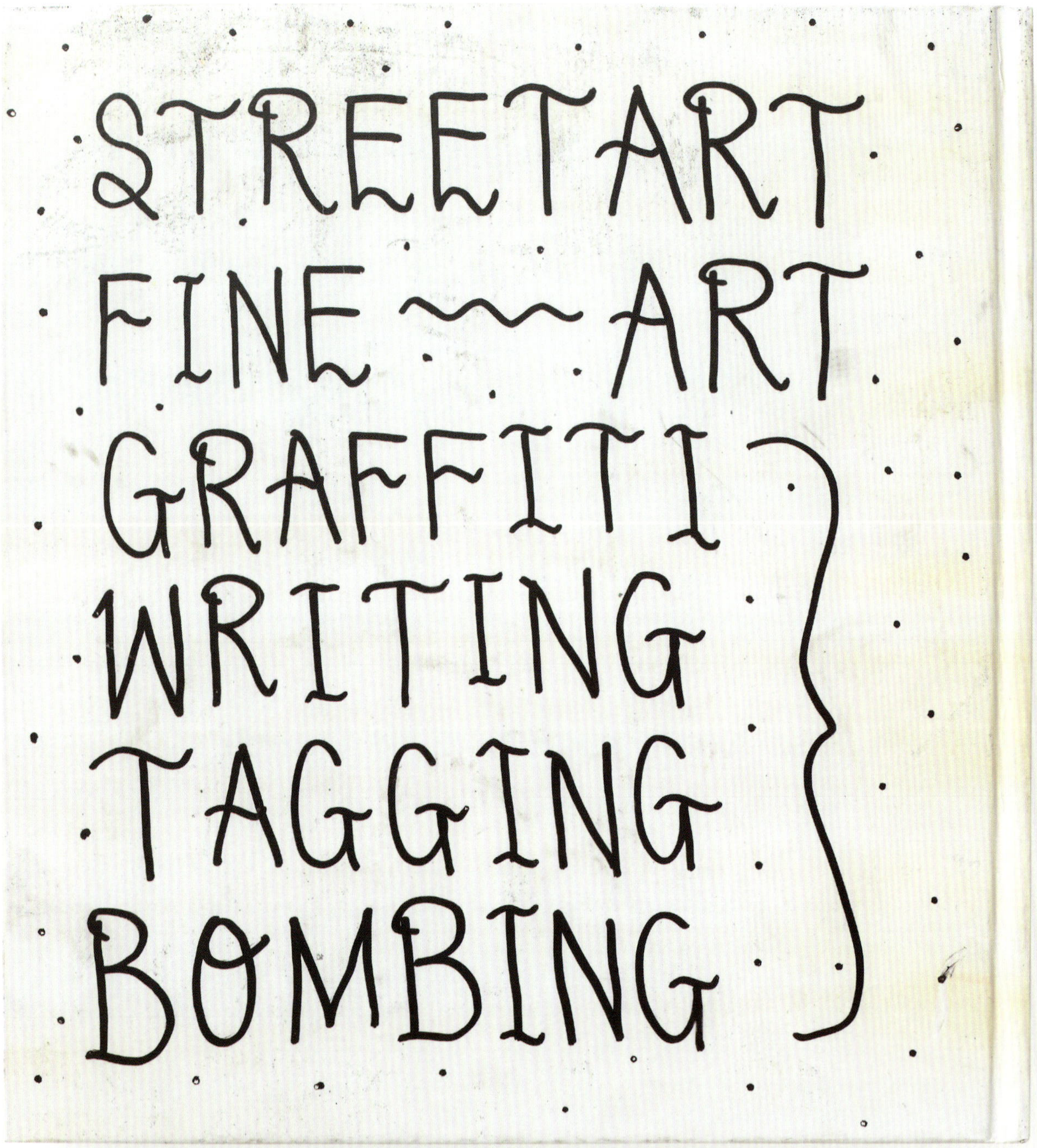

STREETART
FINE ART
GRAFFITI
WRITING
TAGGING
BOMBING

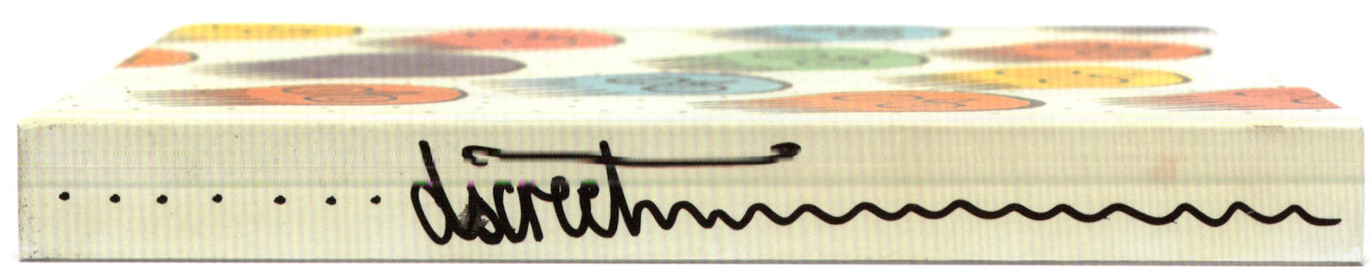

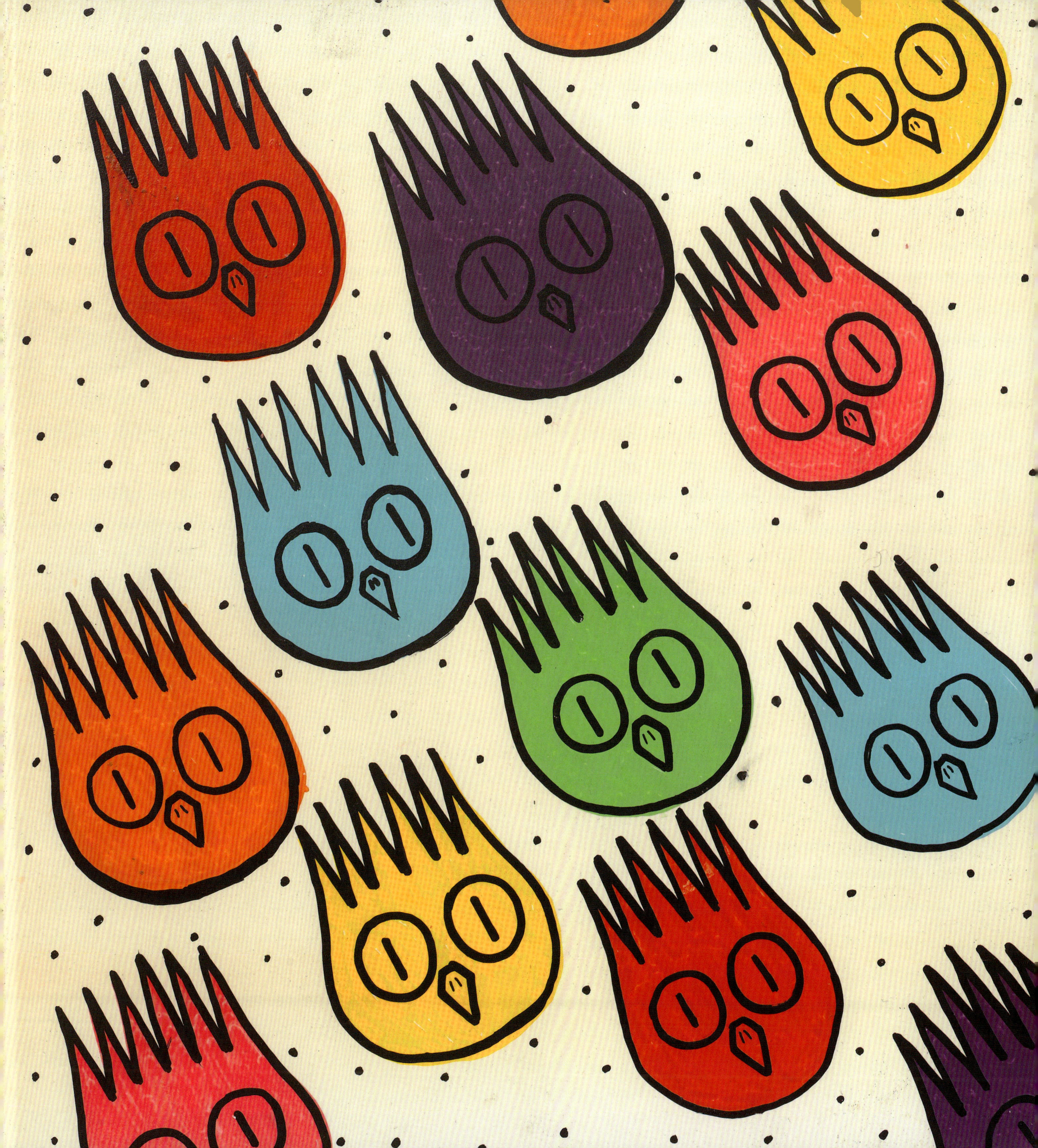

MadC

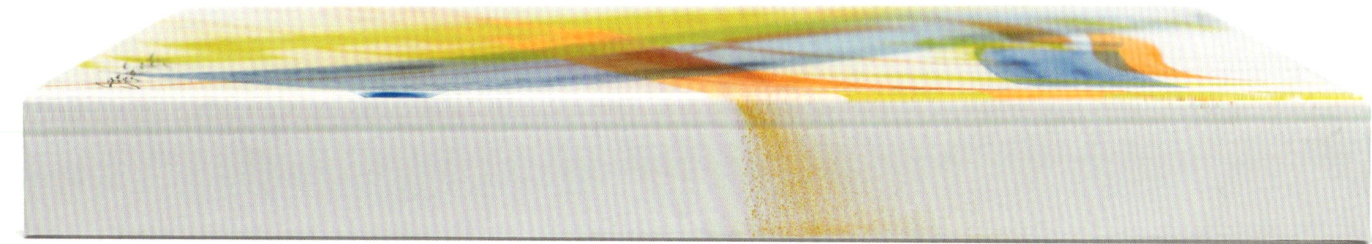

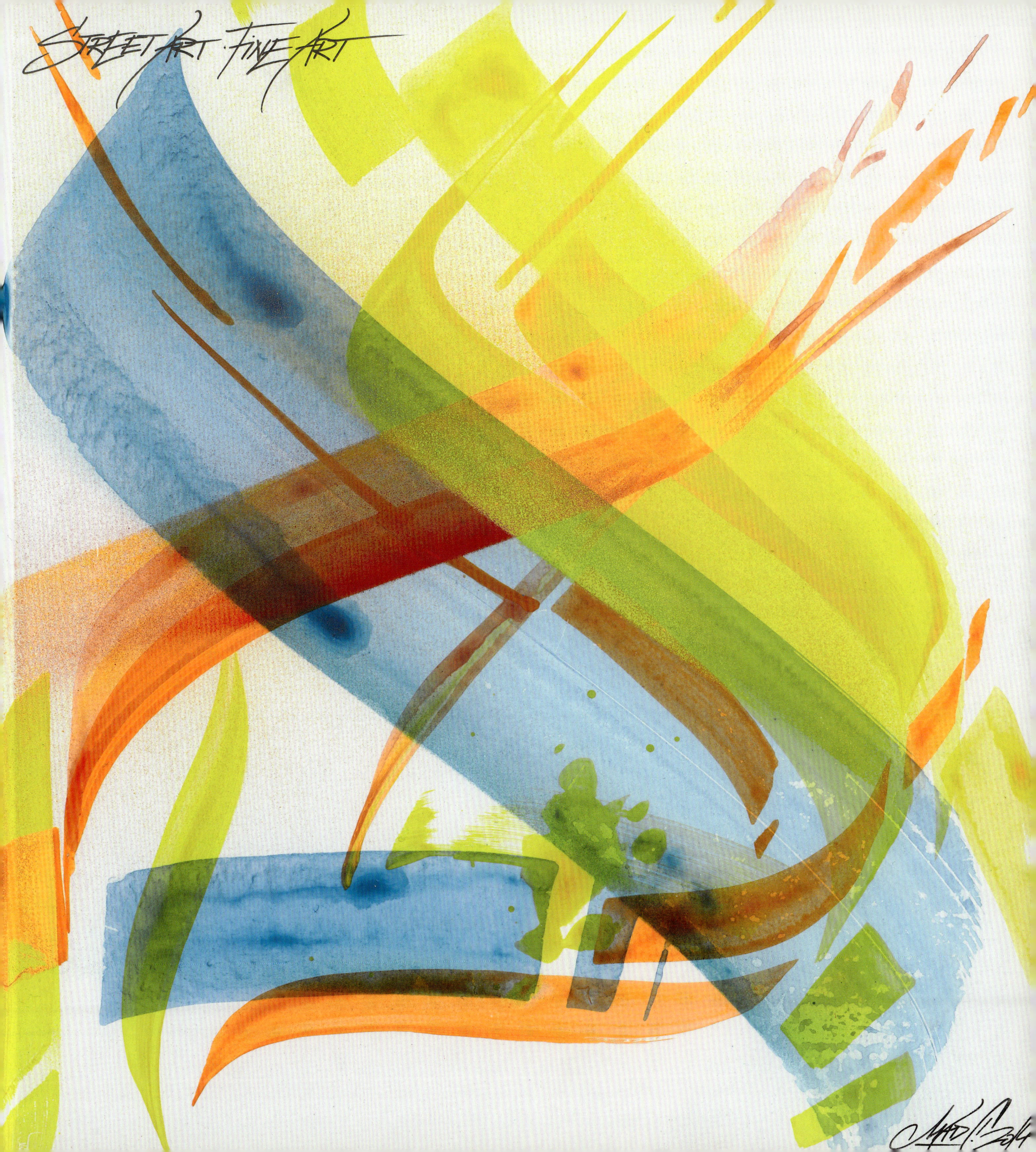
STREET ART · FINE ART

MadC

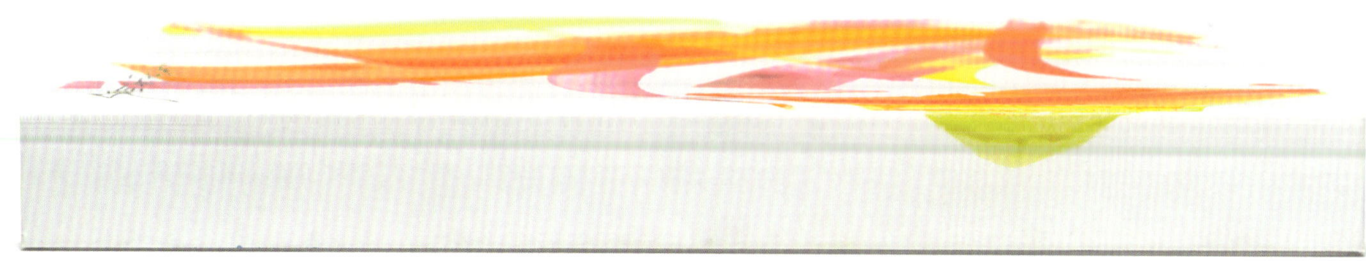

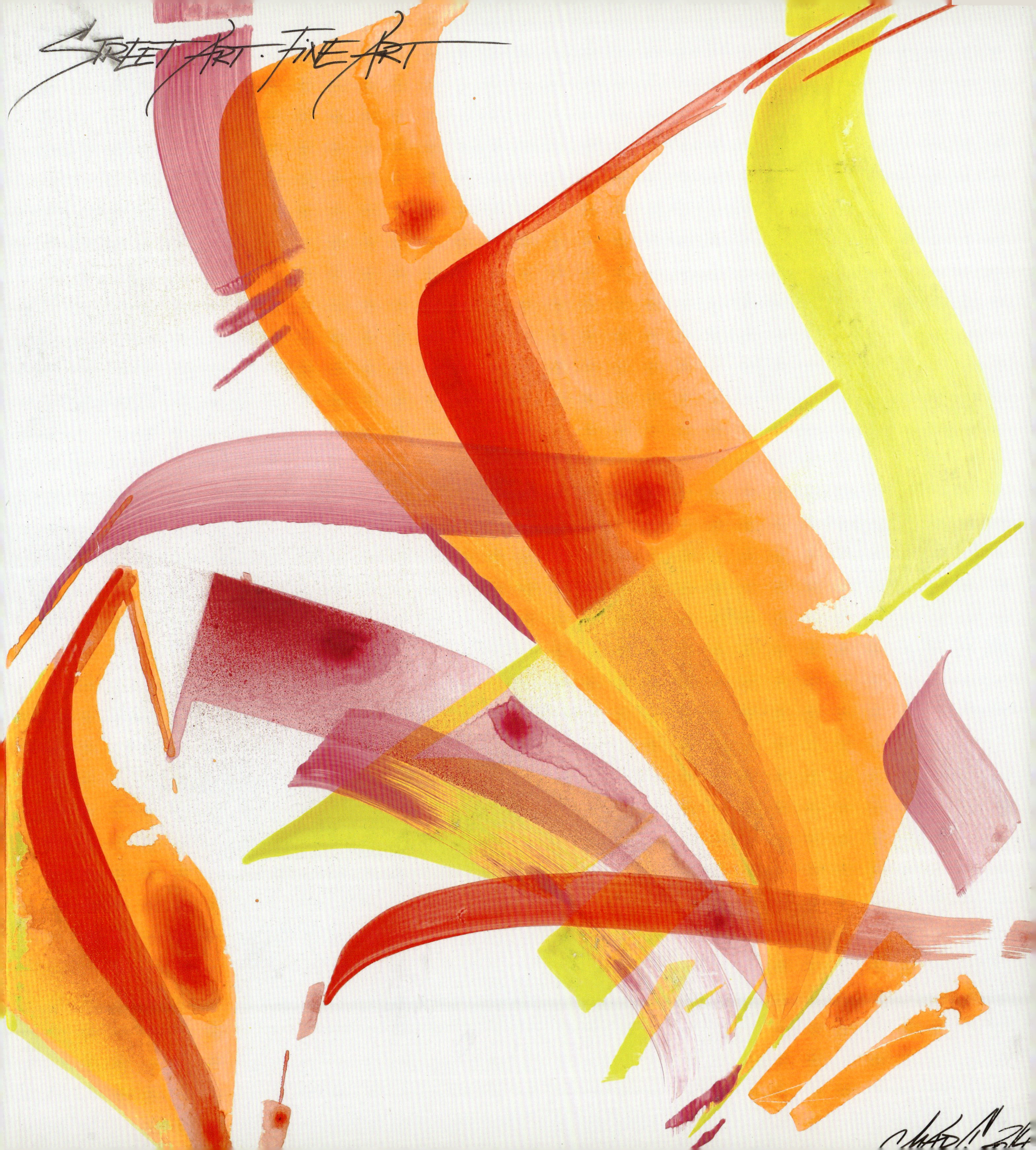
STREET ART · FINE ART

MadC

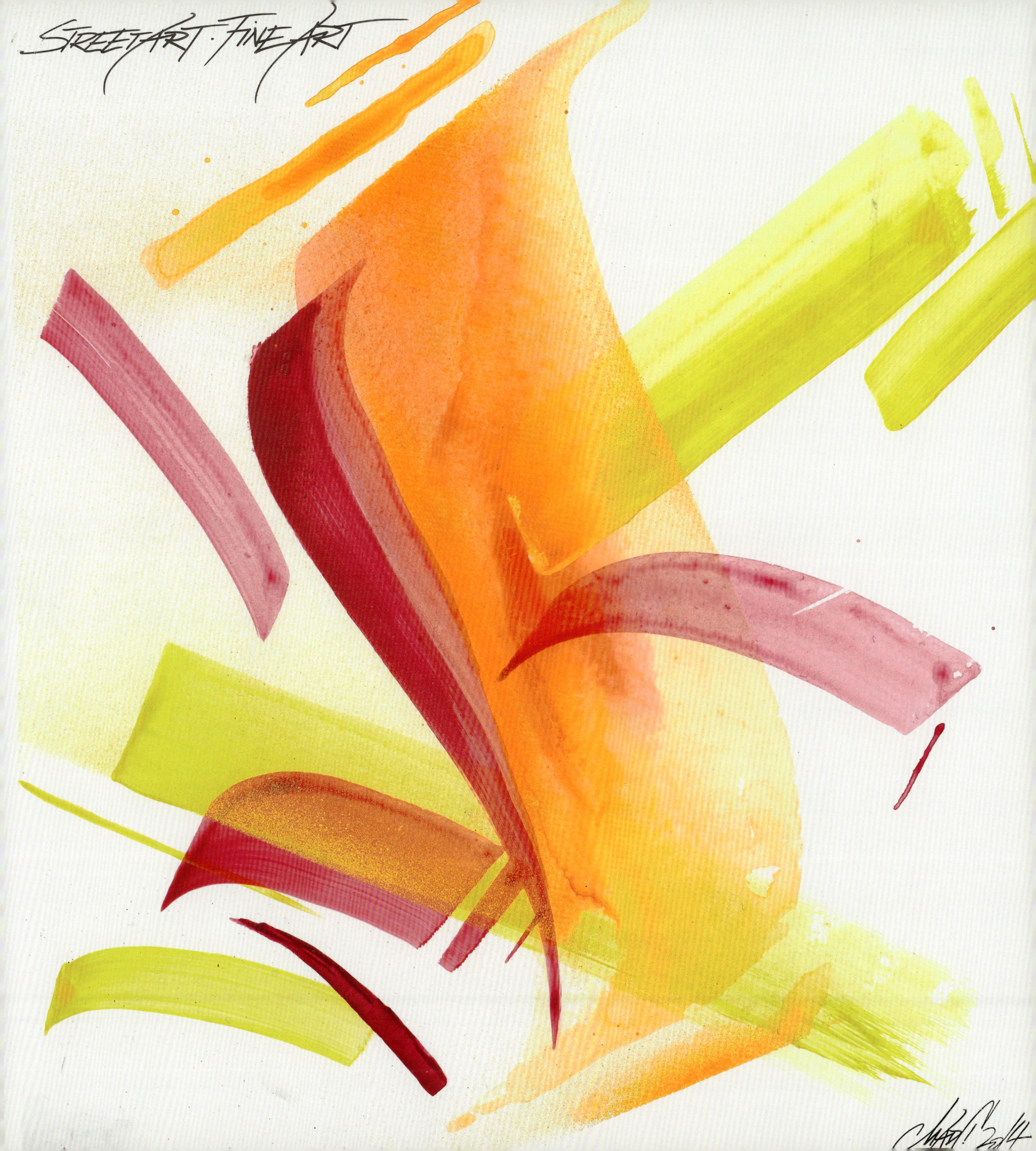
STREETART · FINE ART

MadC

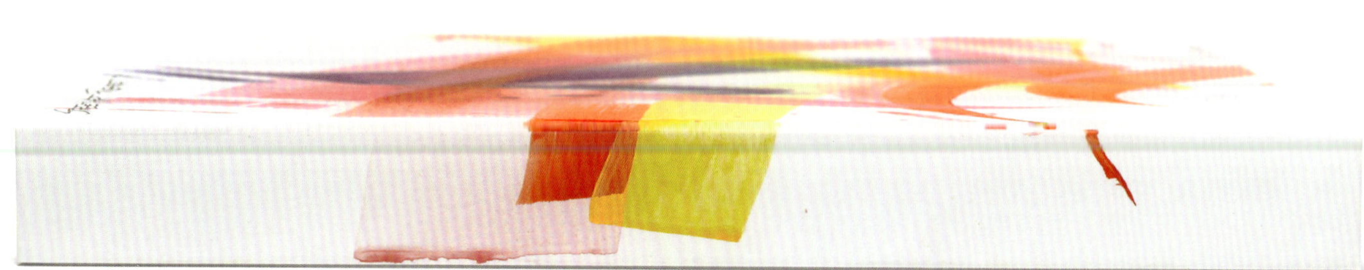

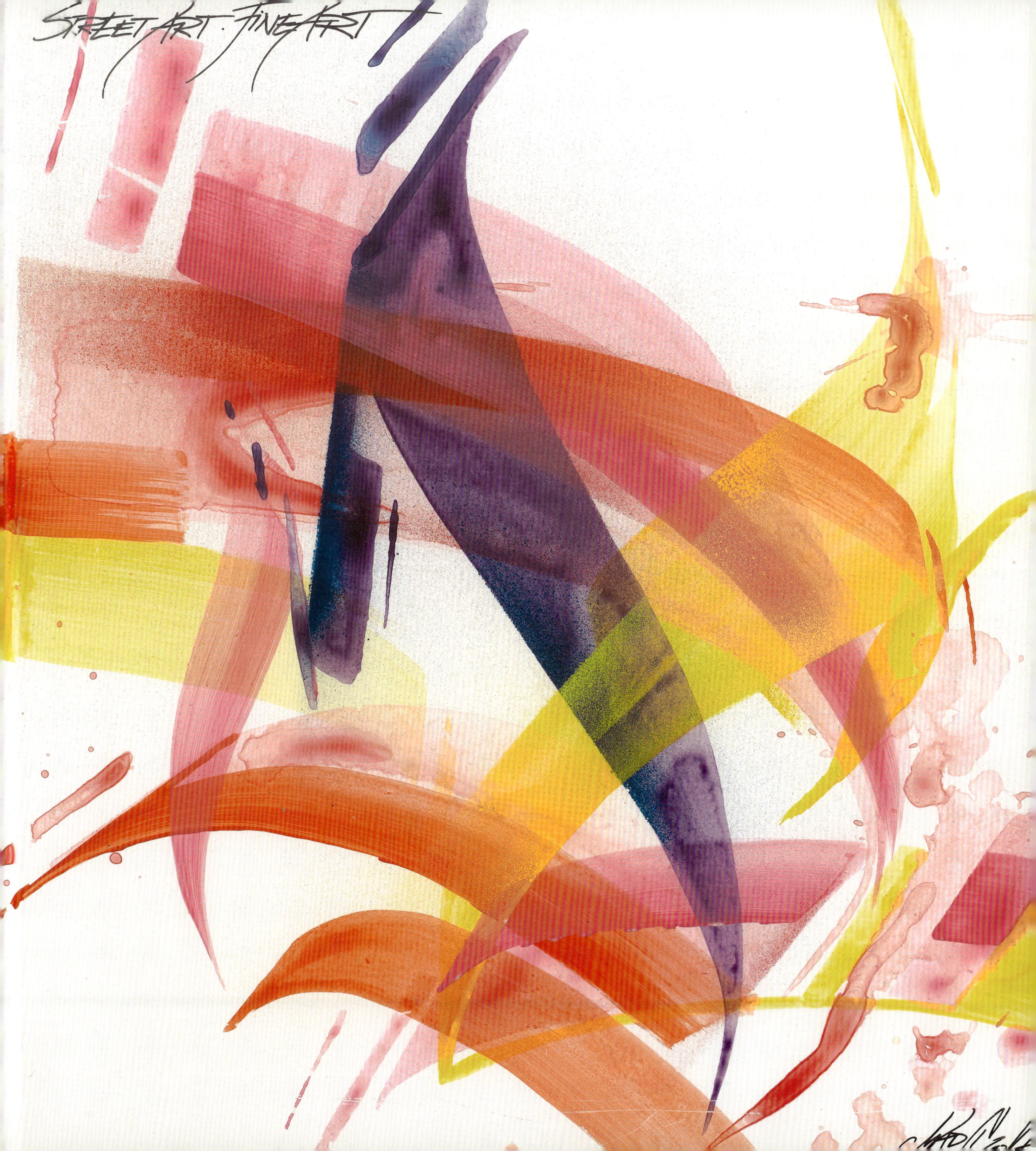
STREET ART · FINE ART

MadC

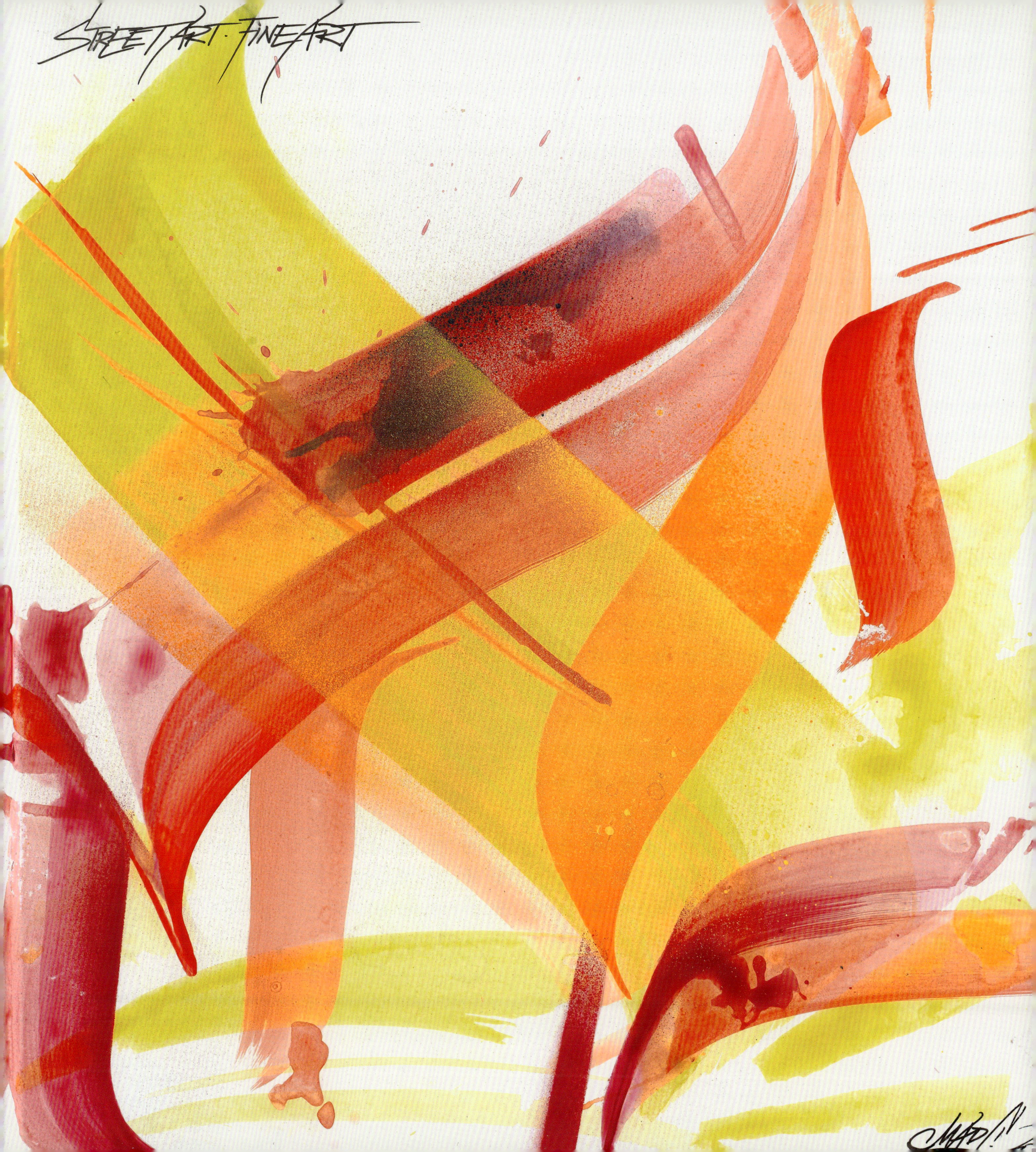
STREETART·FINEART

Mear One

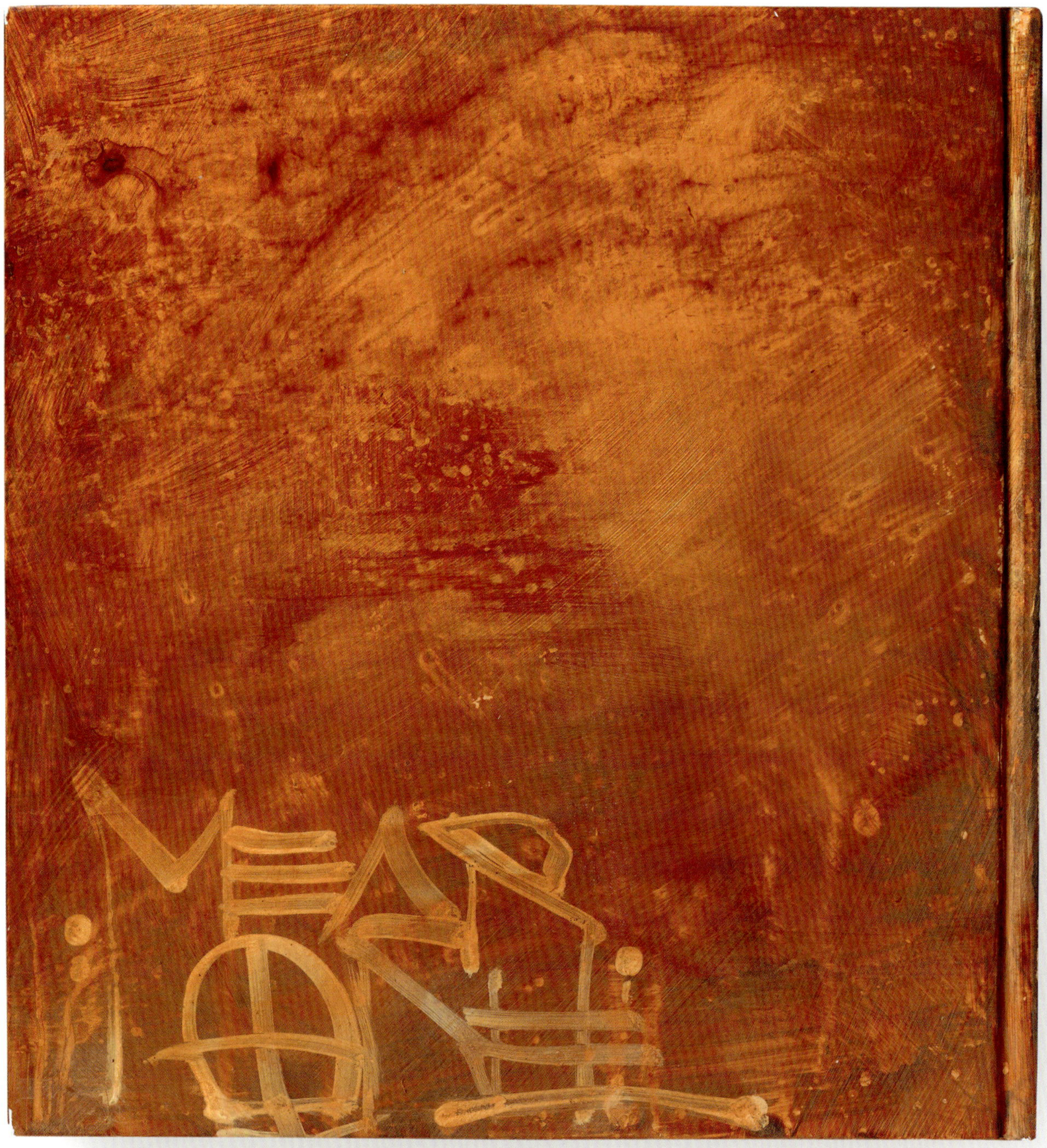

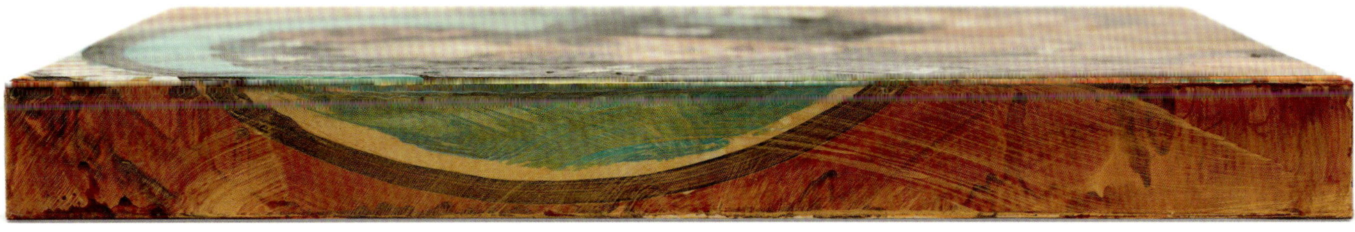

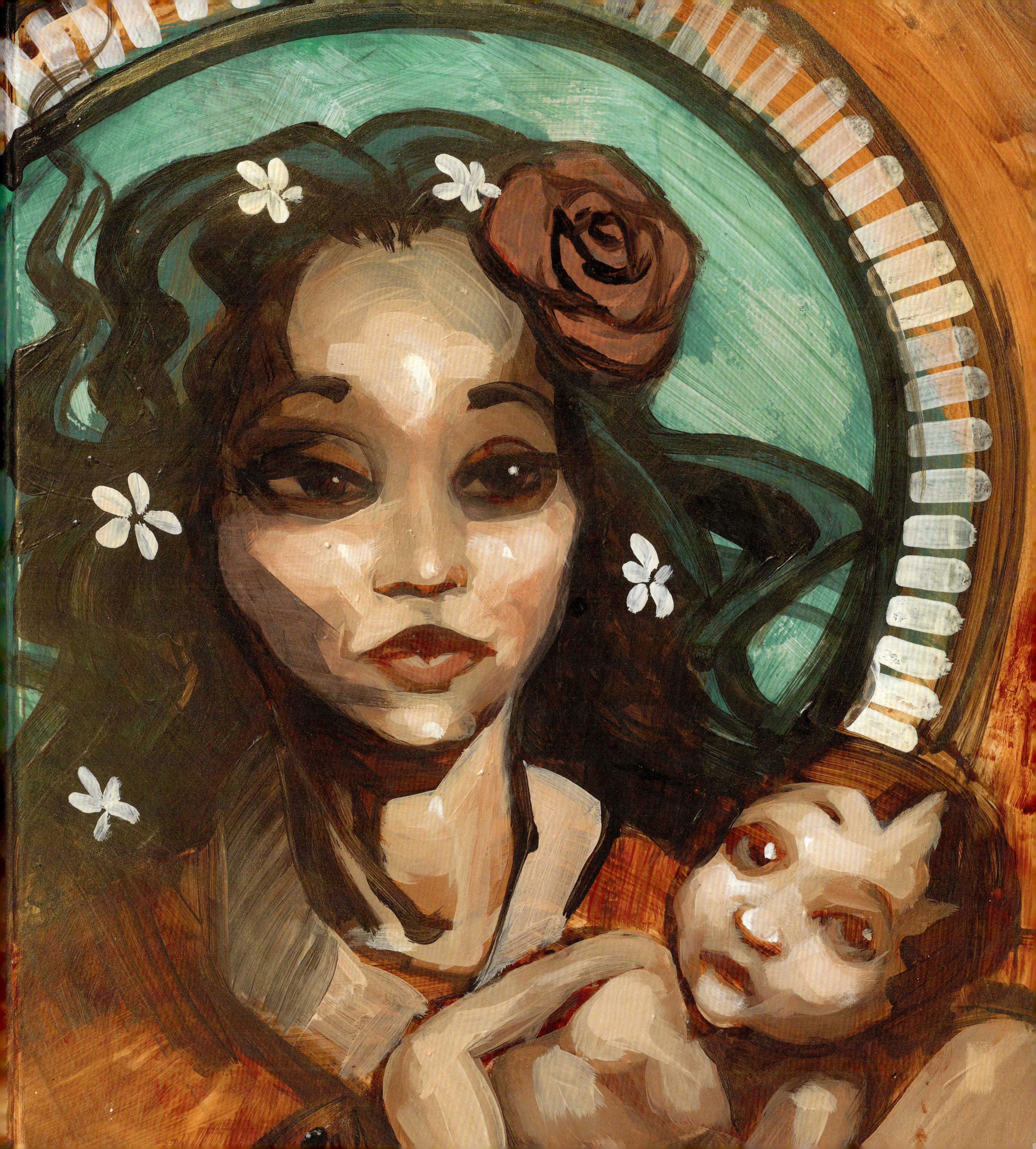

Mear One

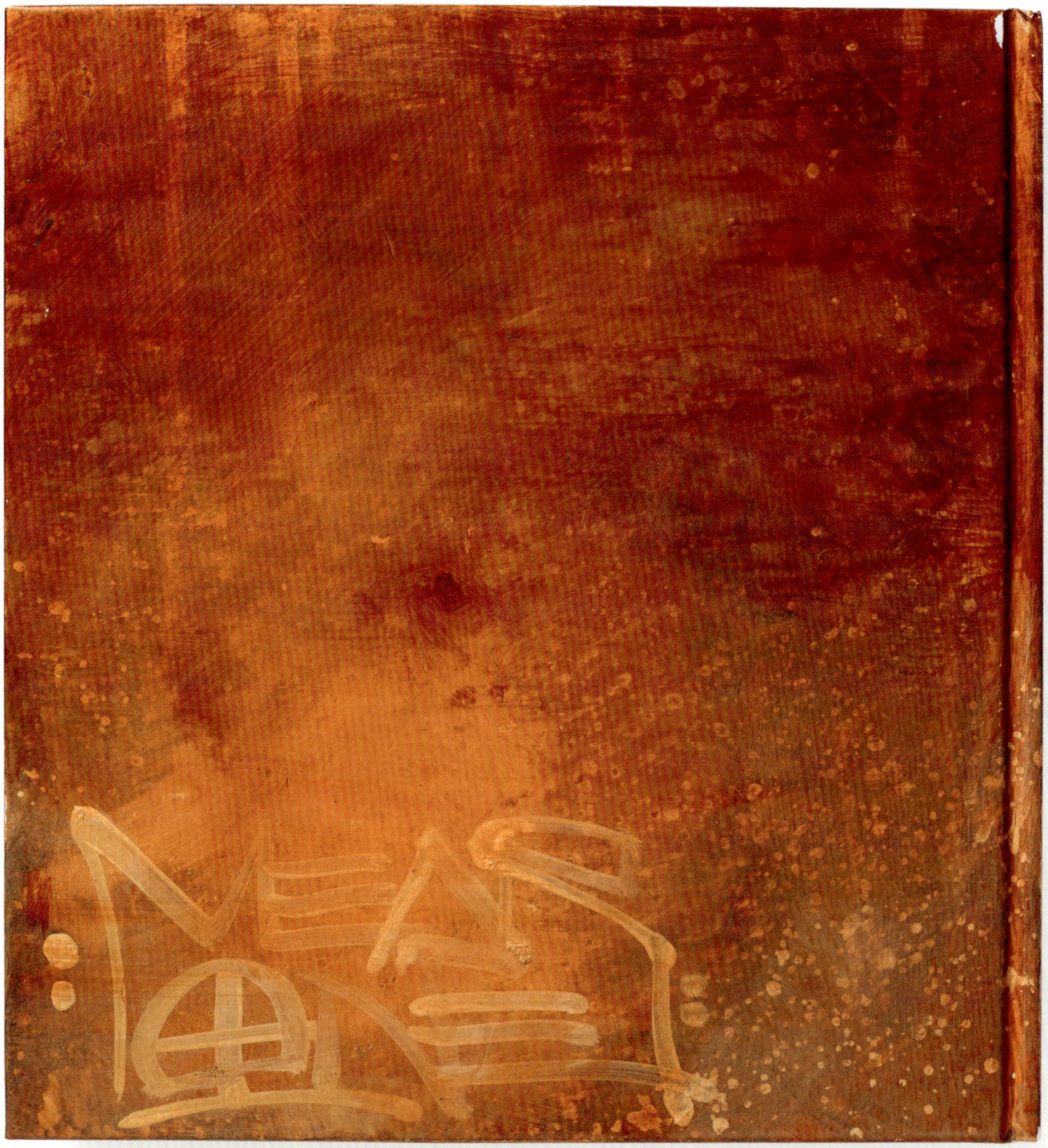

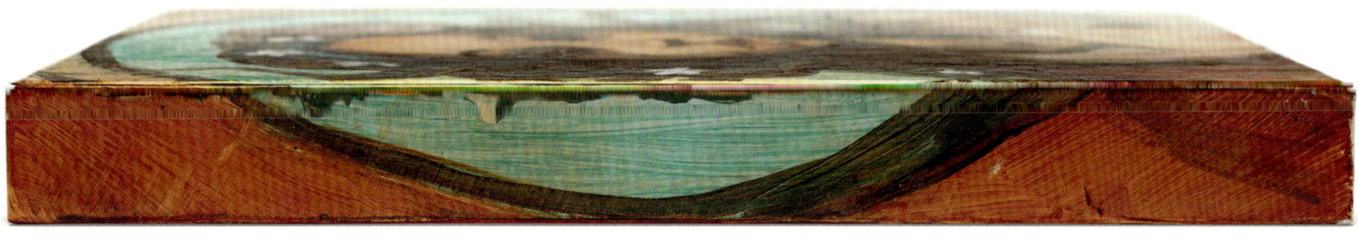

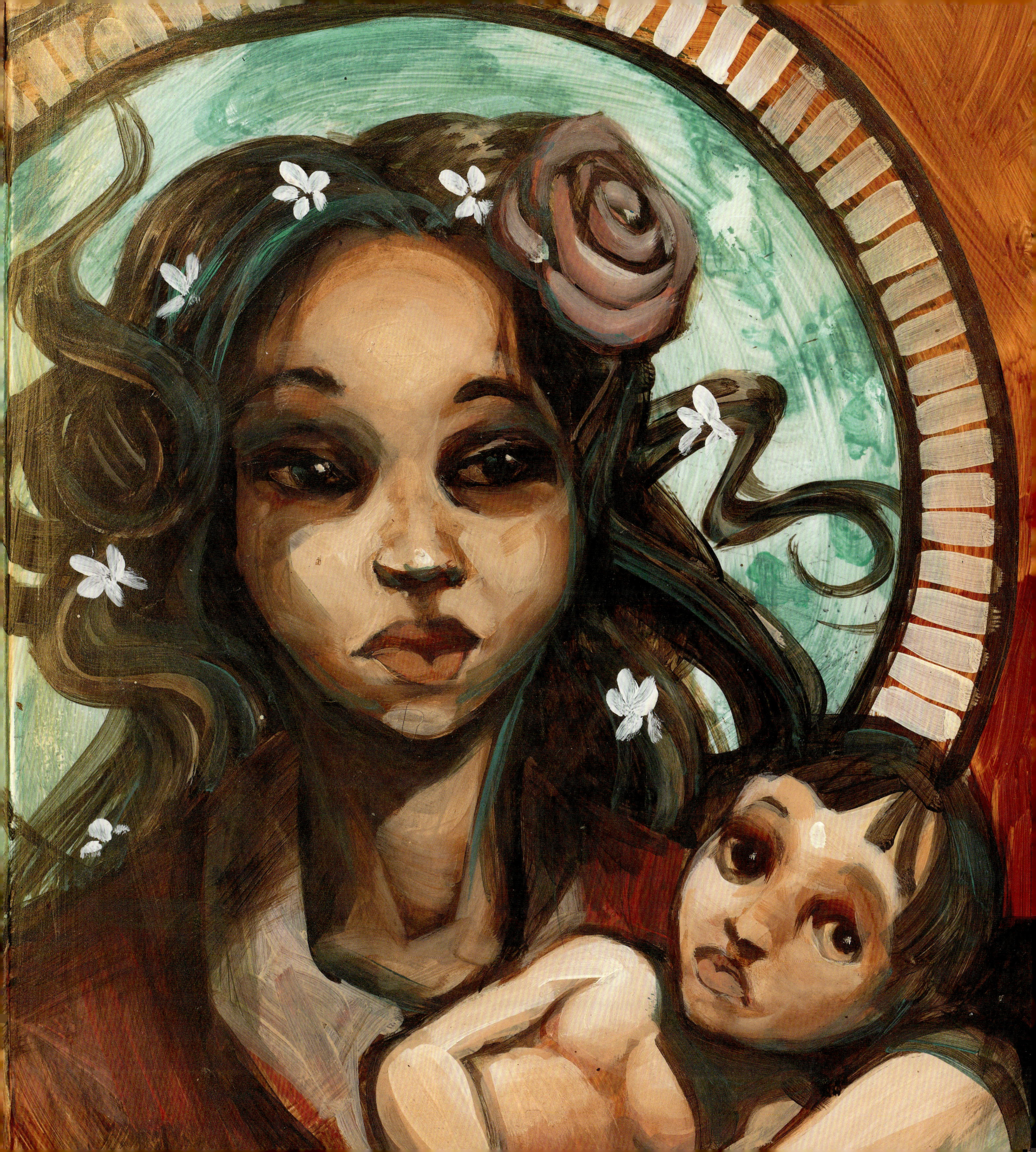

Mear One

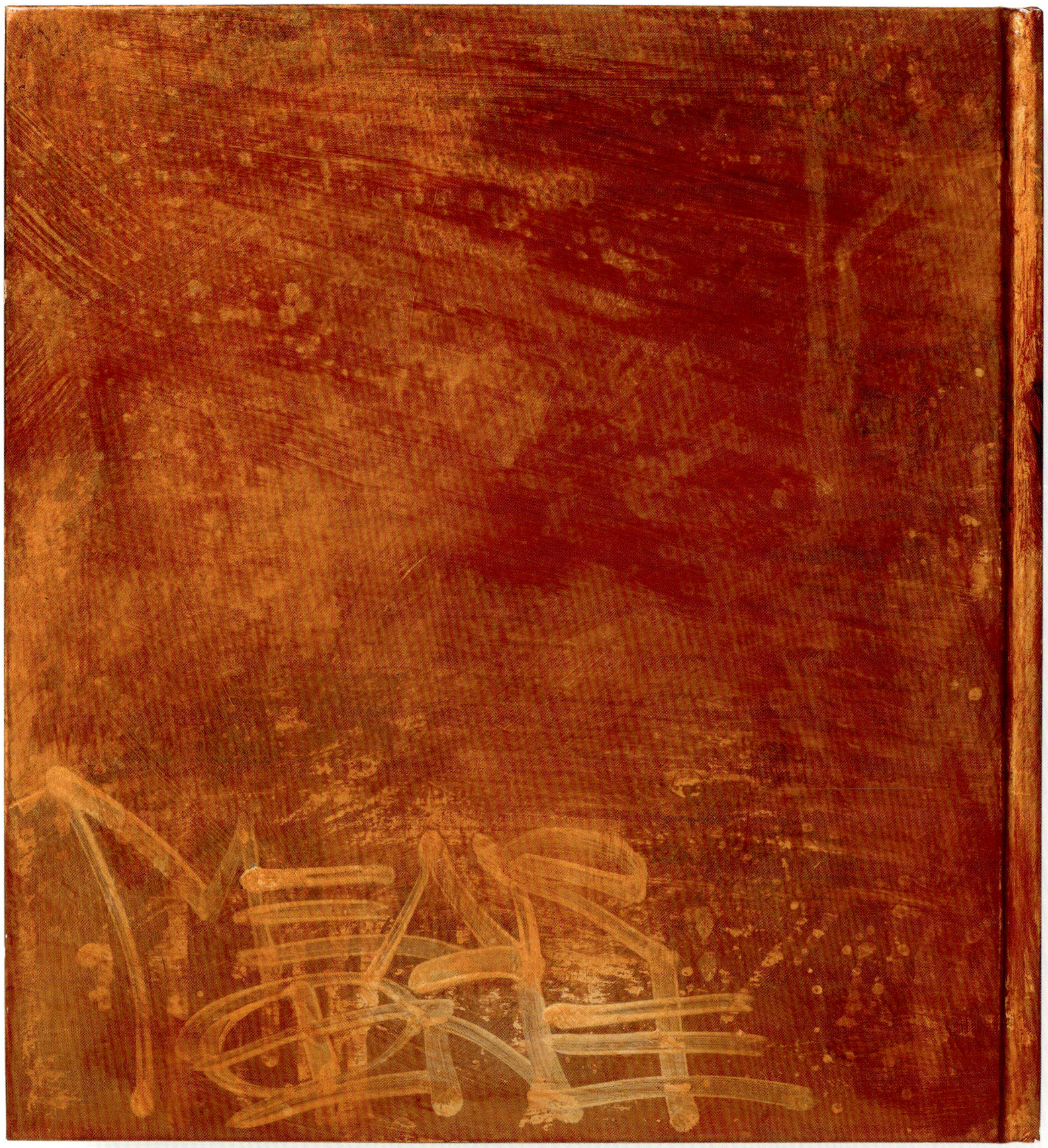

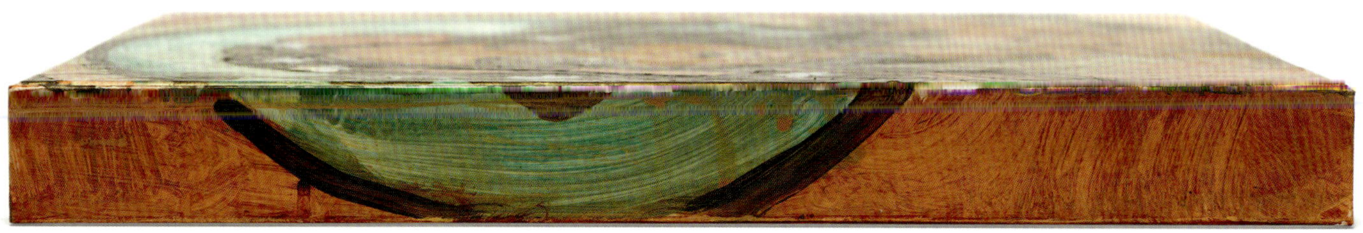

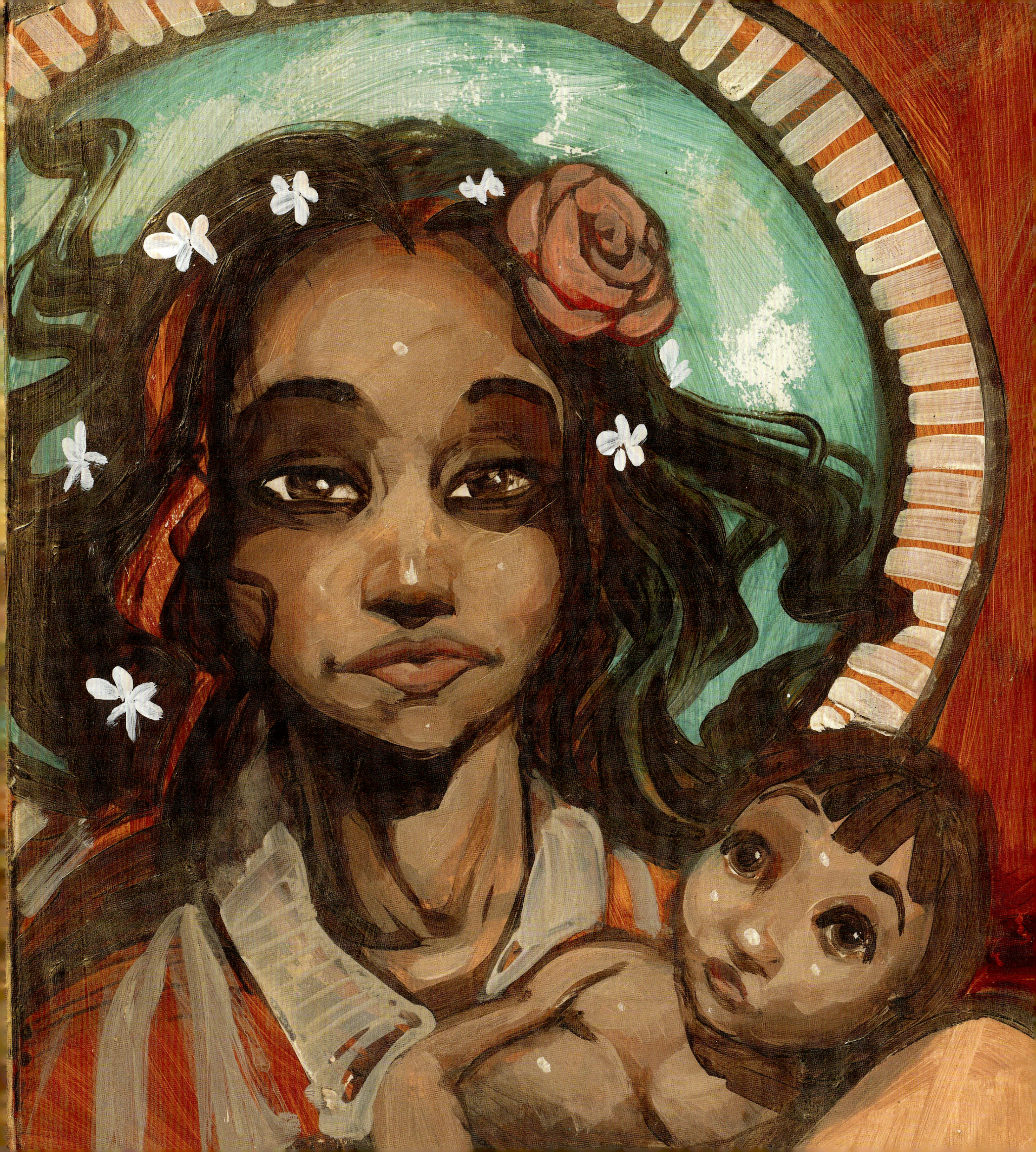

Mear One

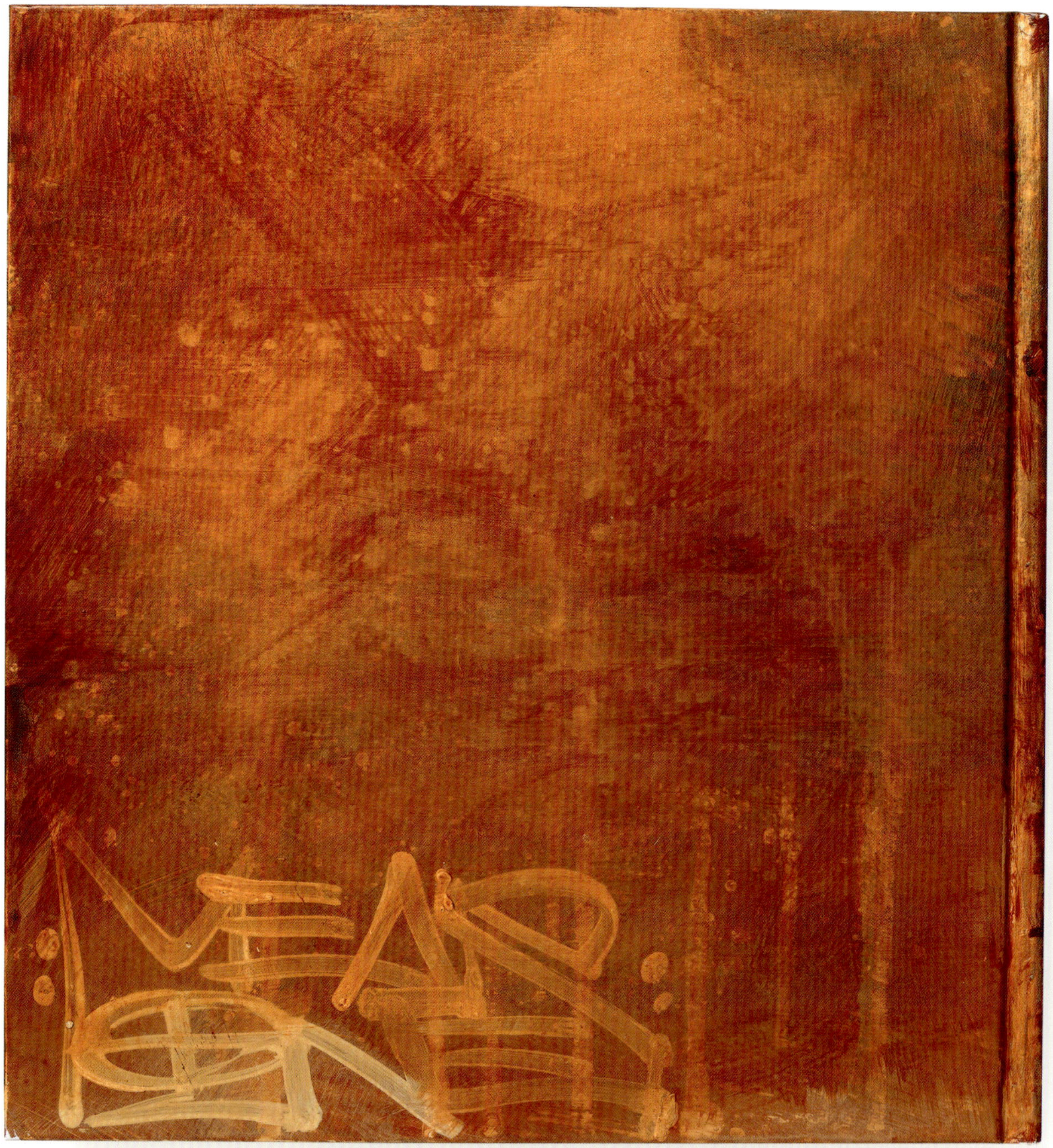

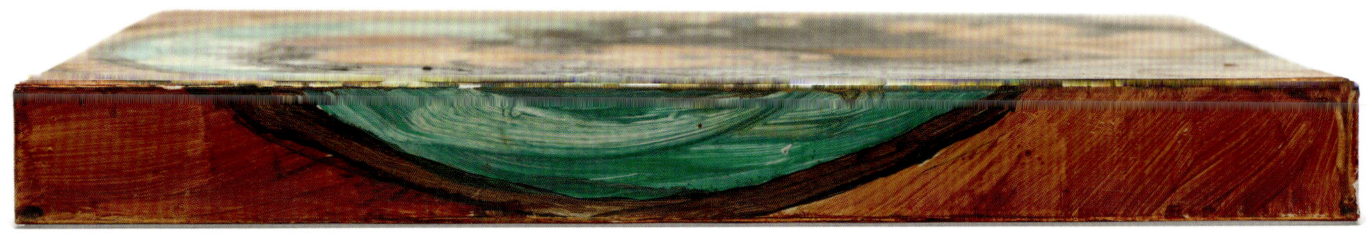

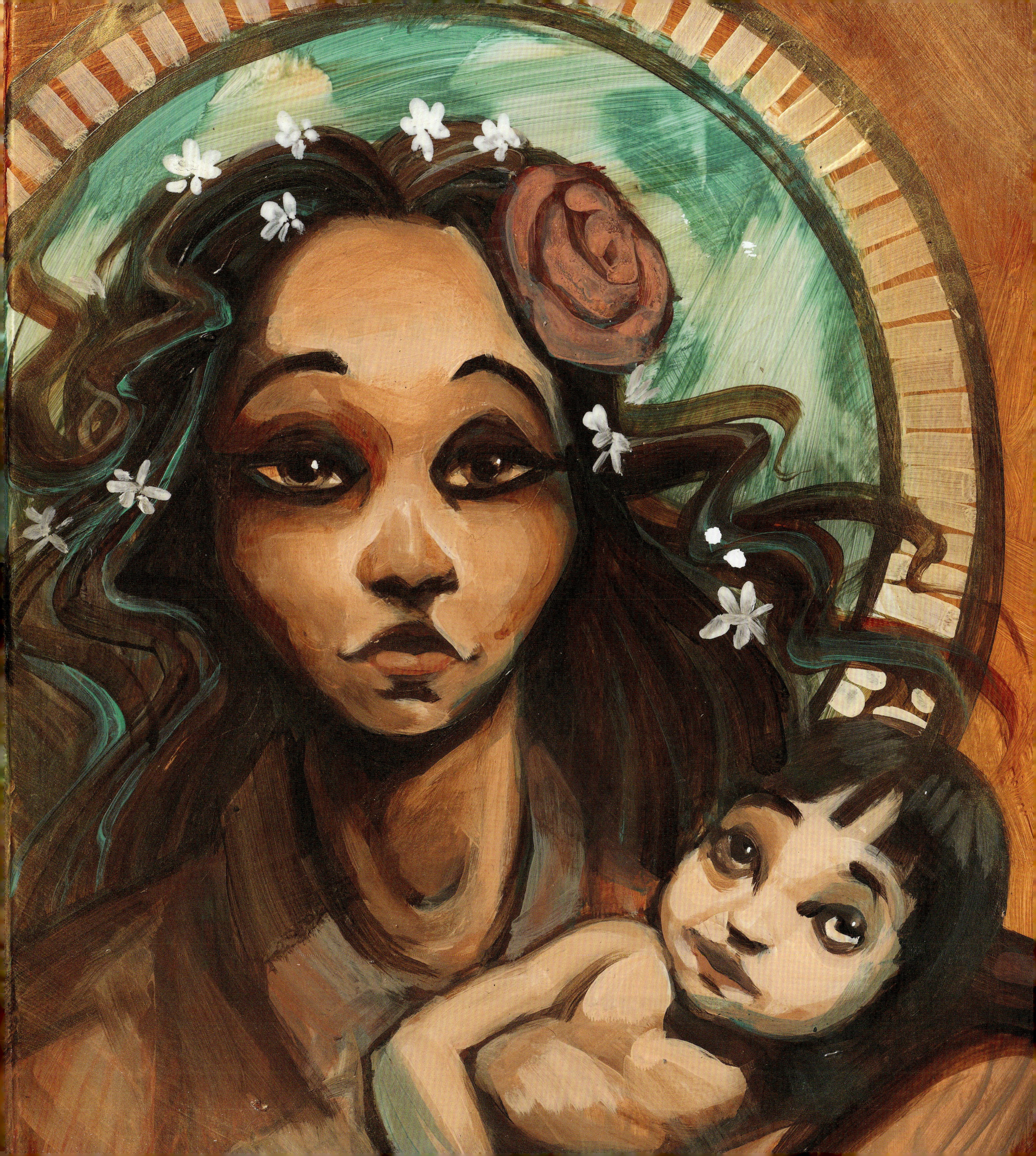

Mear One

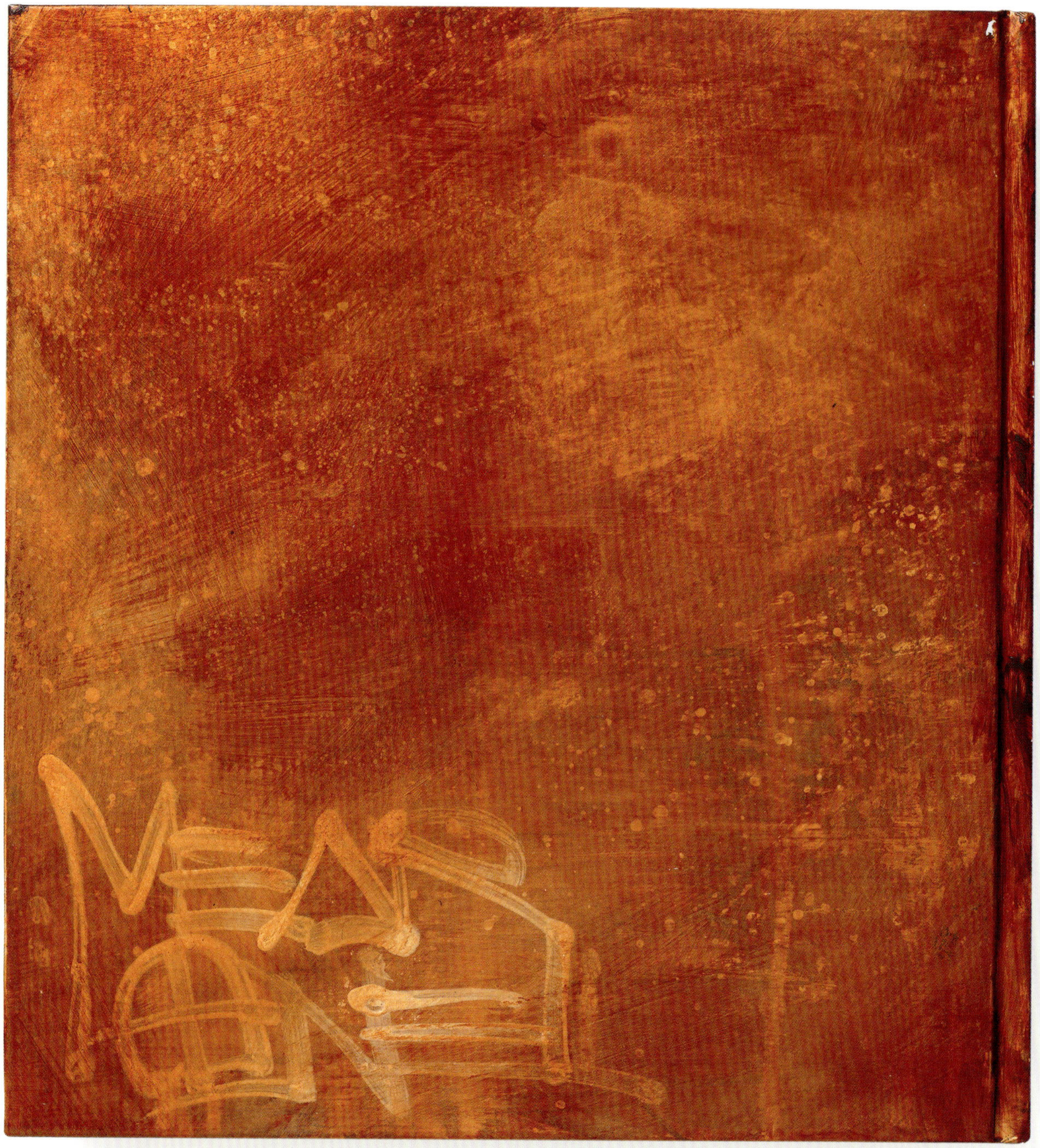

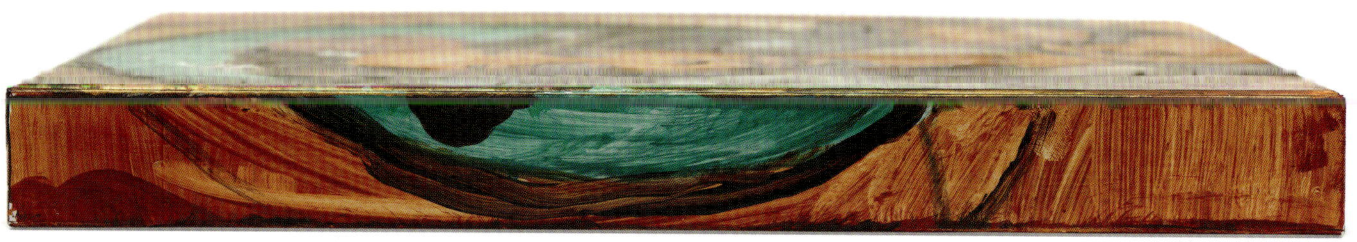

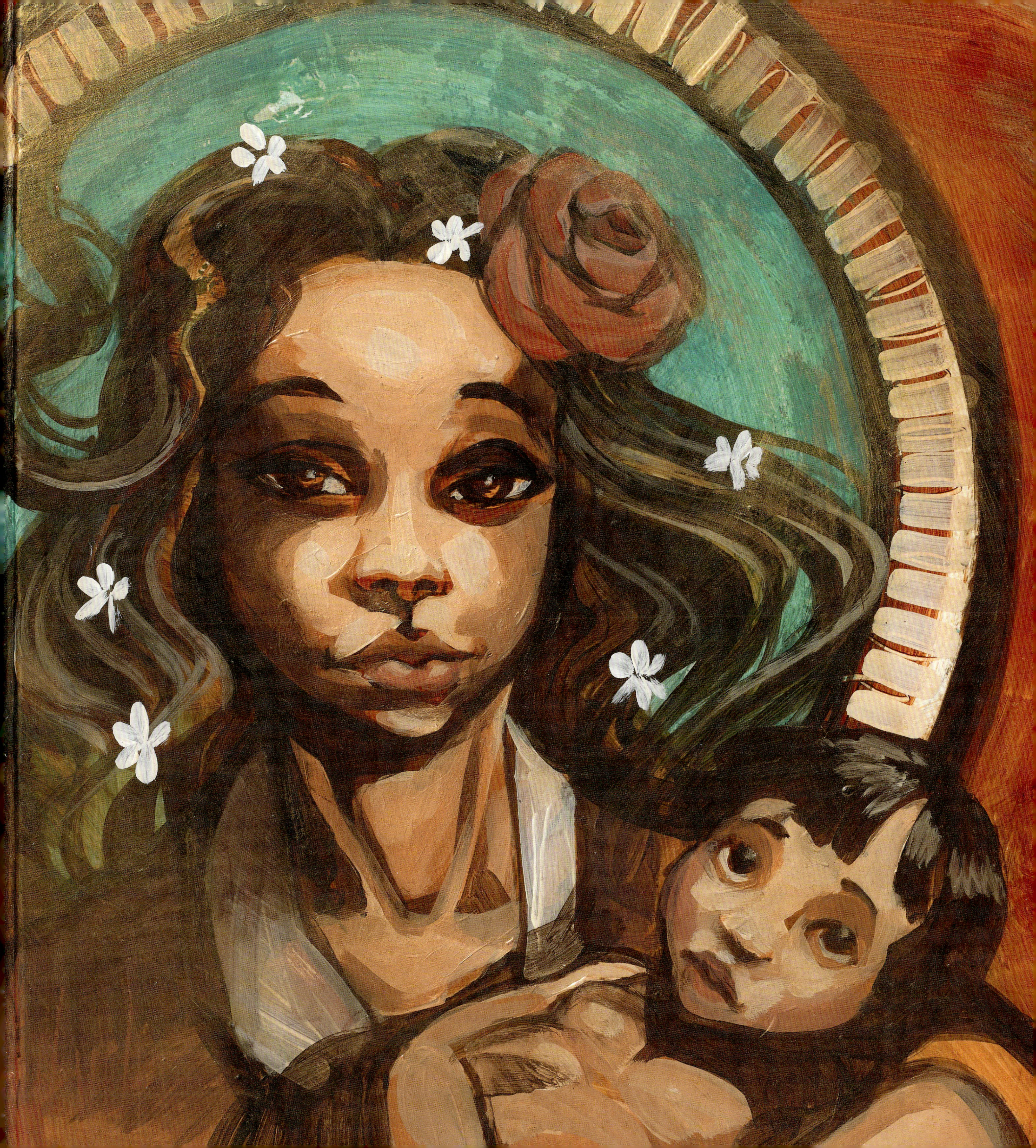

Pablo Delgado

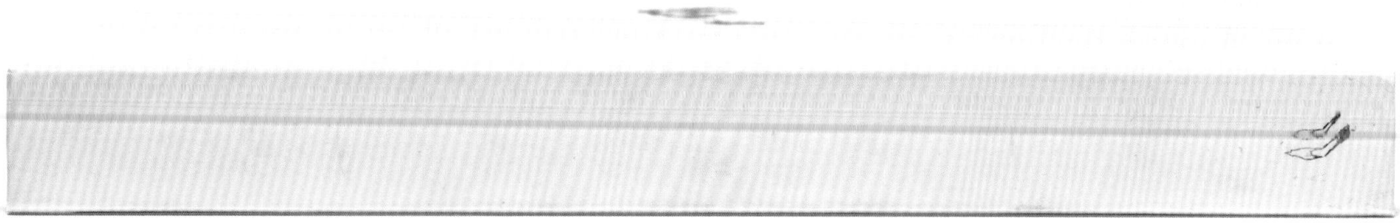

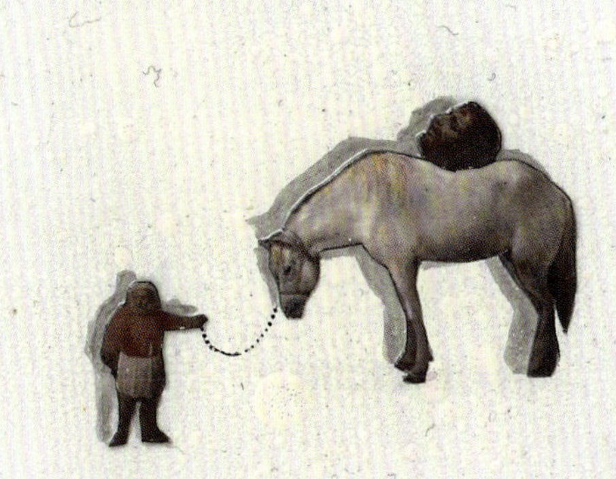

Pablo Delgado

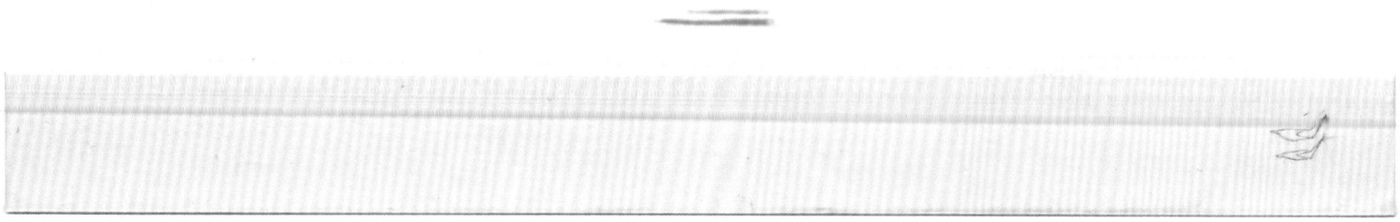

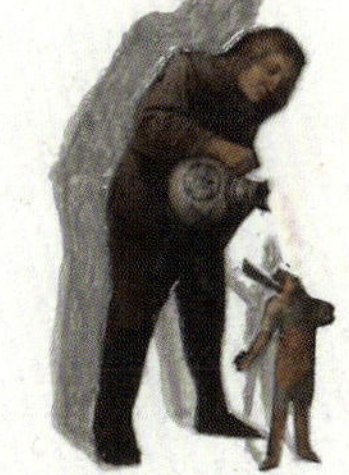

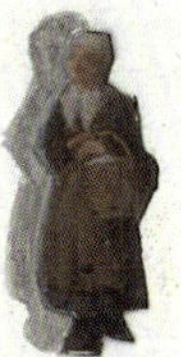

PABLO DELGADO

Pablo Delgado

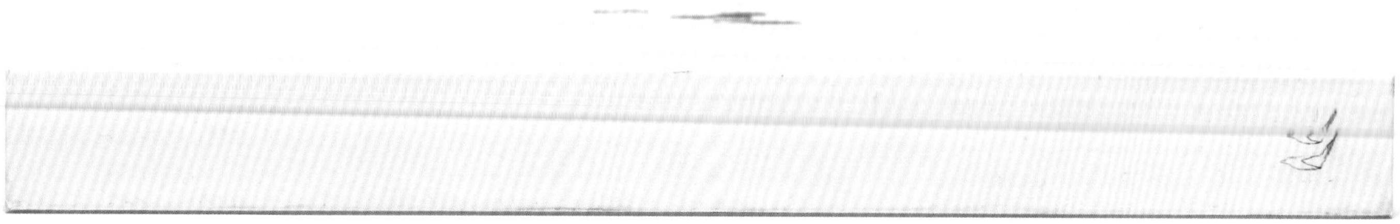

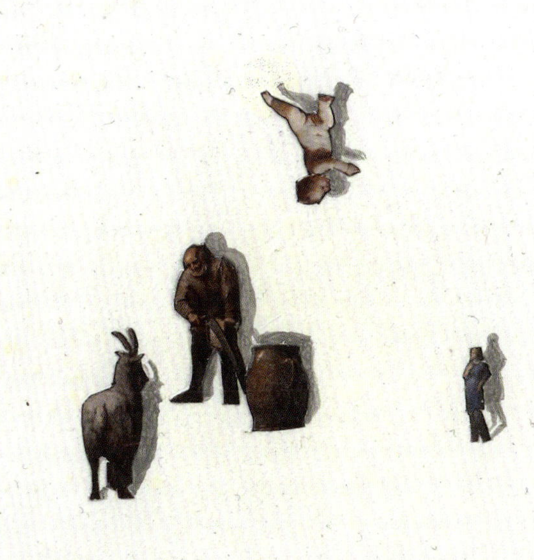
PABLO
DELGADO.

Pablo Delgado

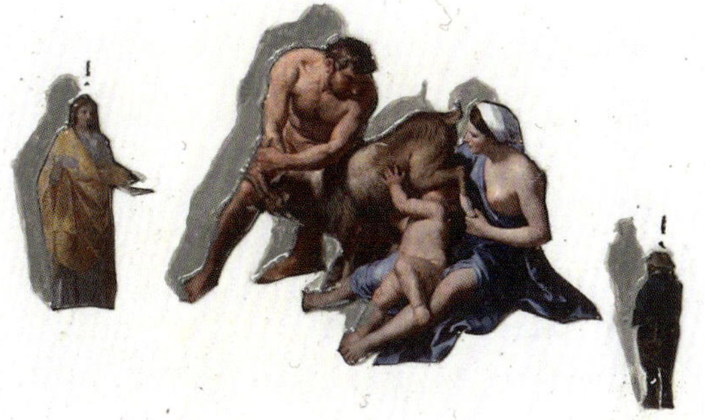

Pablo Delgado

Remi Rough

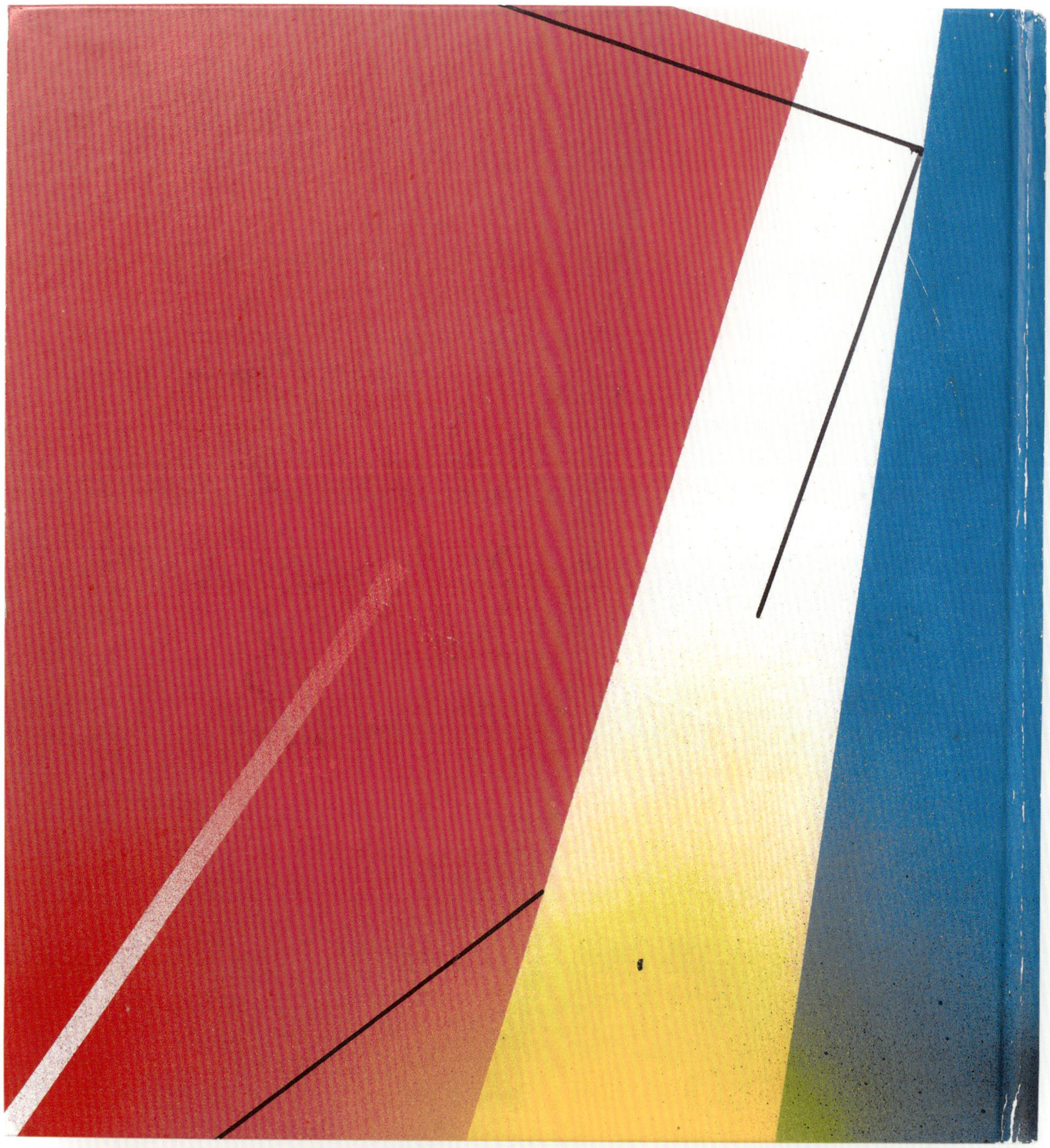

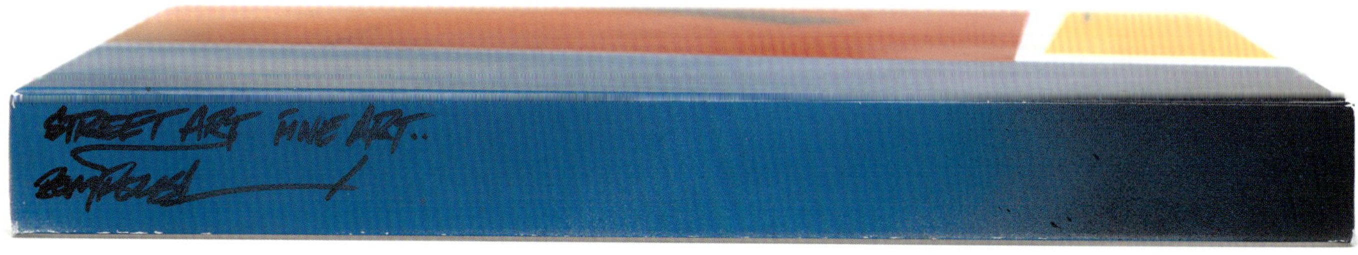

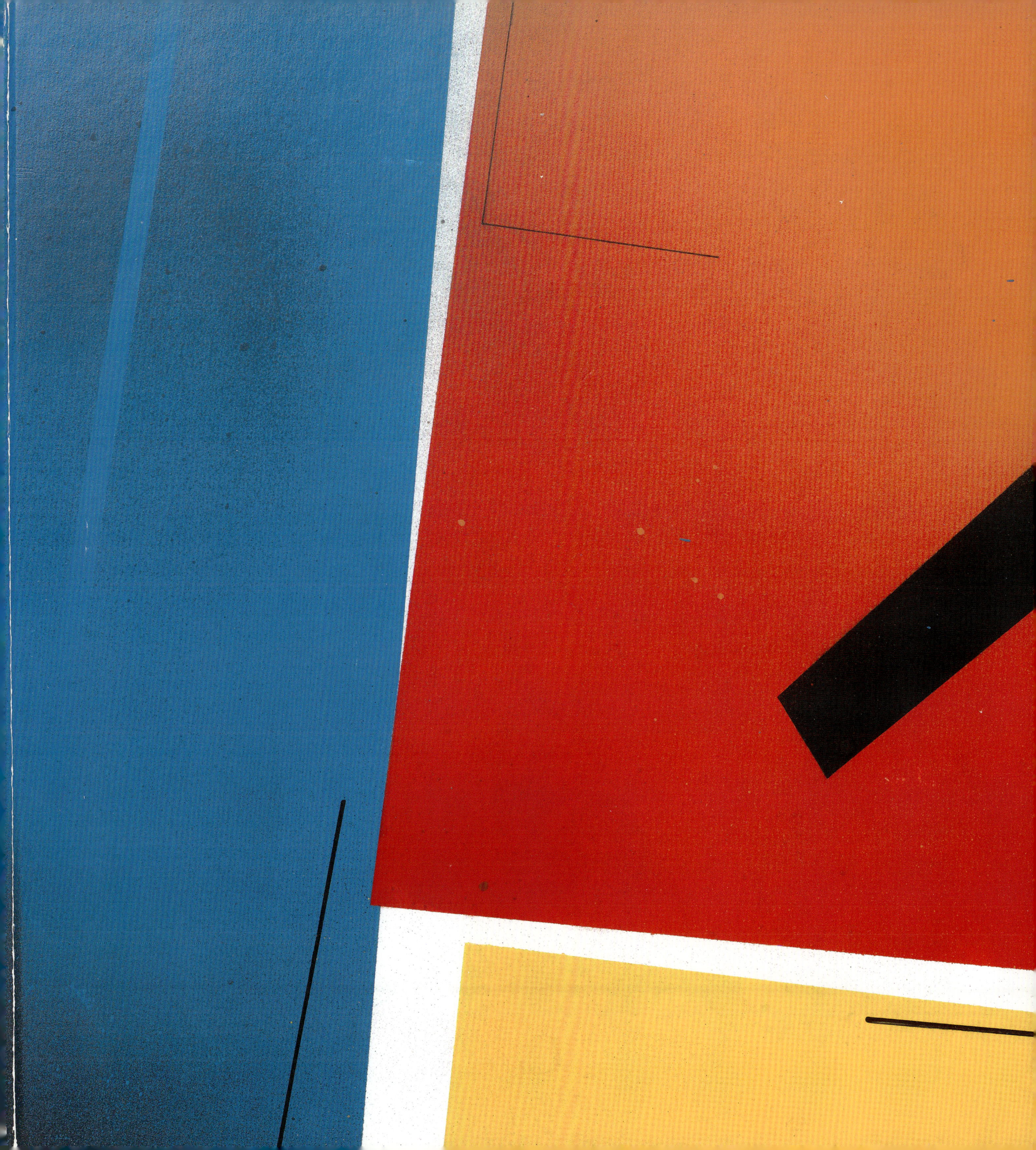

Remi Rough

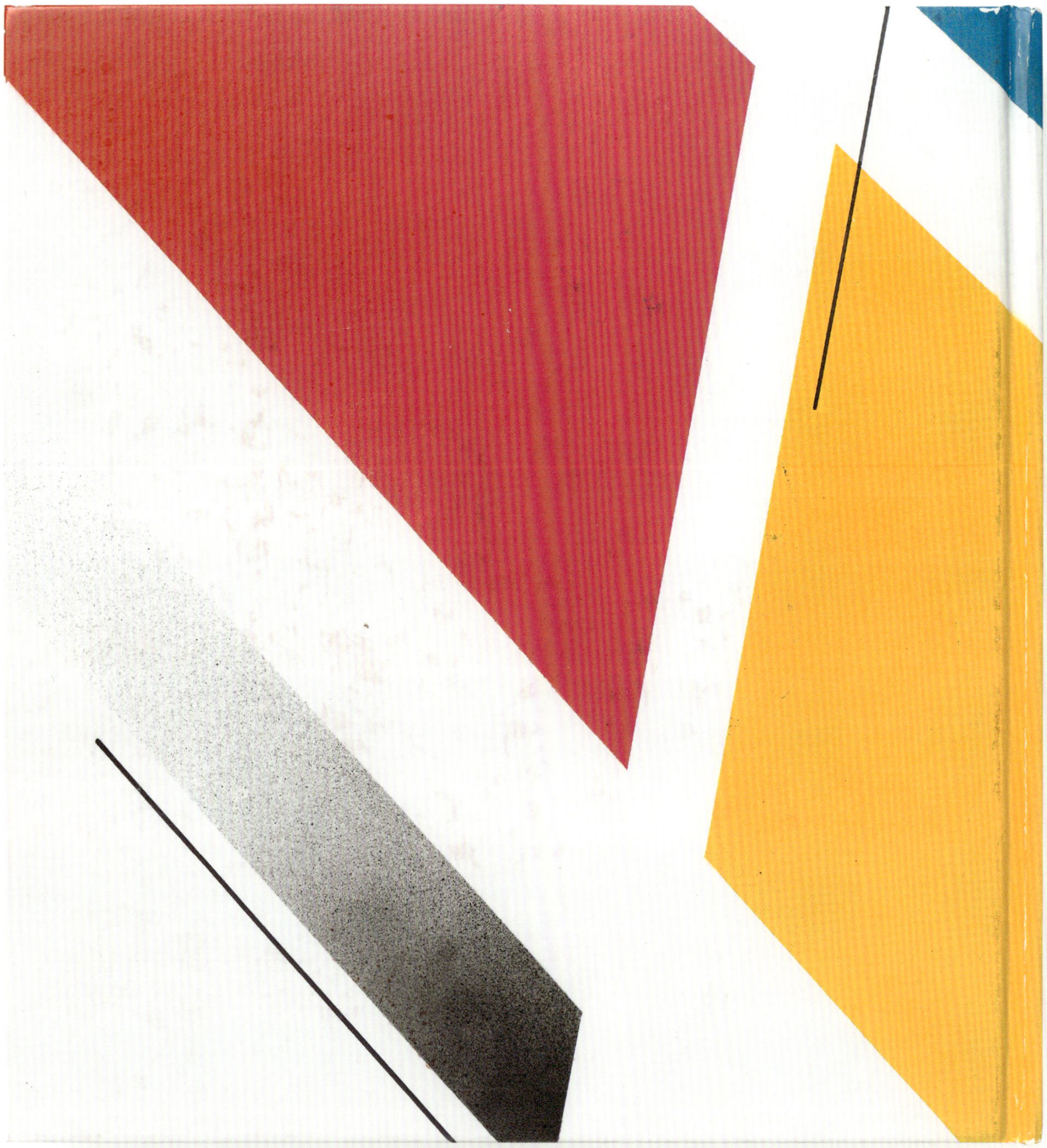

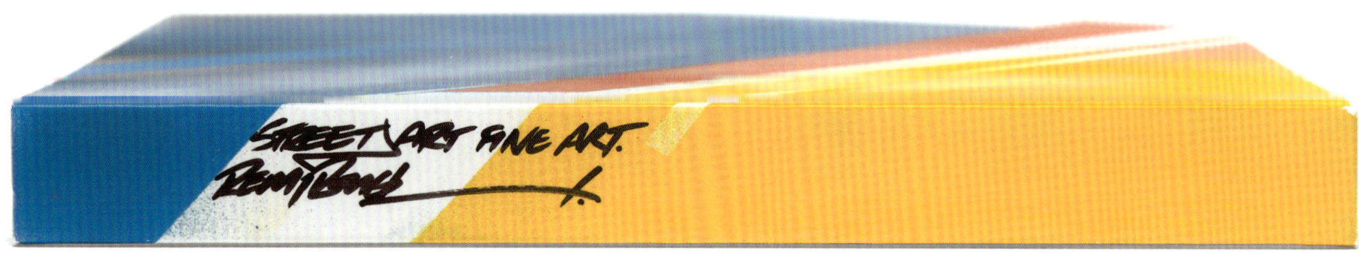

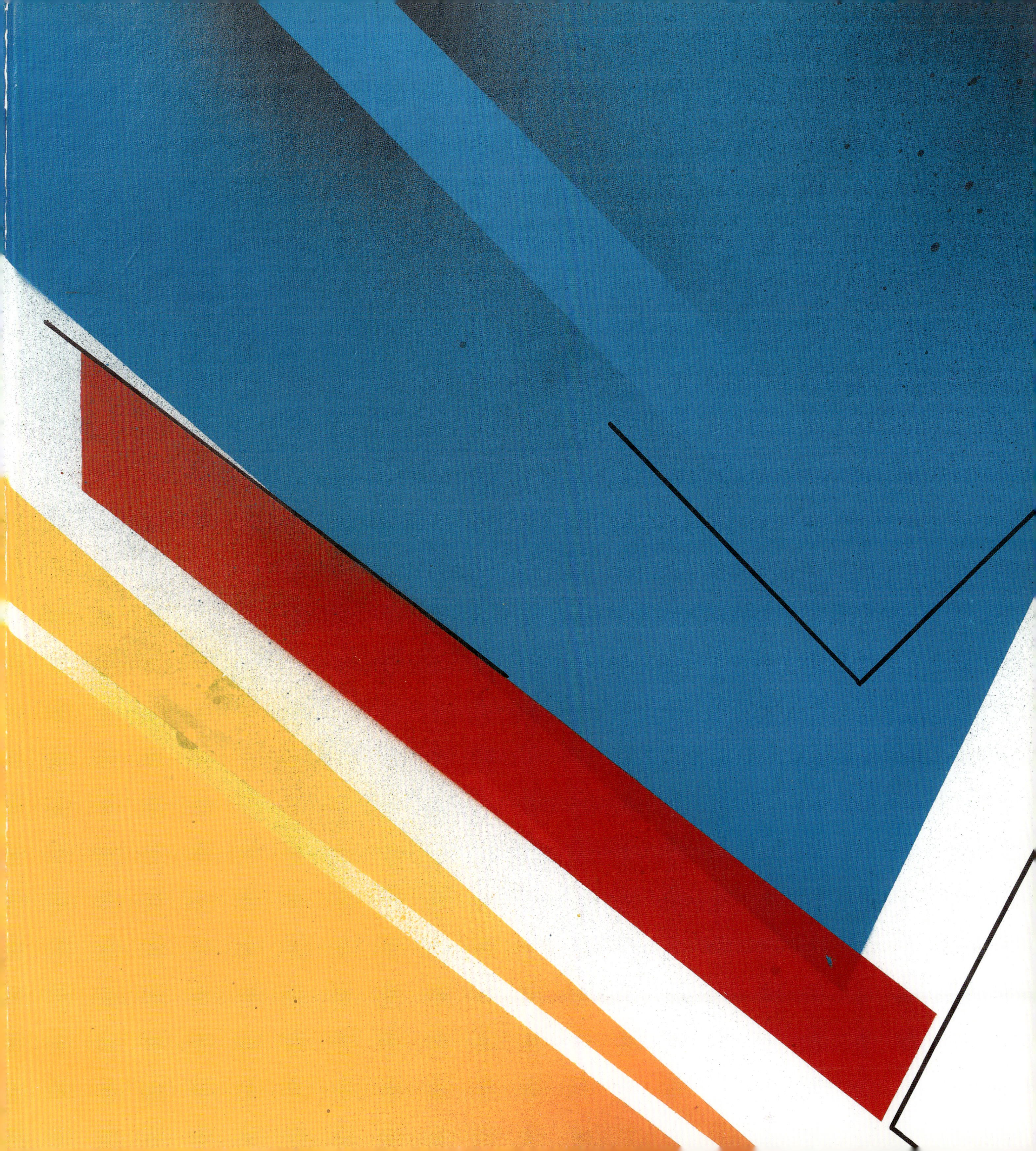

Remi Rough

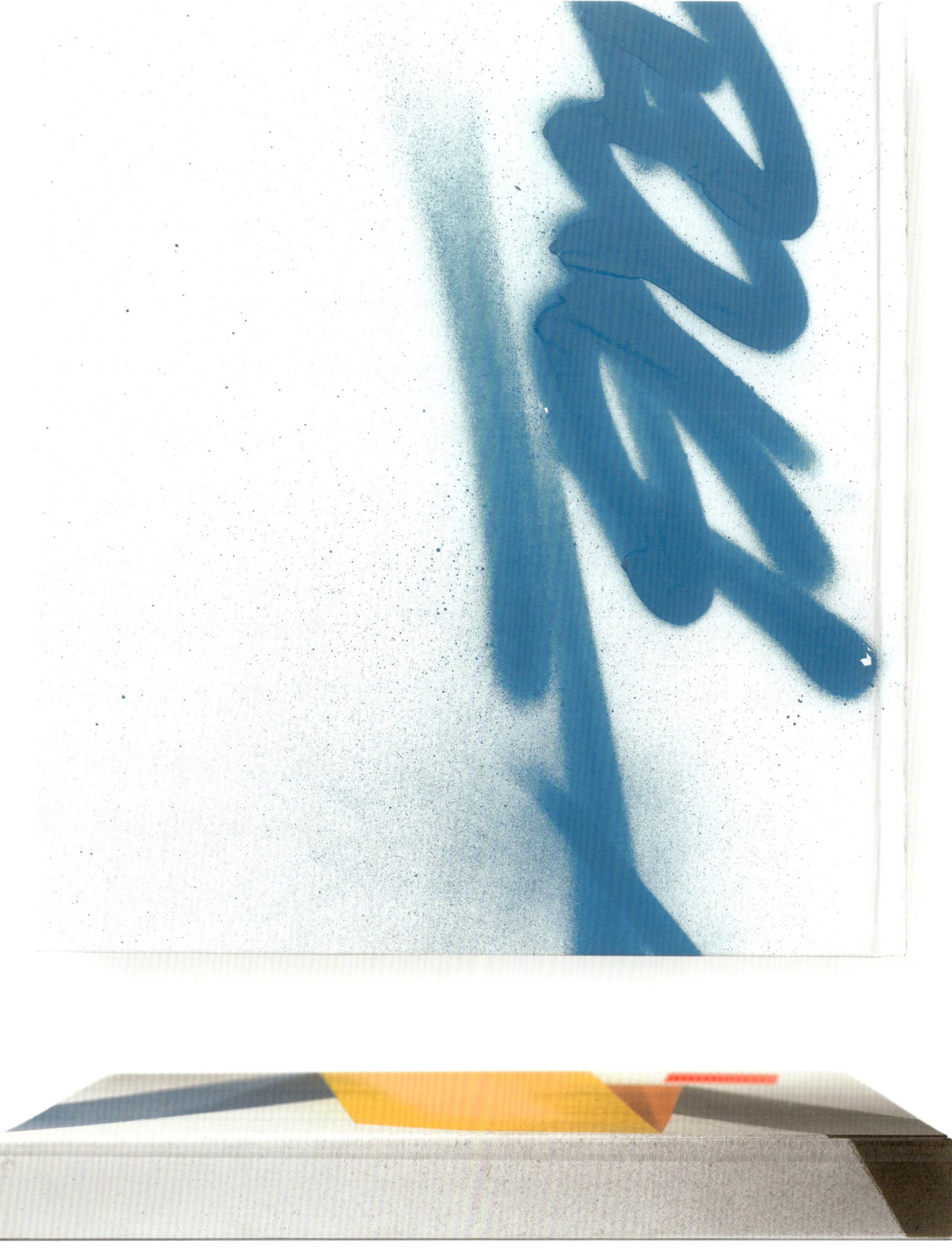

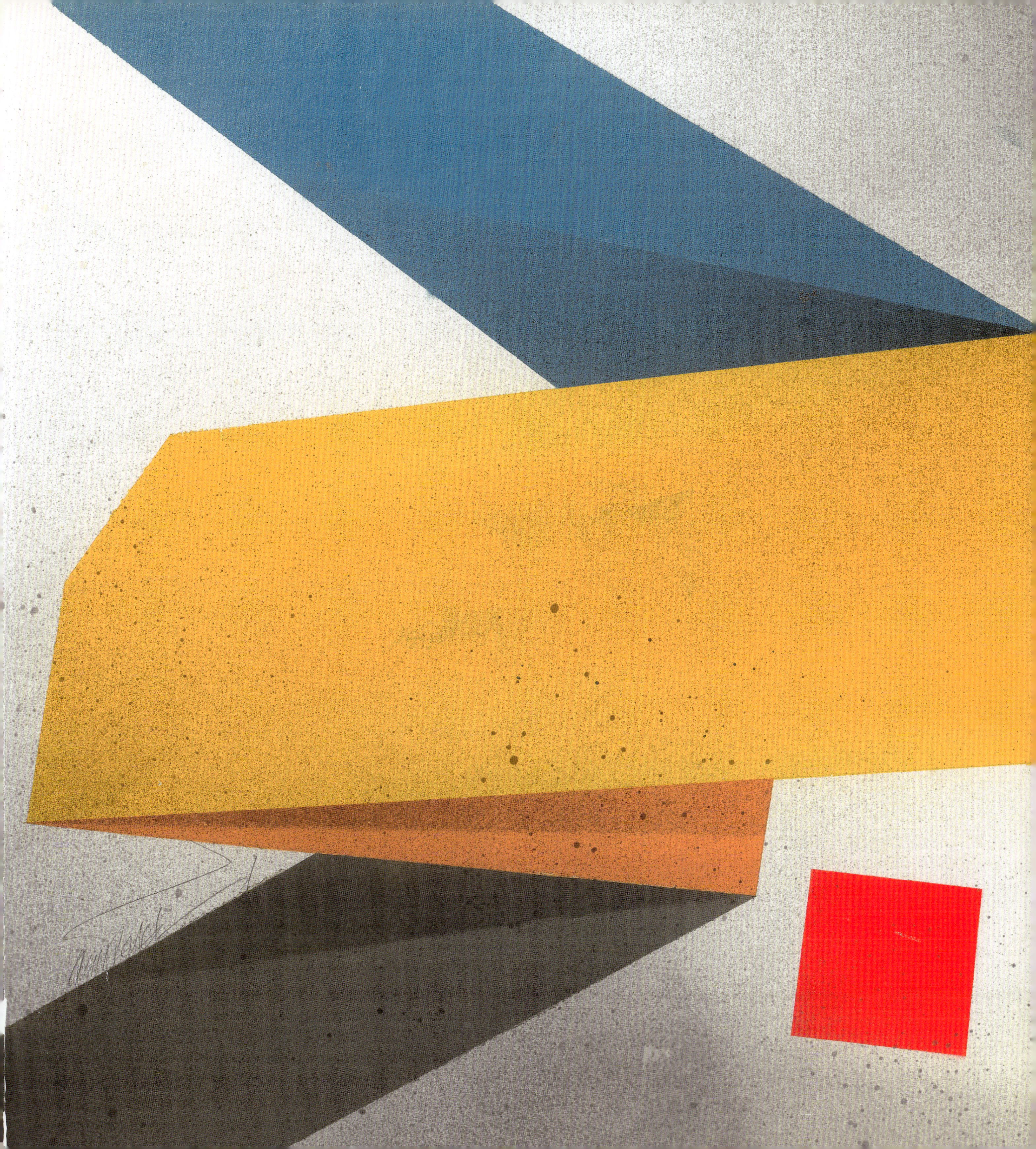

Remi Rough

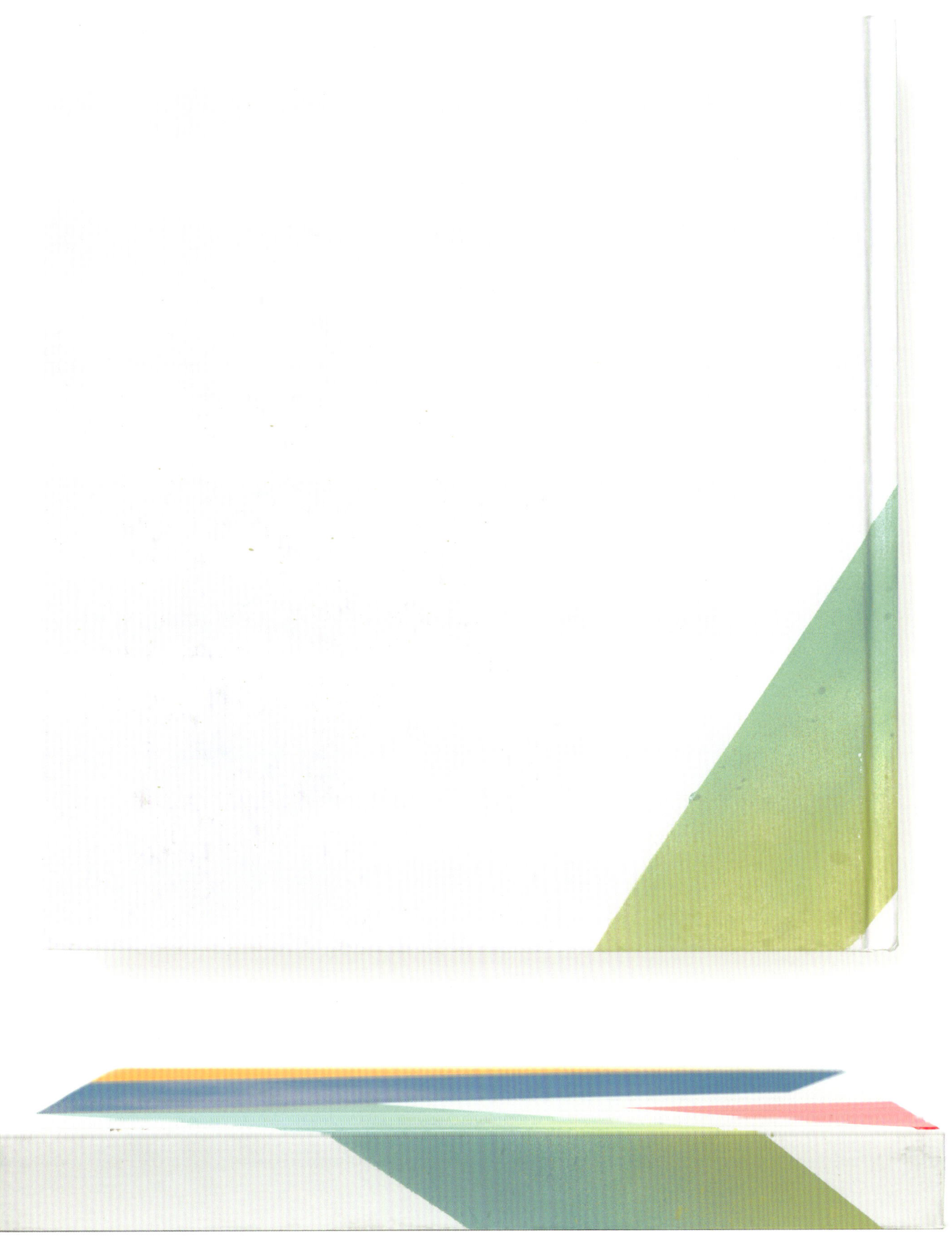

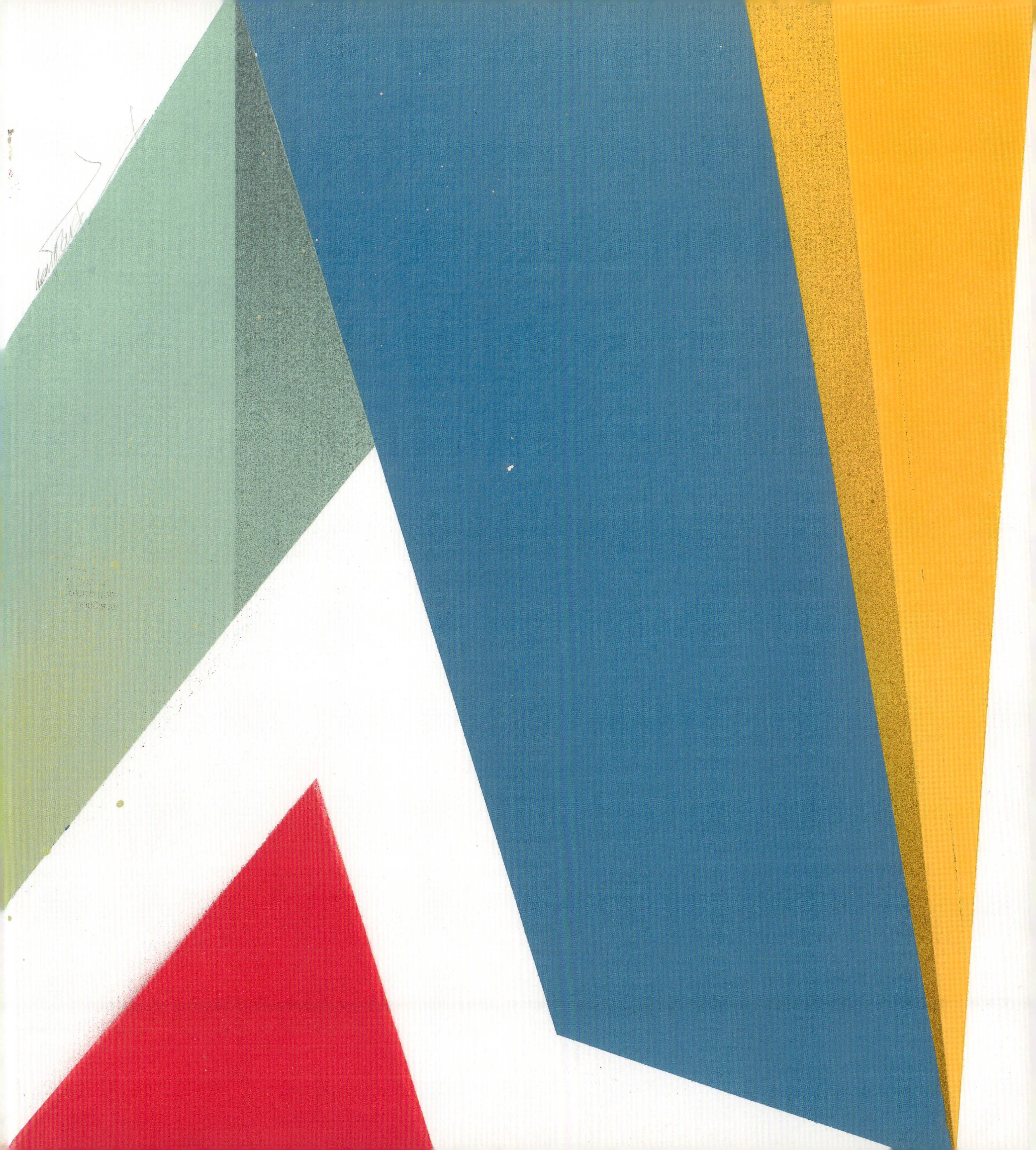

Remi Rough

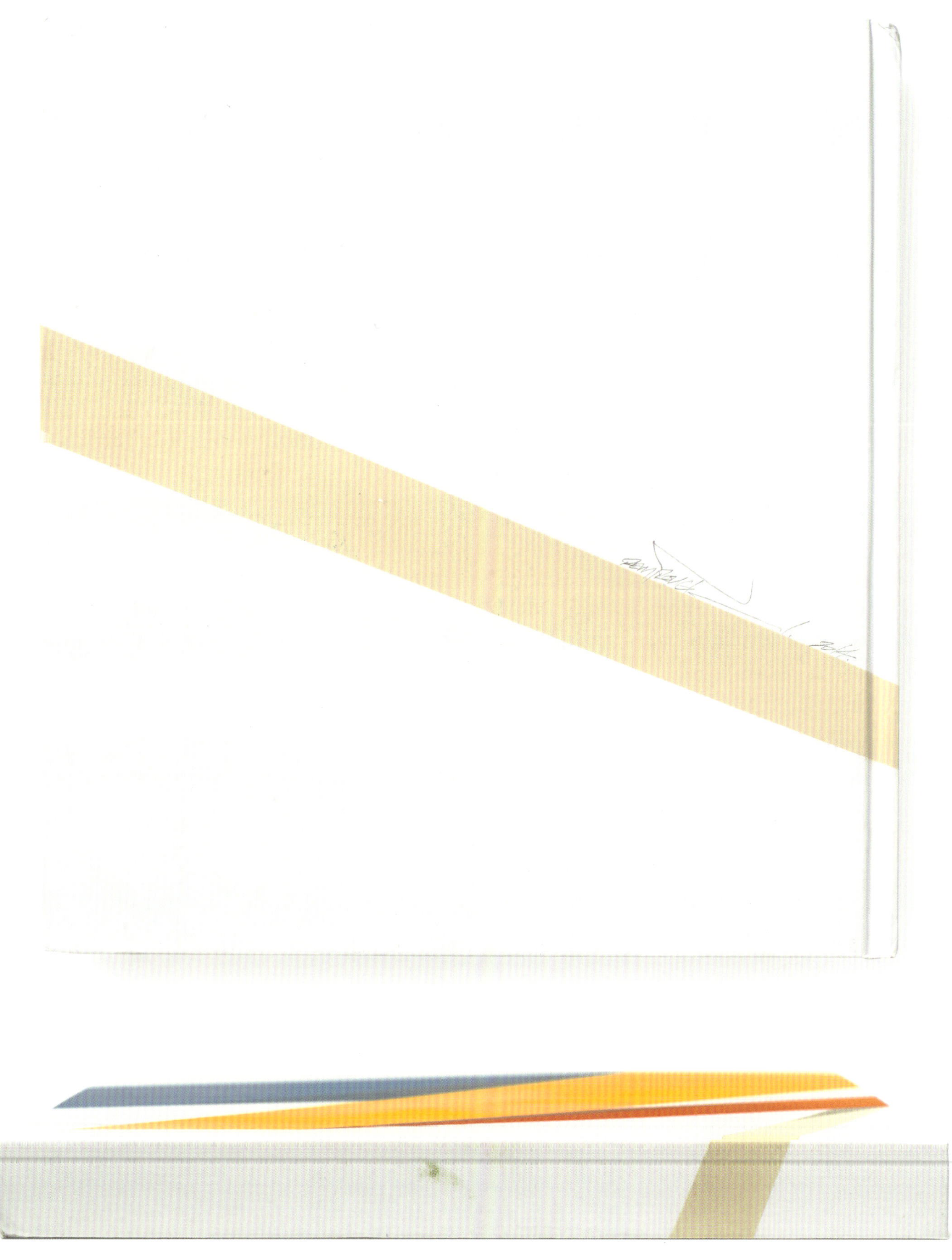

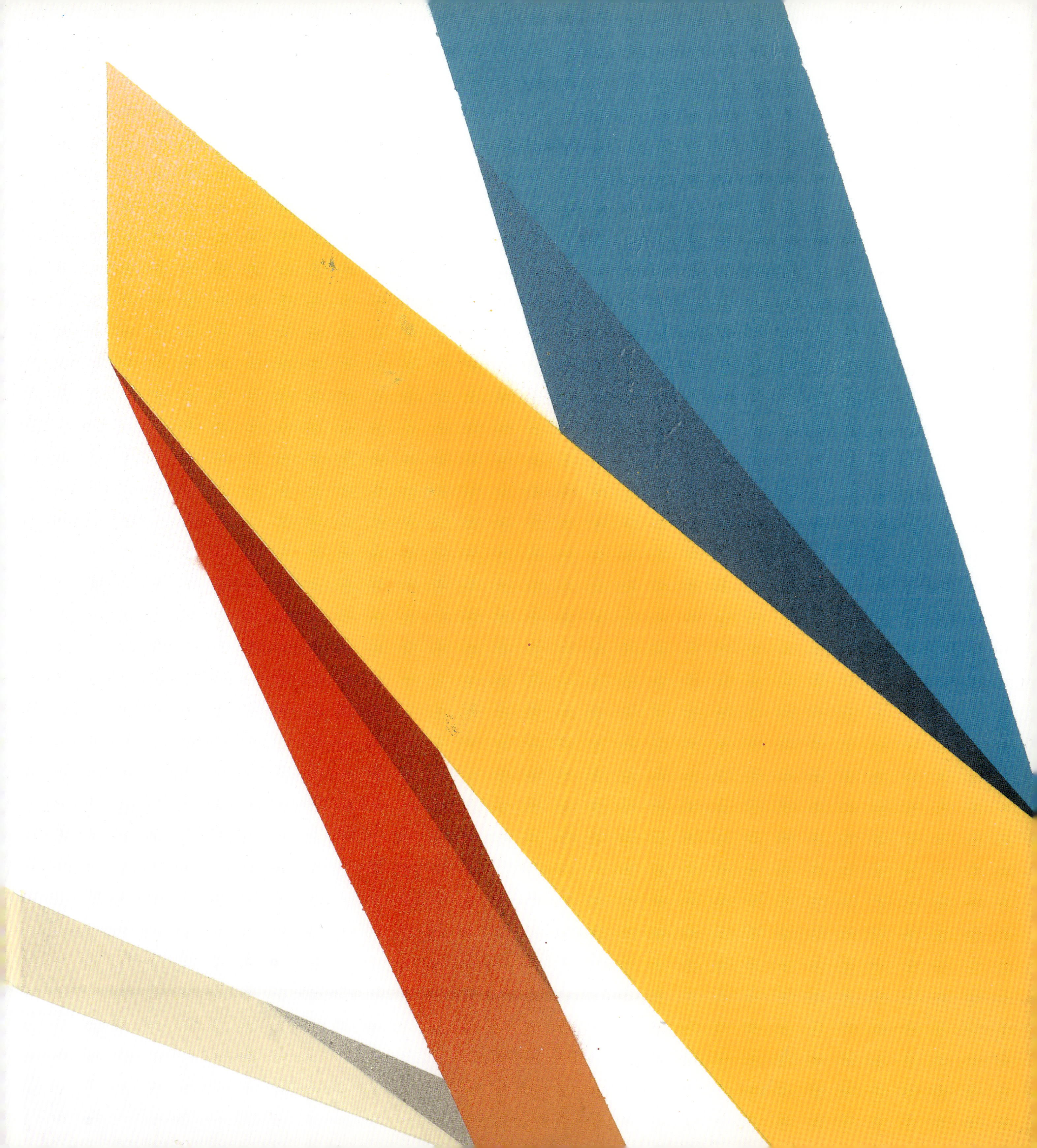

ROA

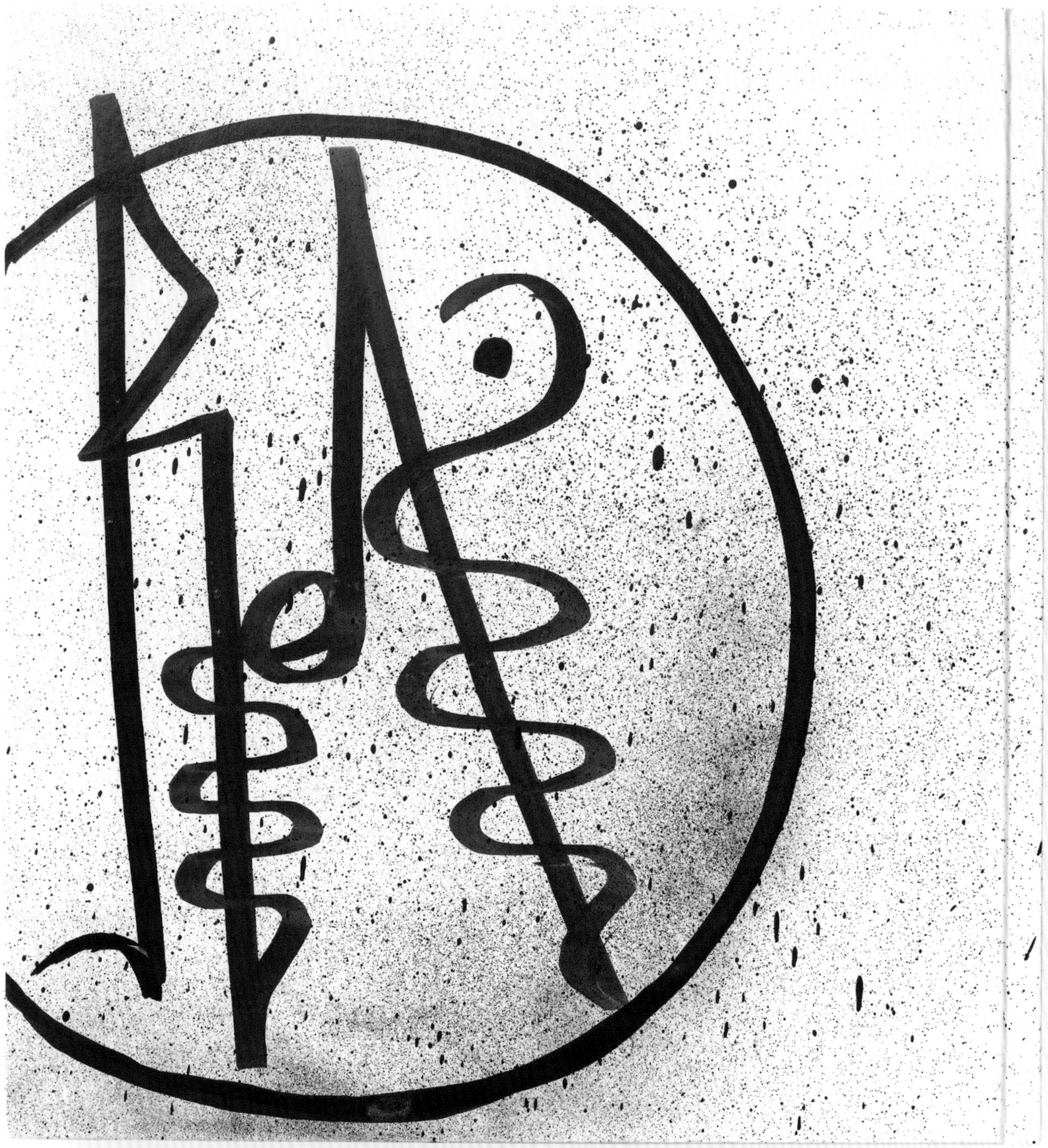

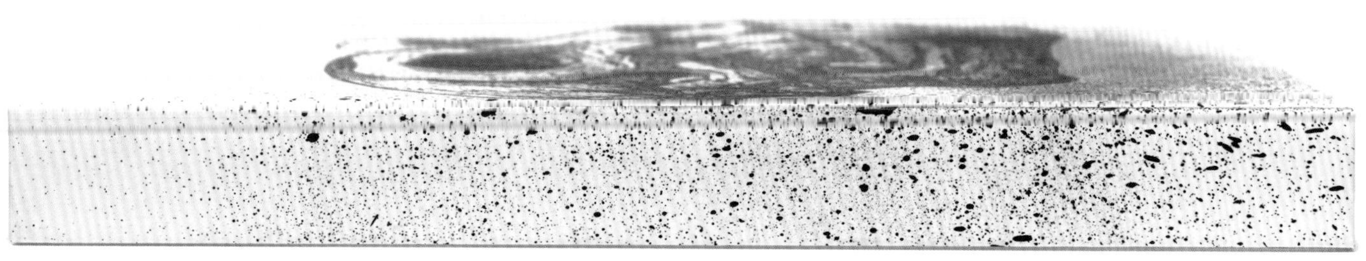

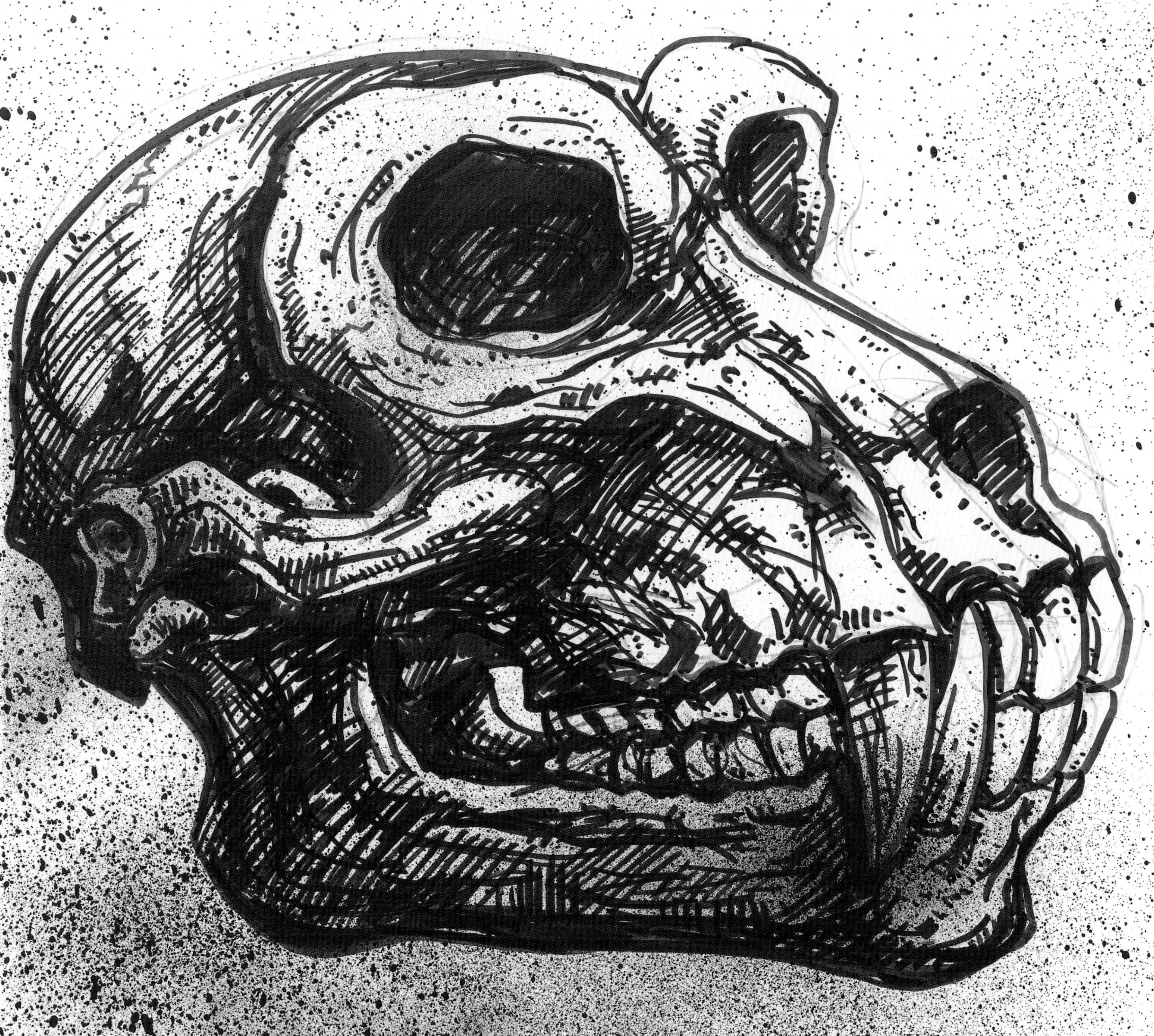

ROA

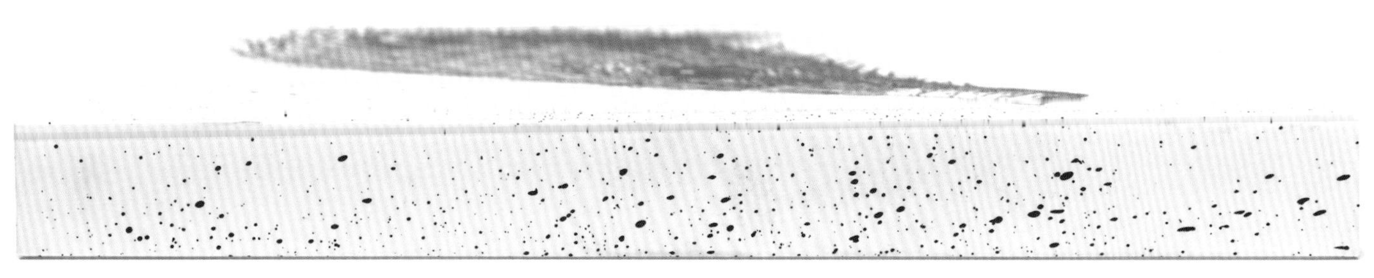

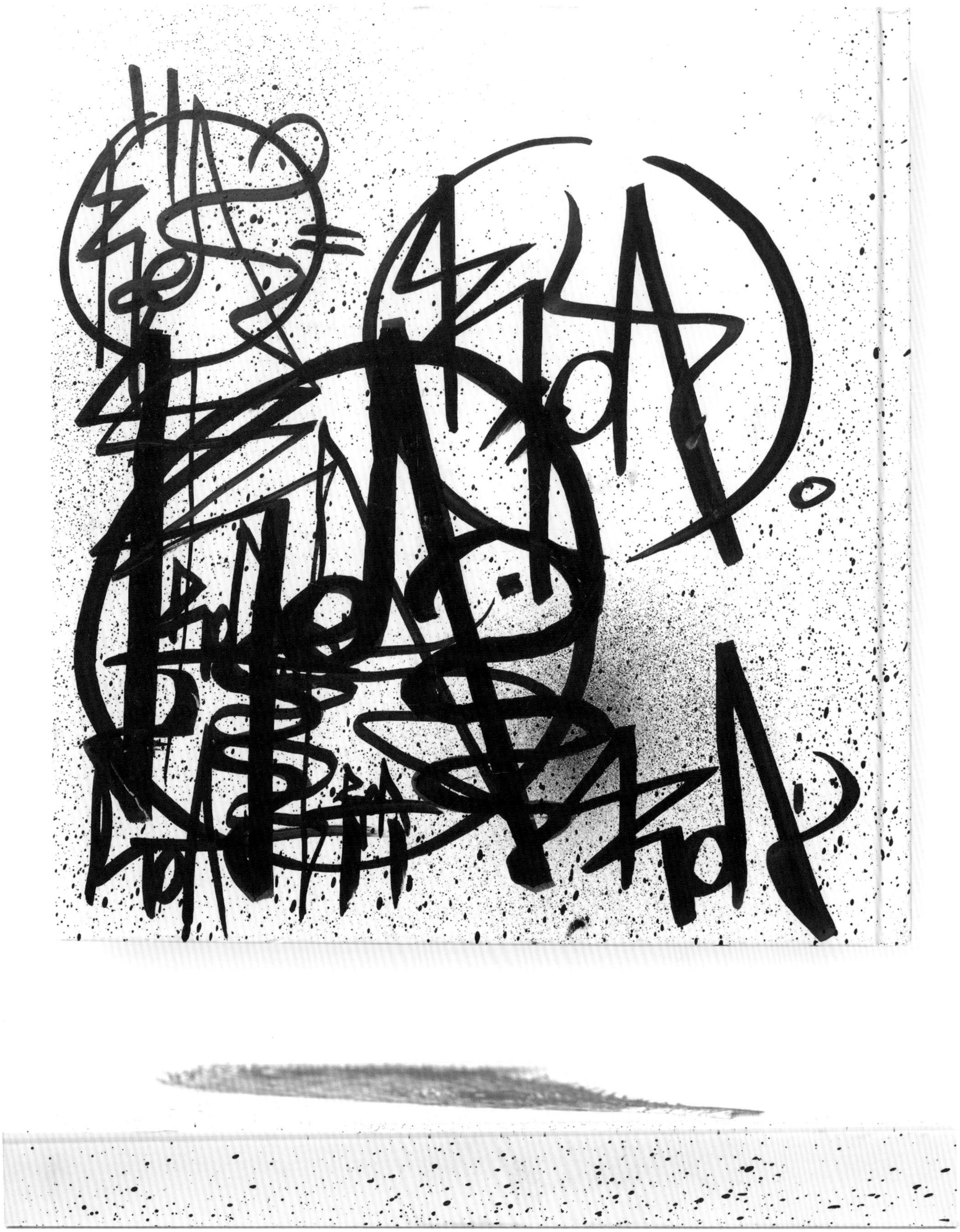

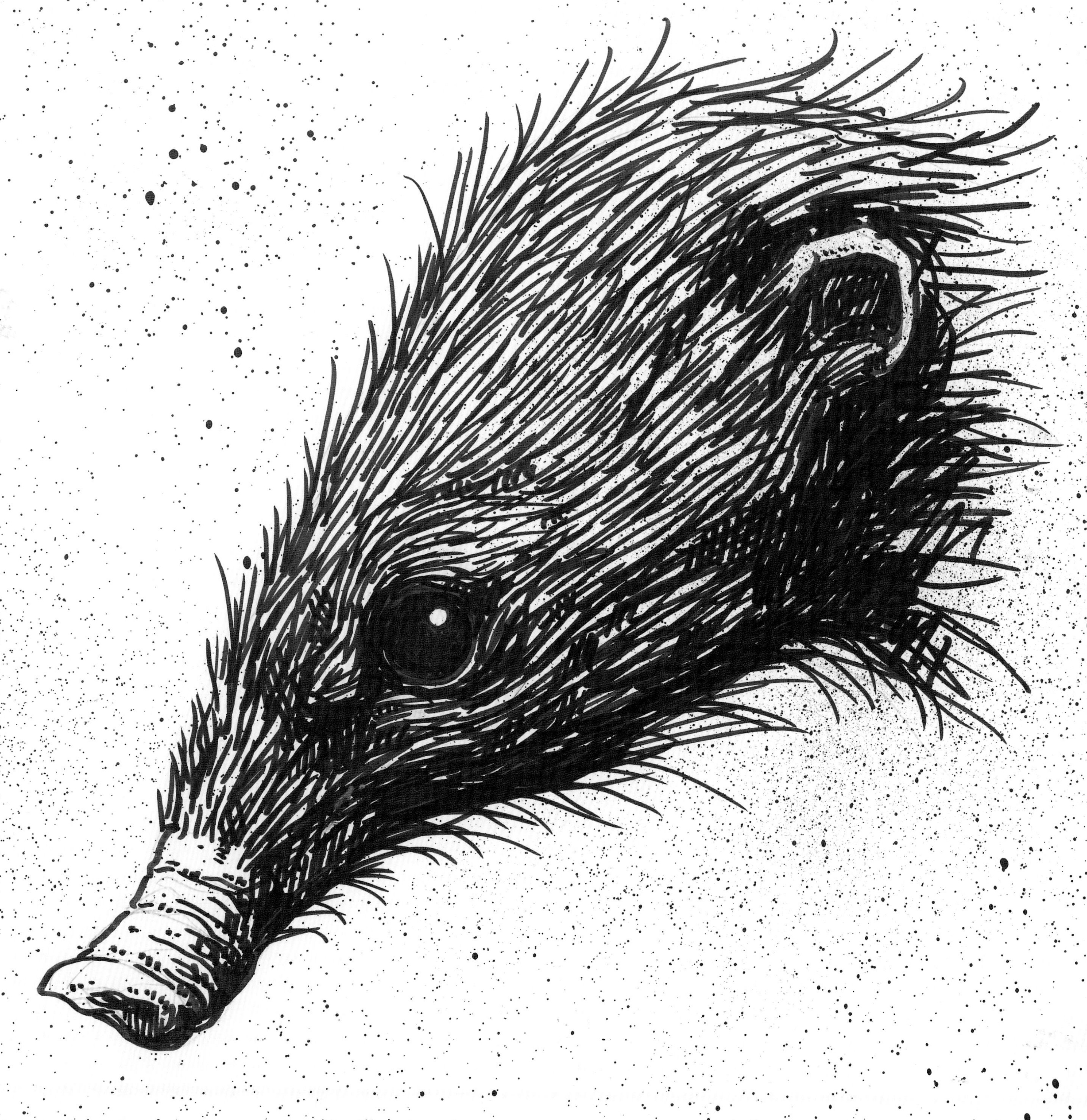

ROA

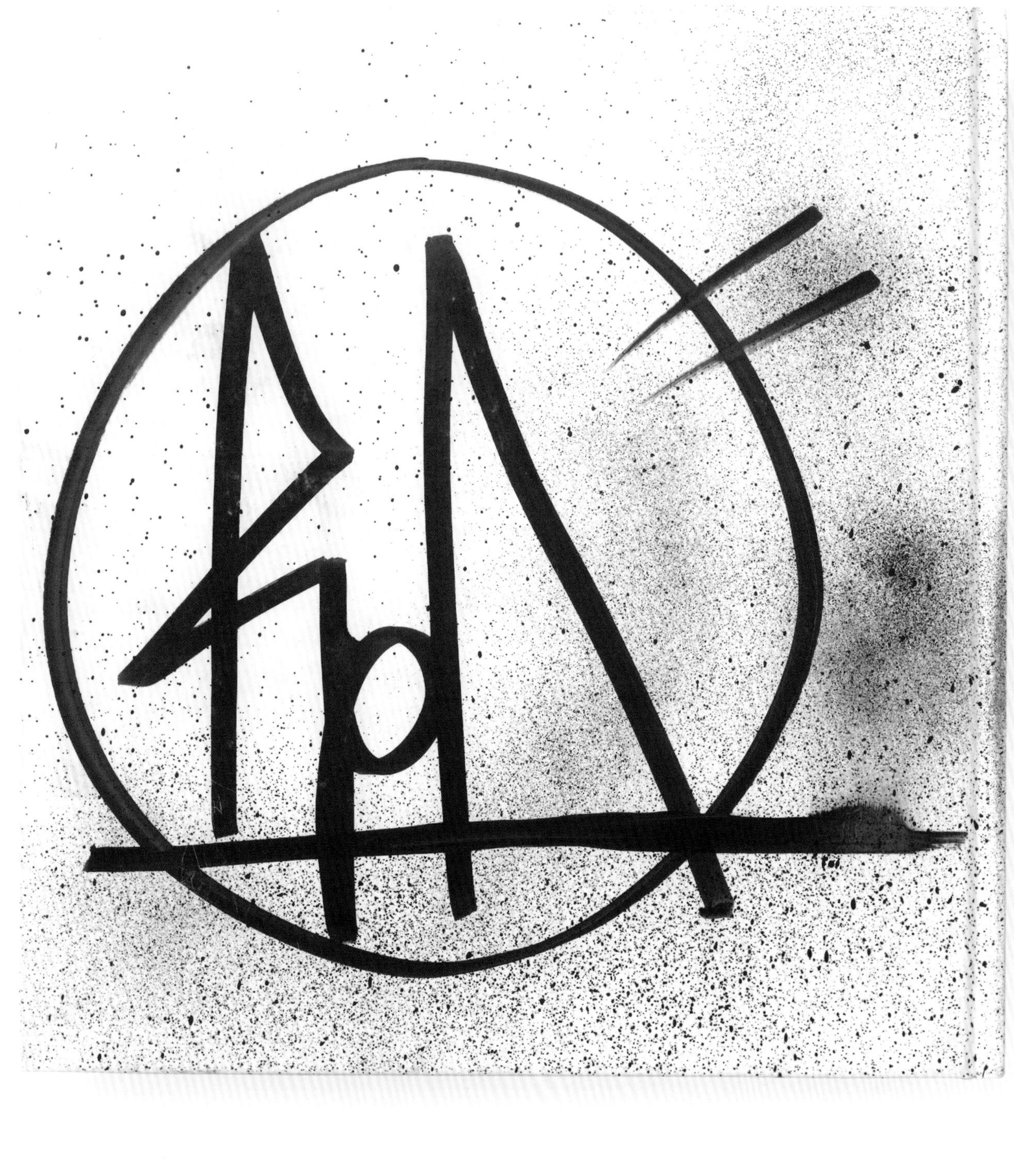

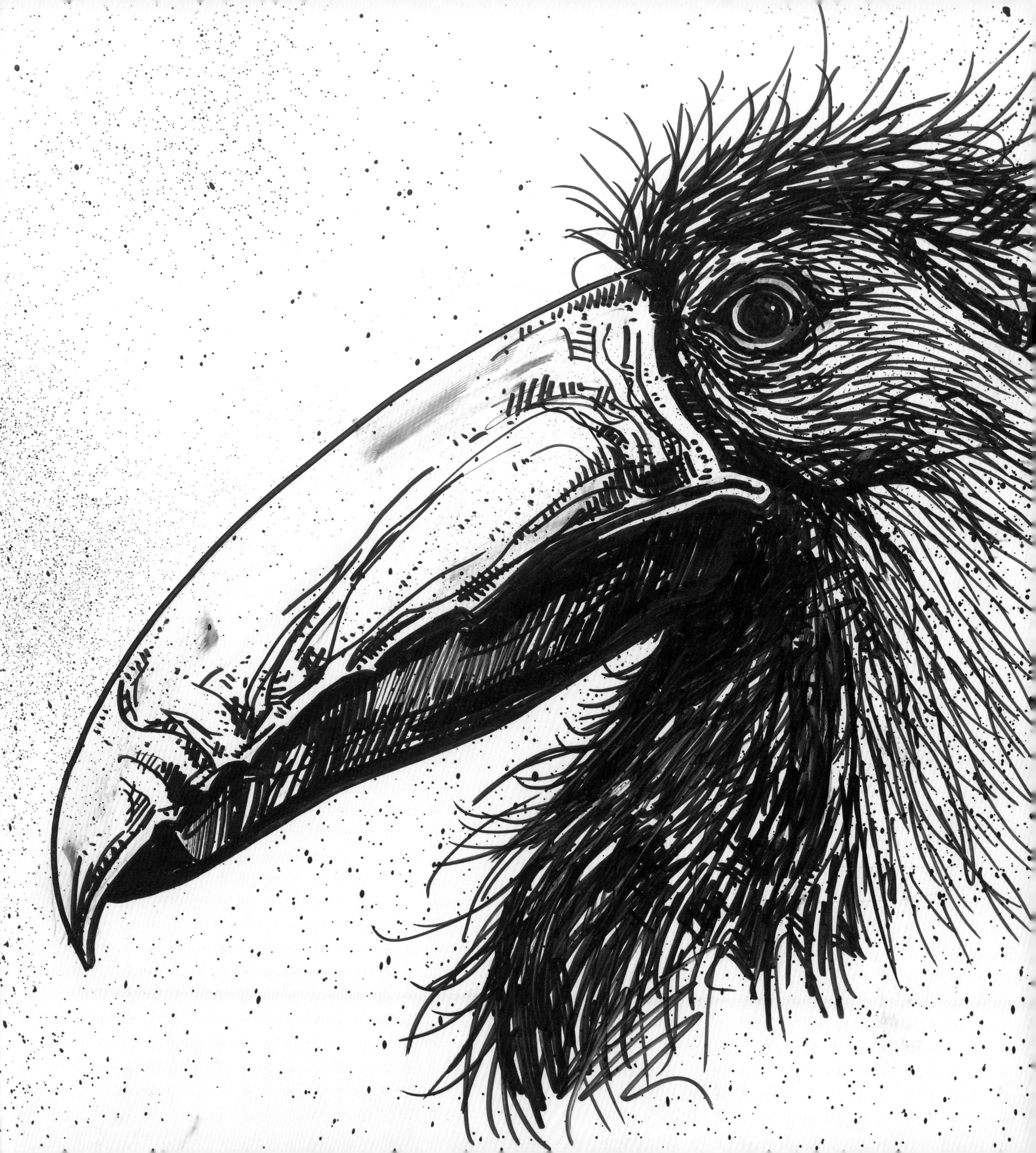

ROA

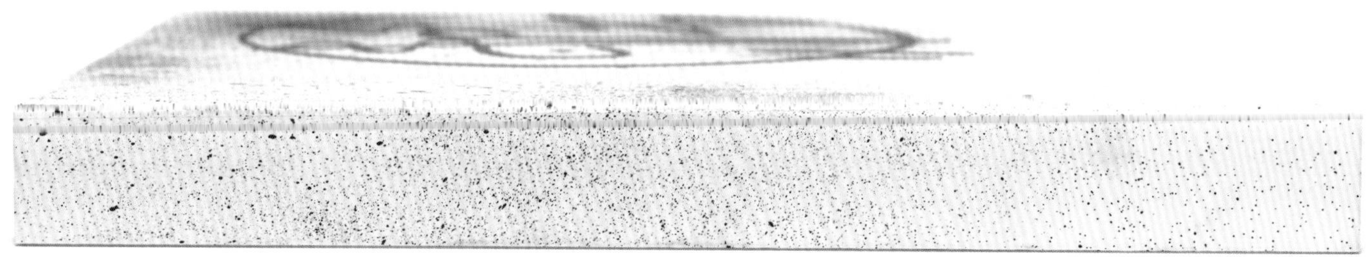

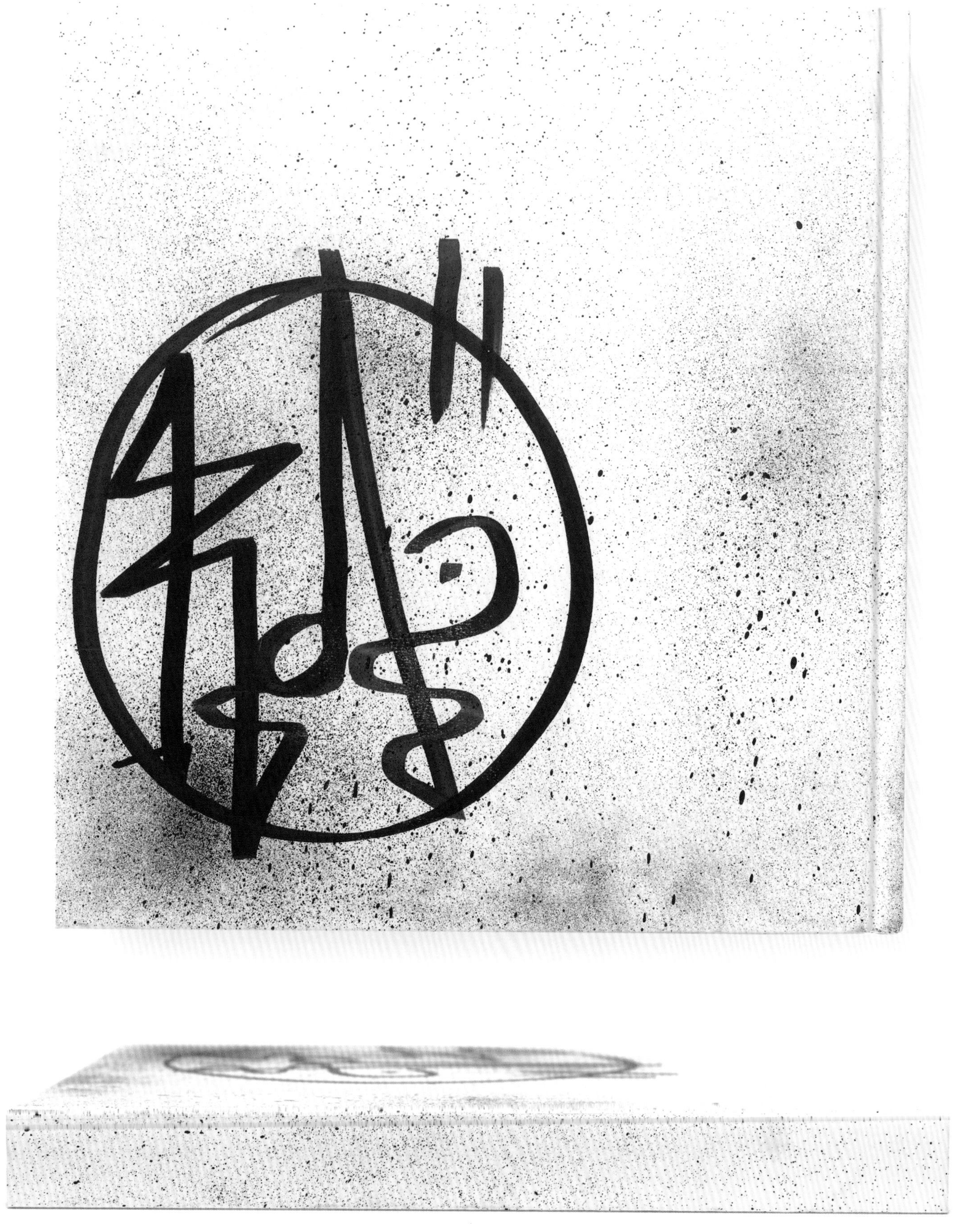

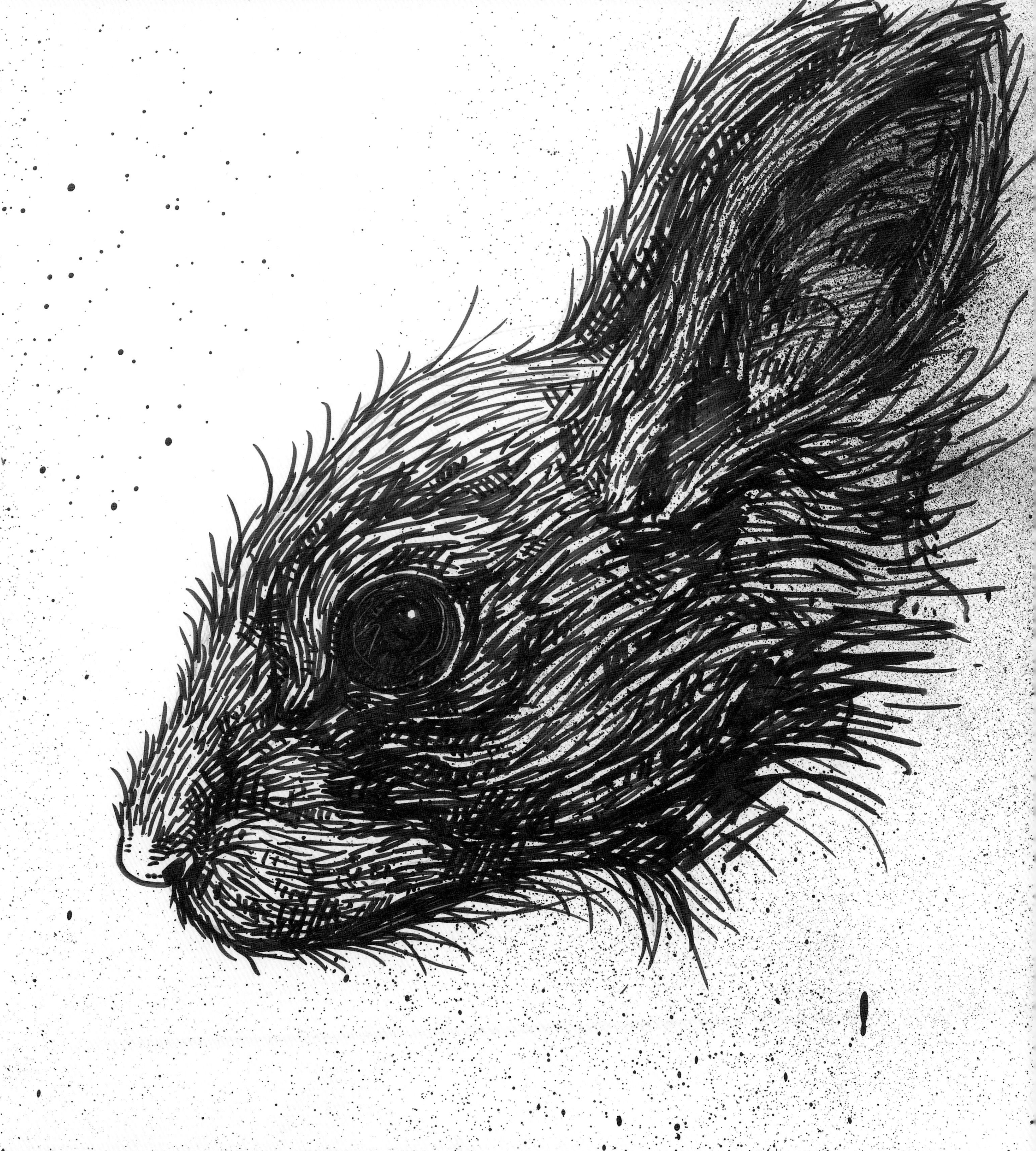

ROA

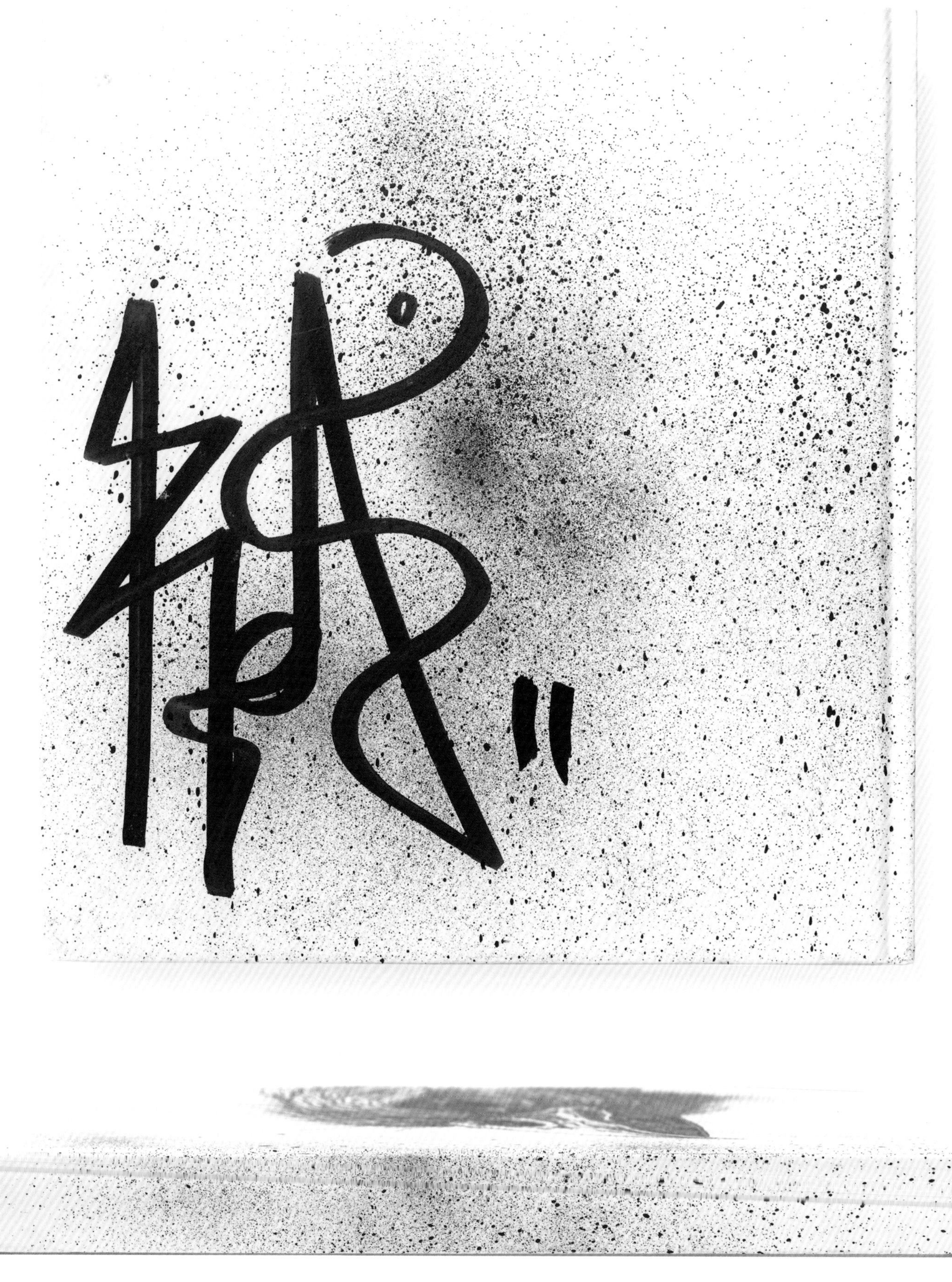

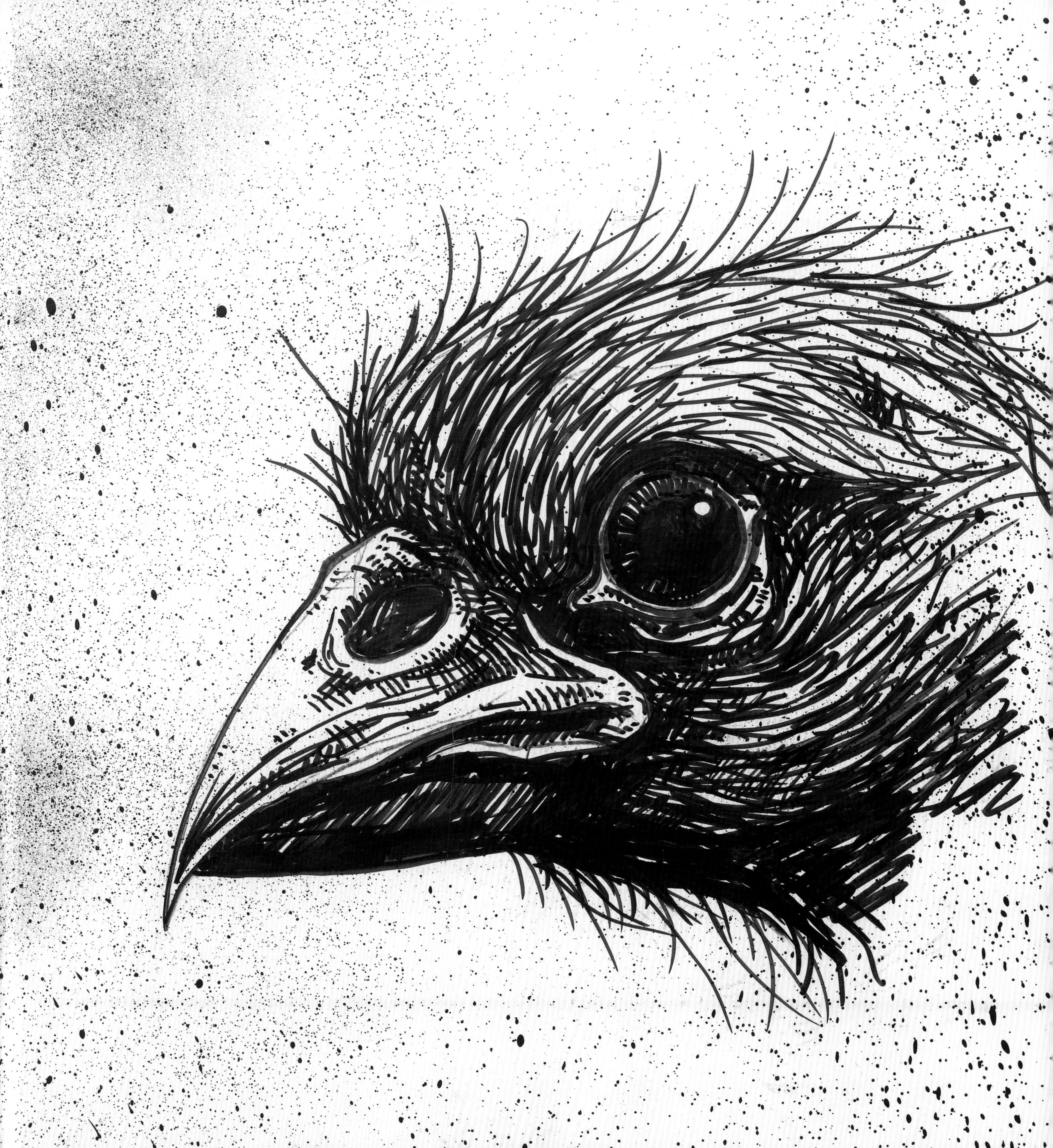

RUN

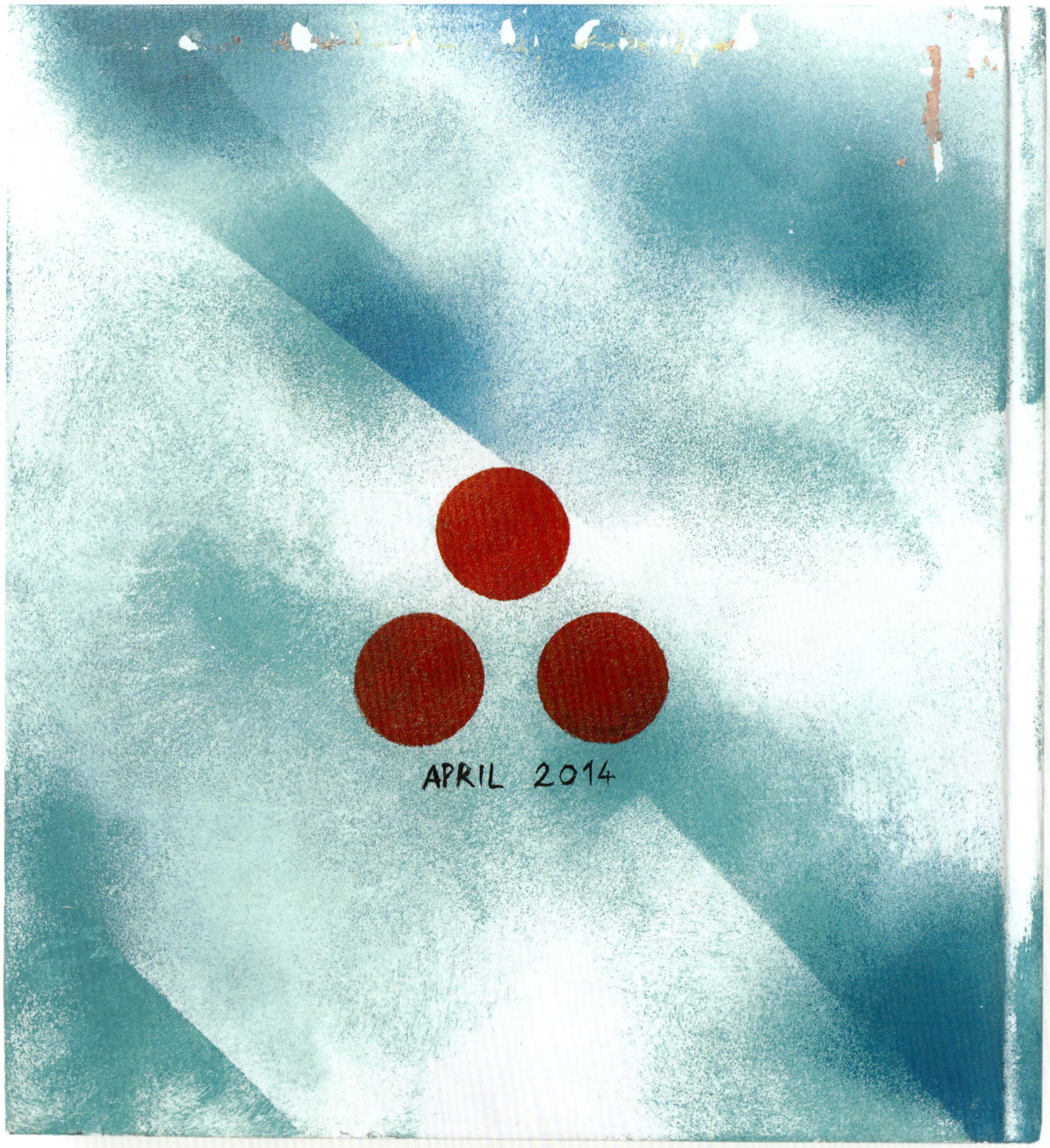

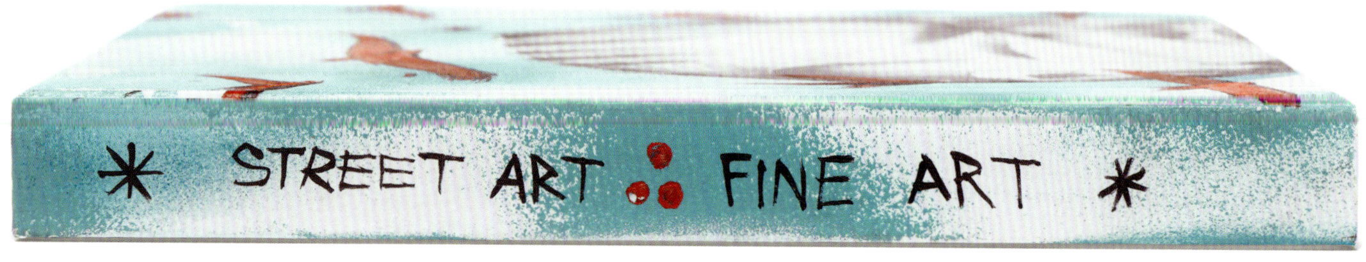

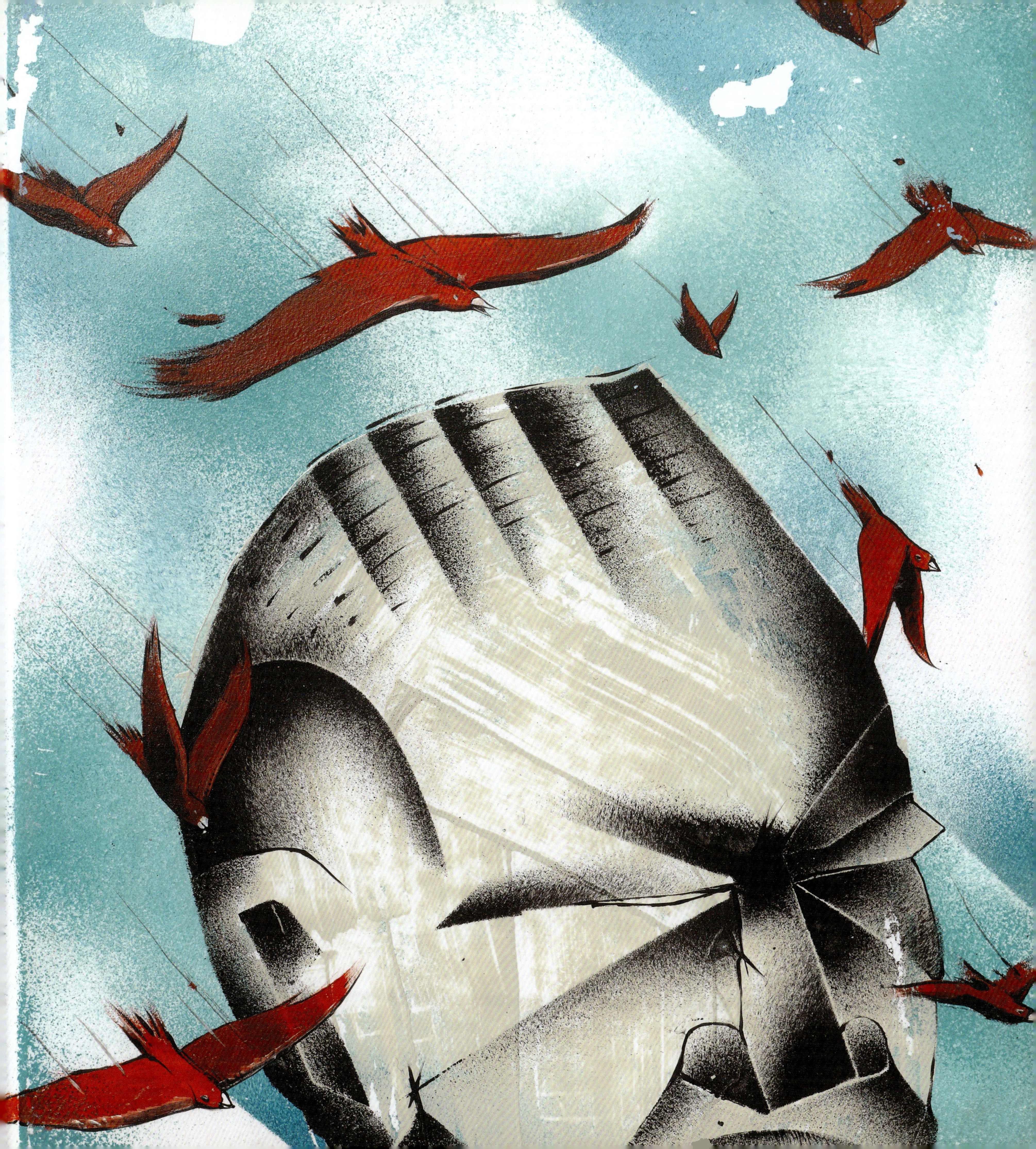

RUN

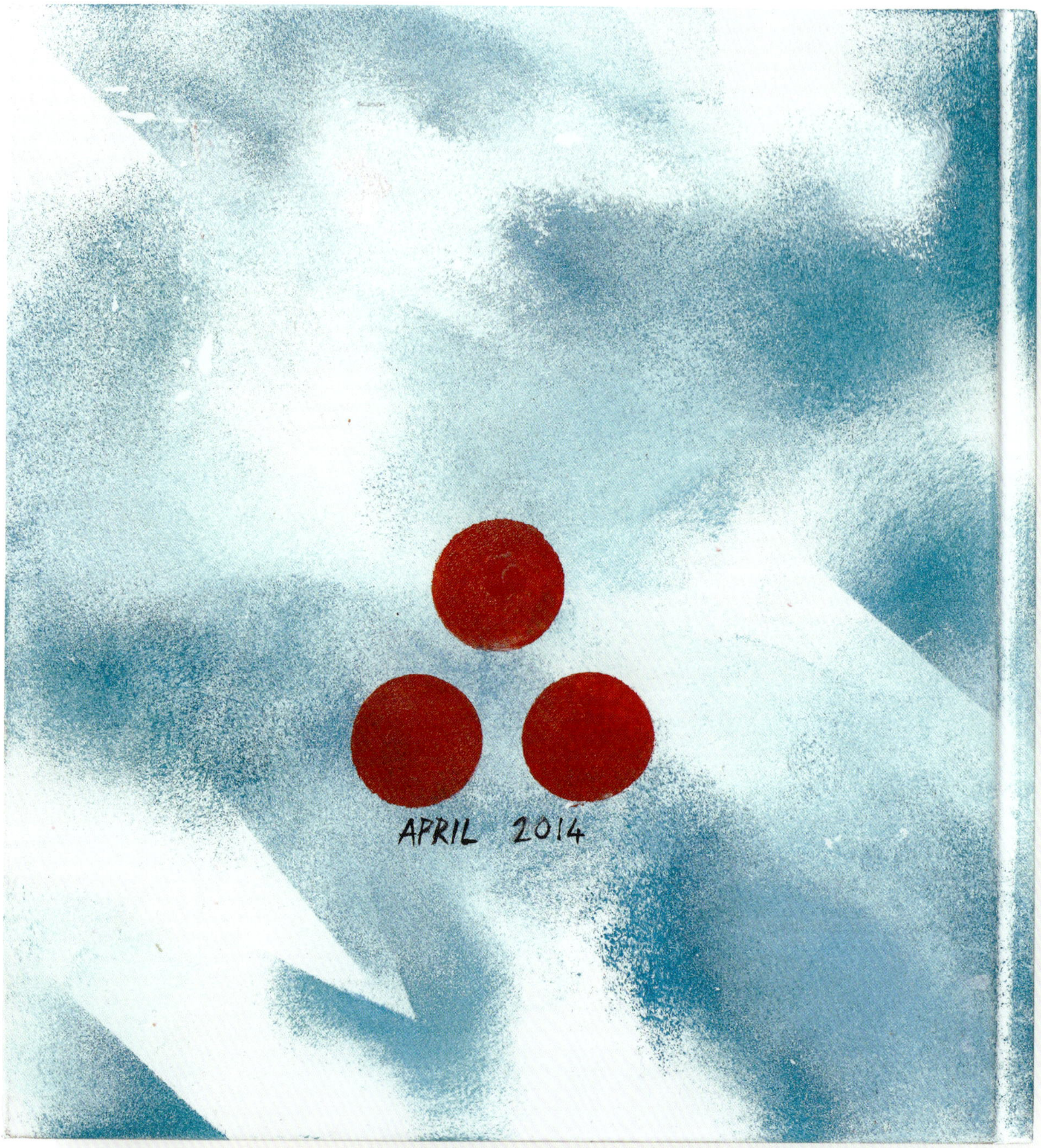

APRIL 2014

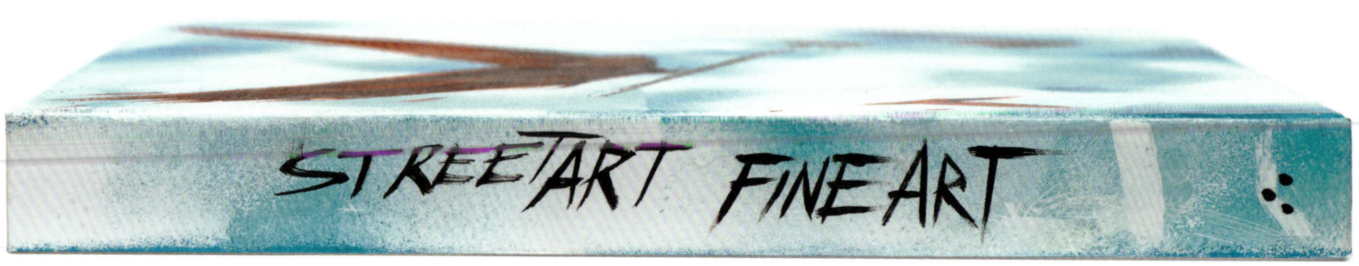

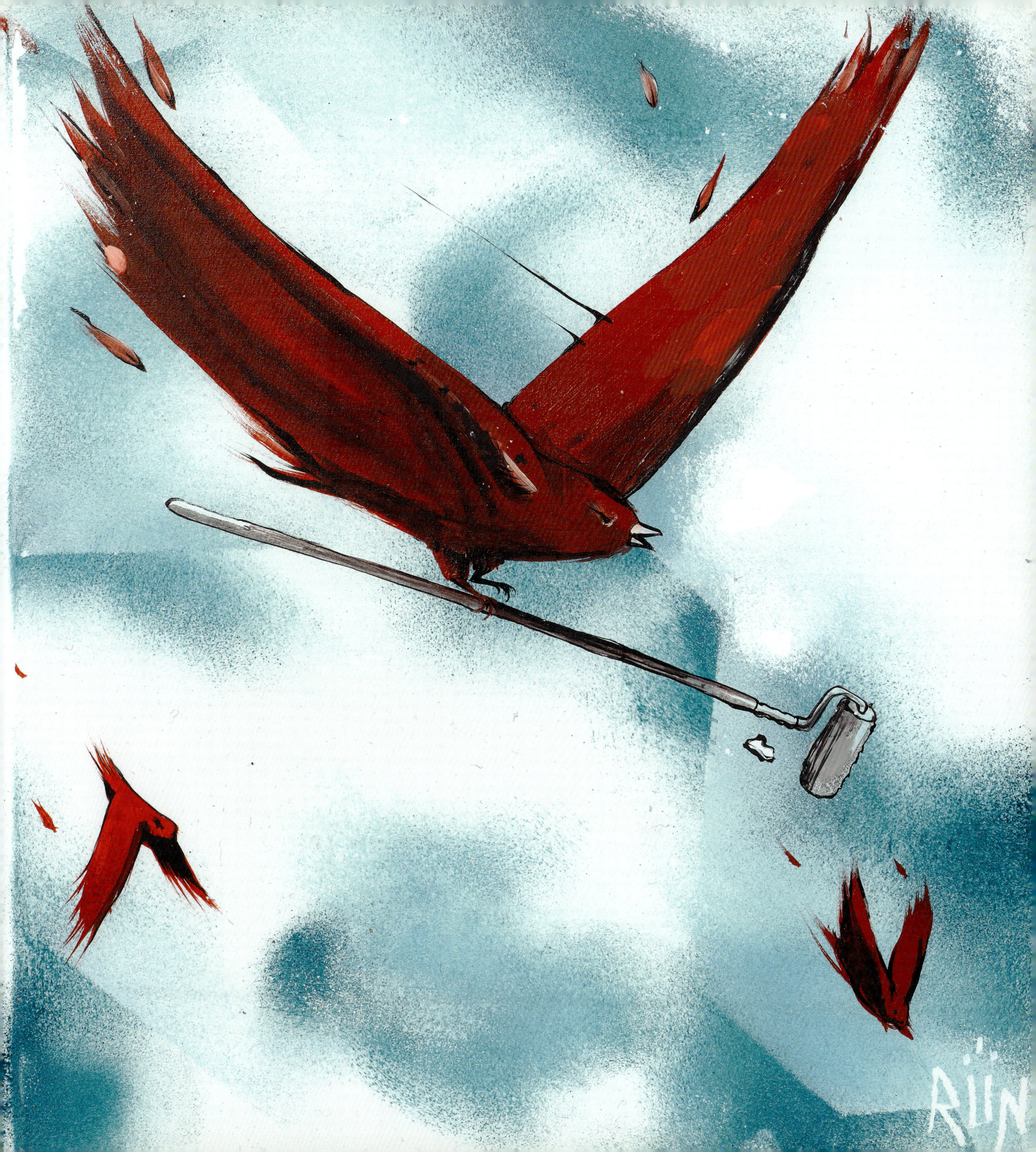

RUN

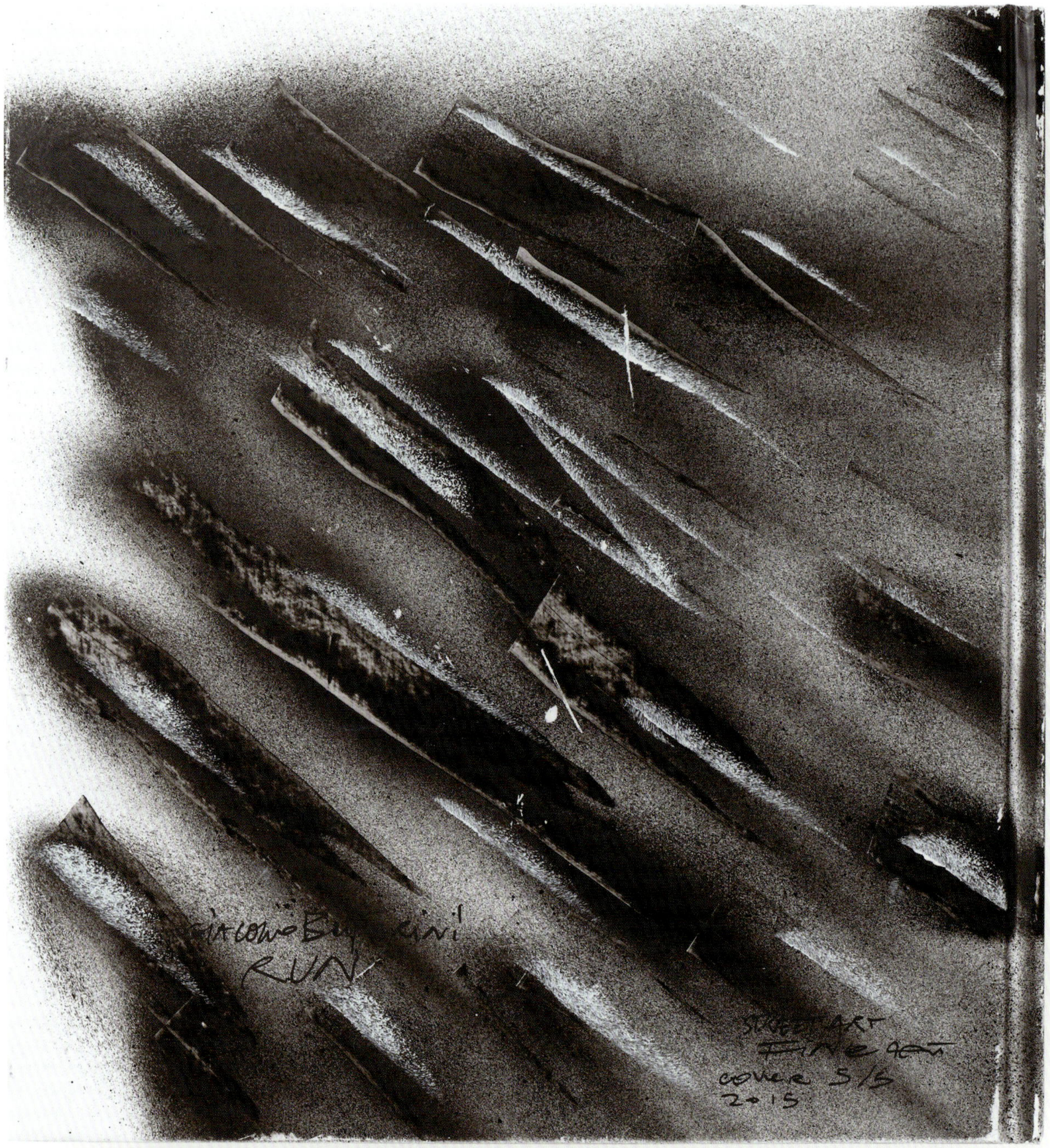

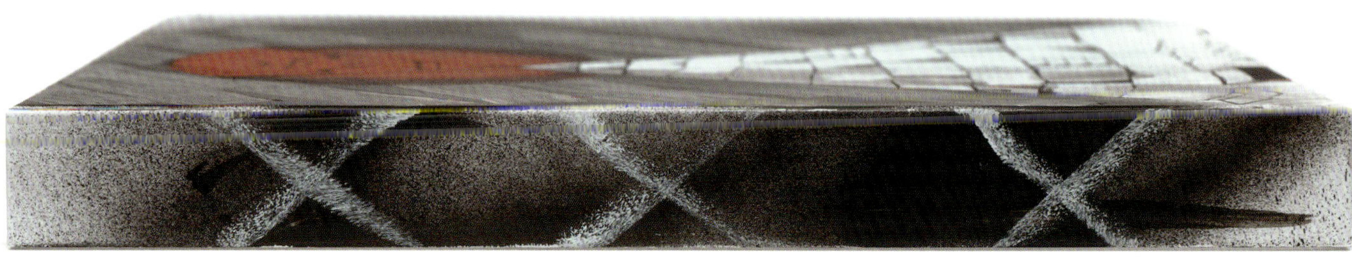

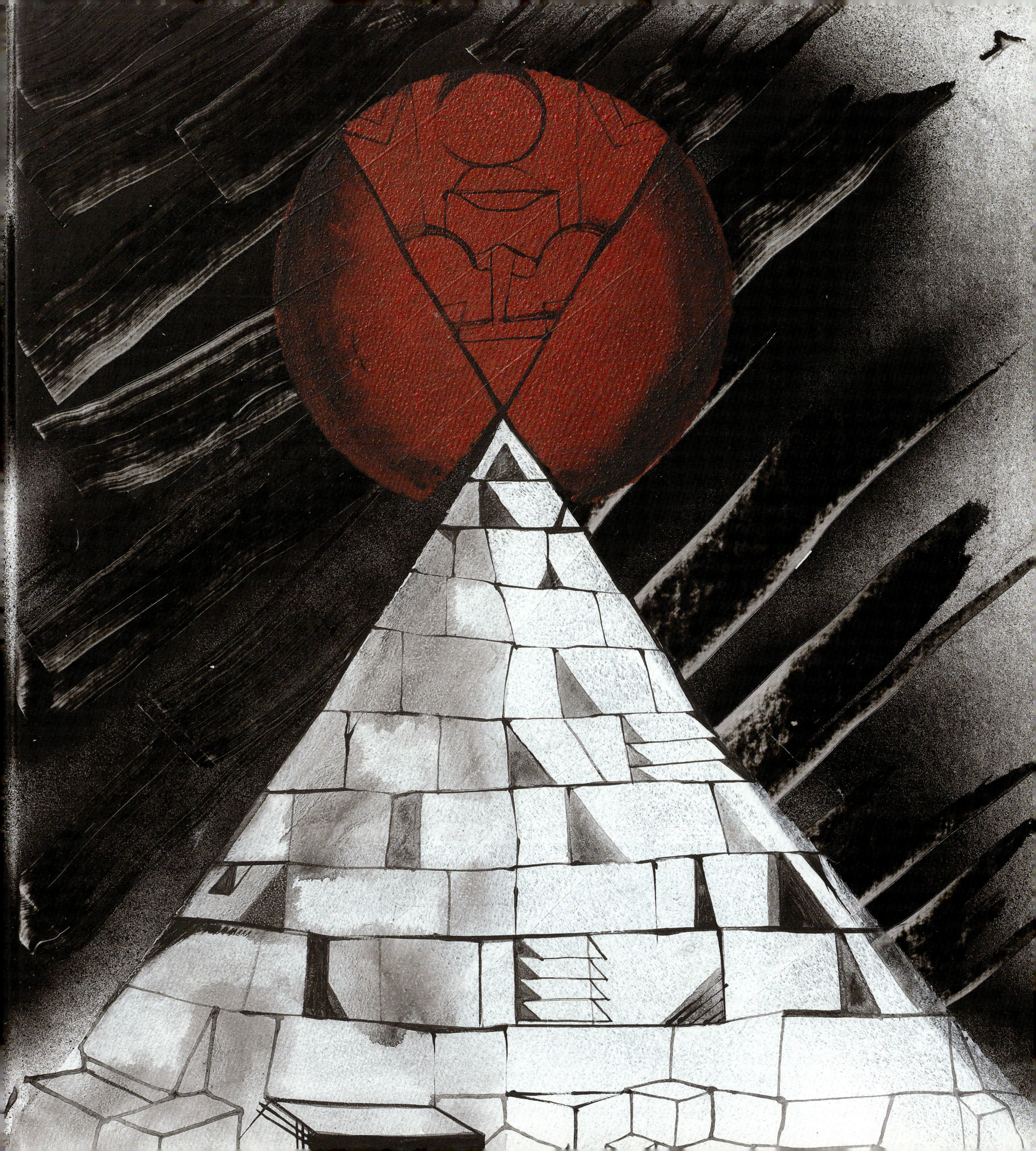

RUN

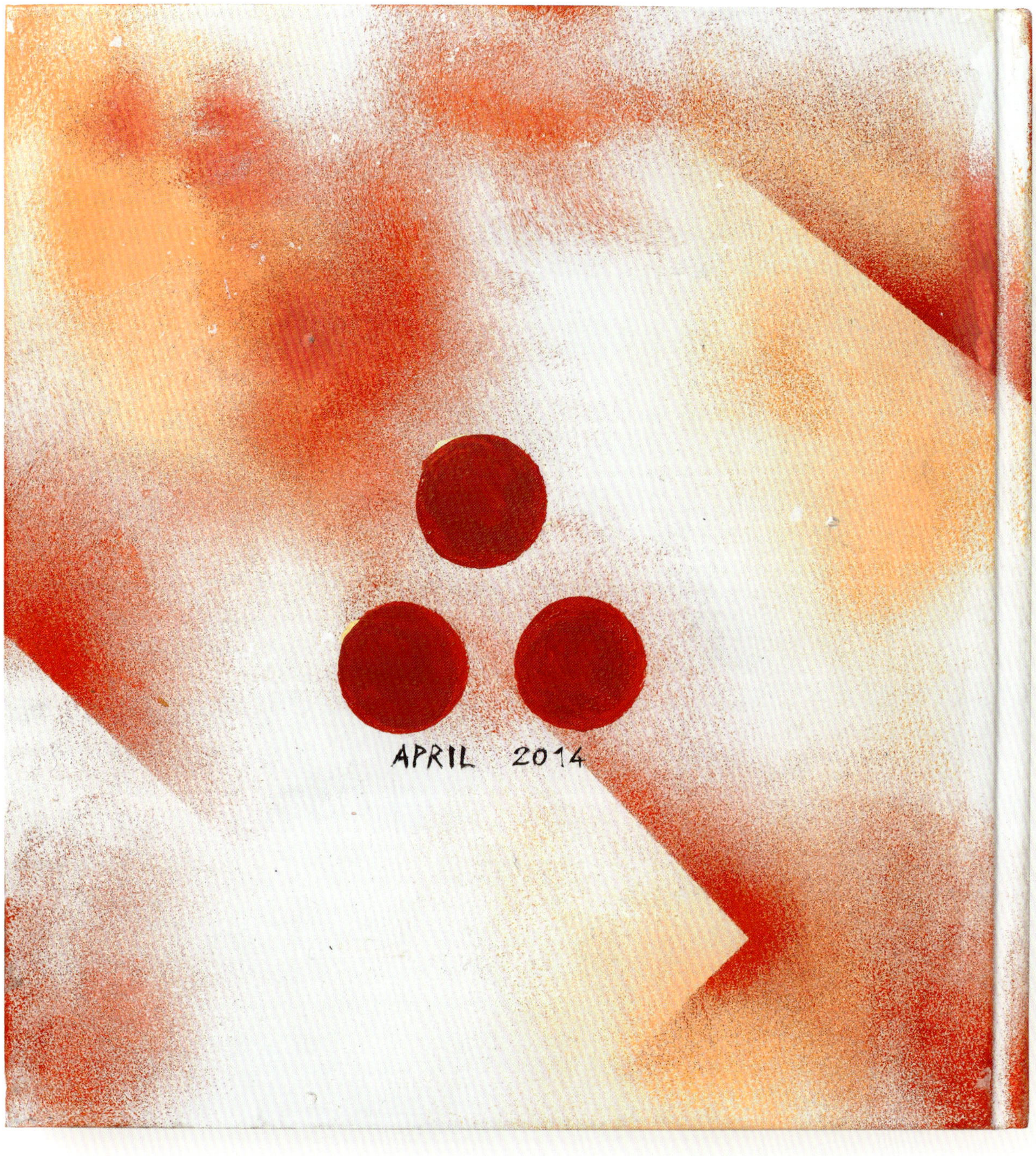

APRIL 2014

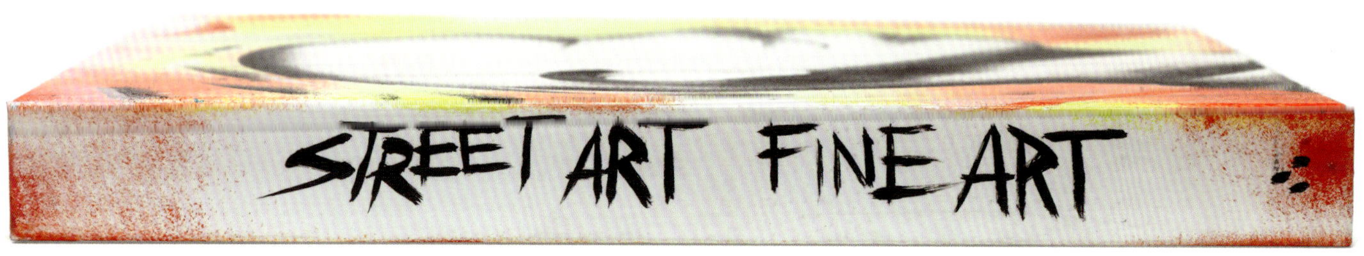

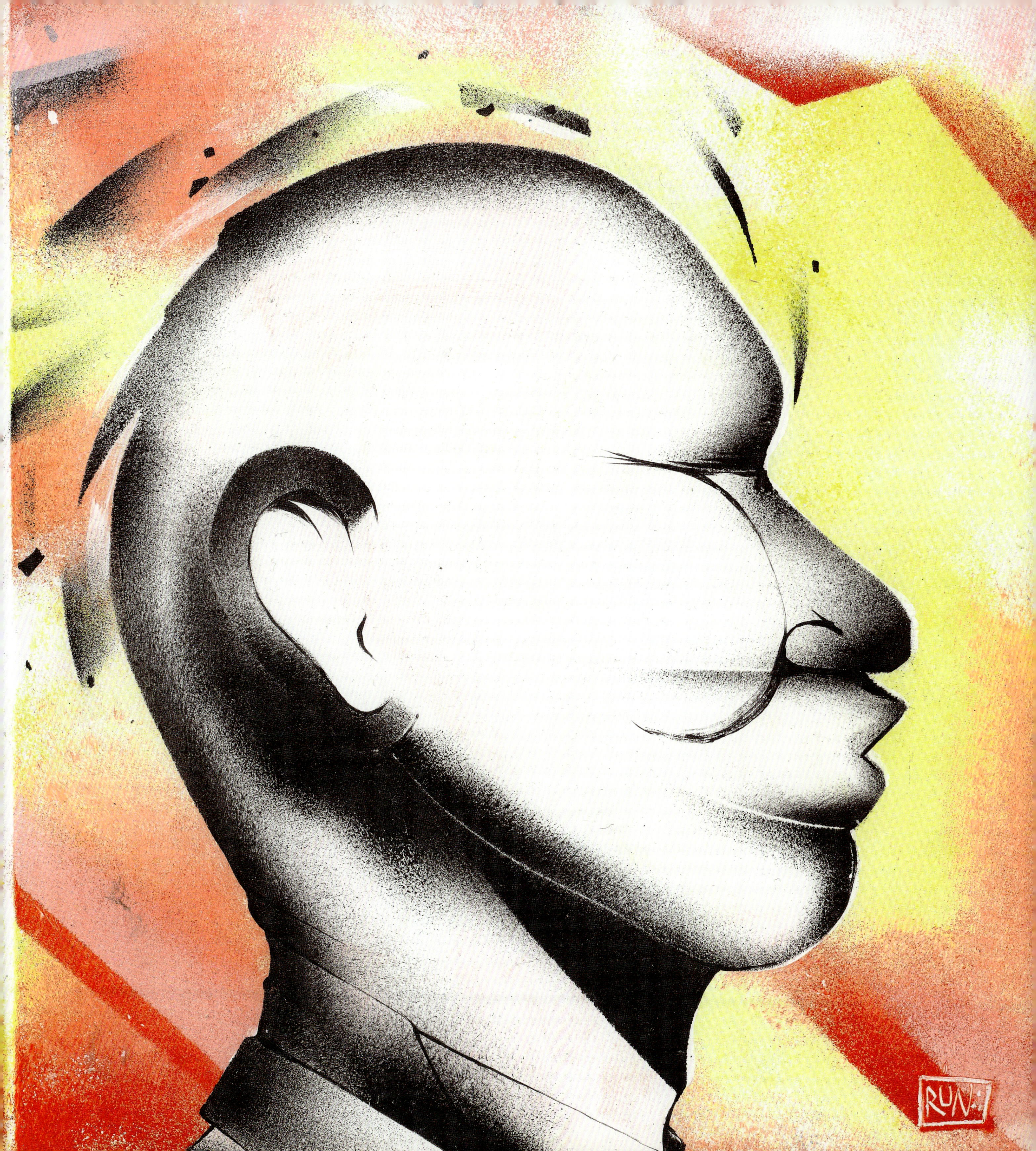
RUN

RUN

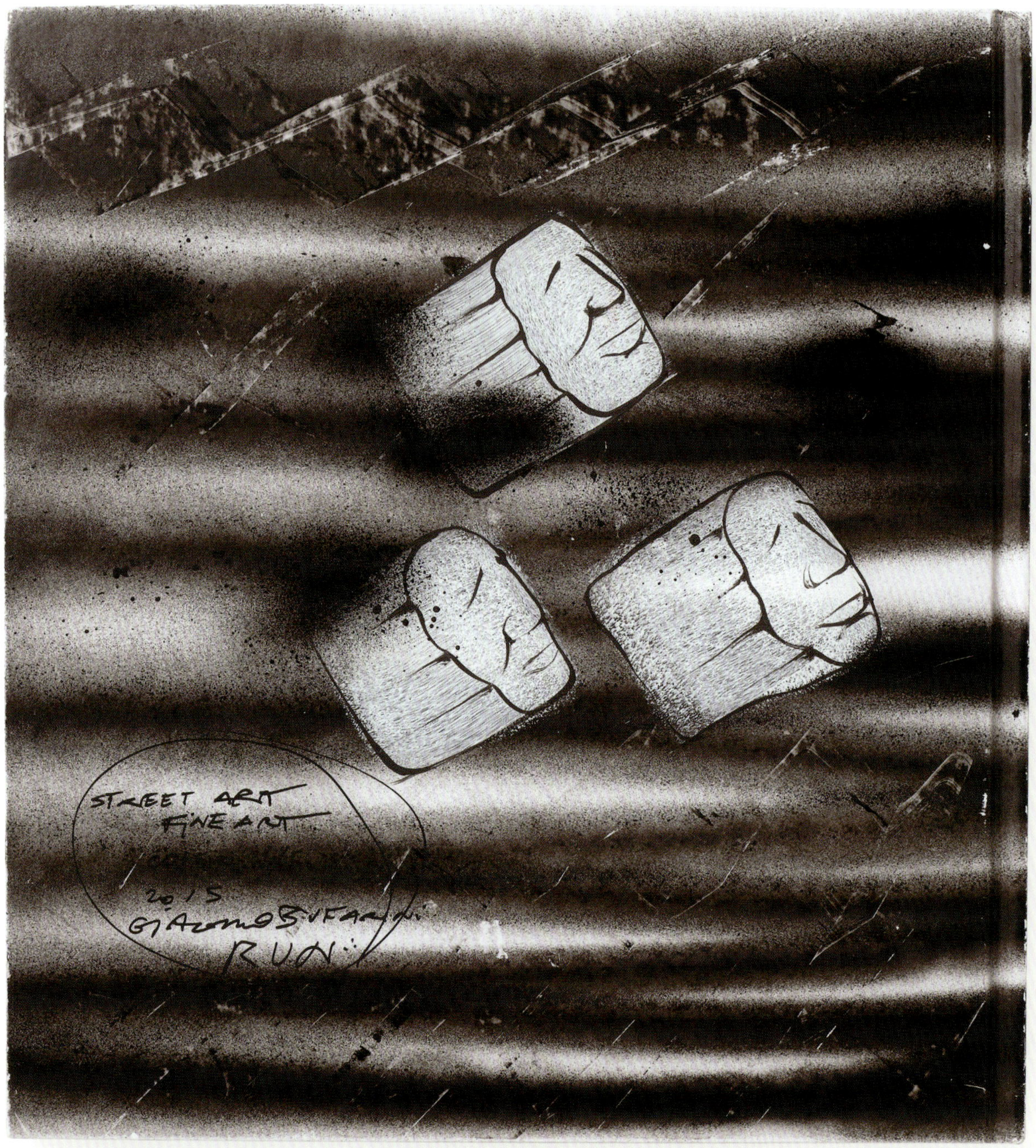

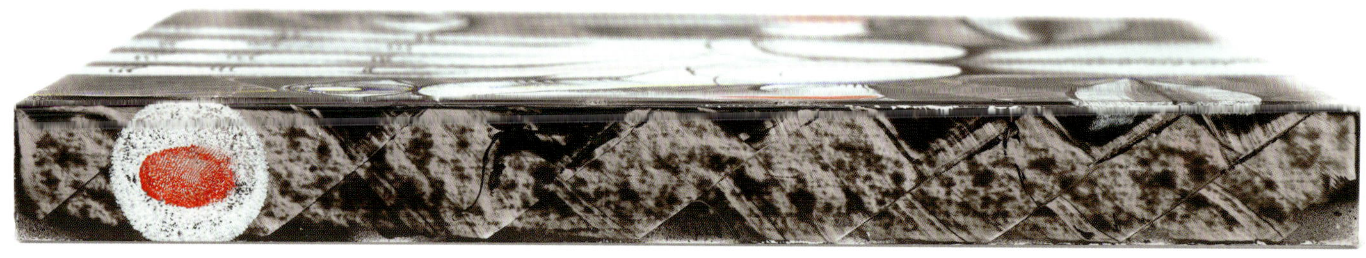

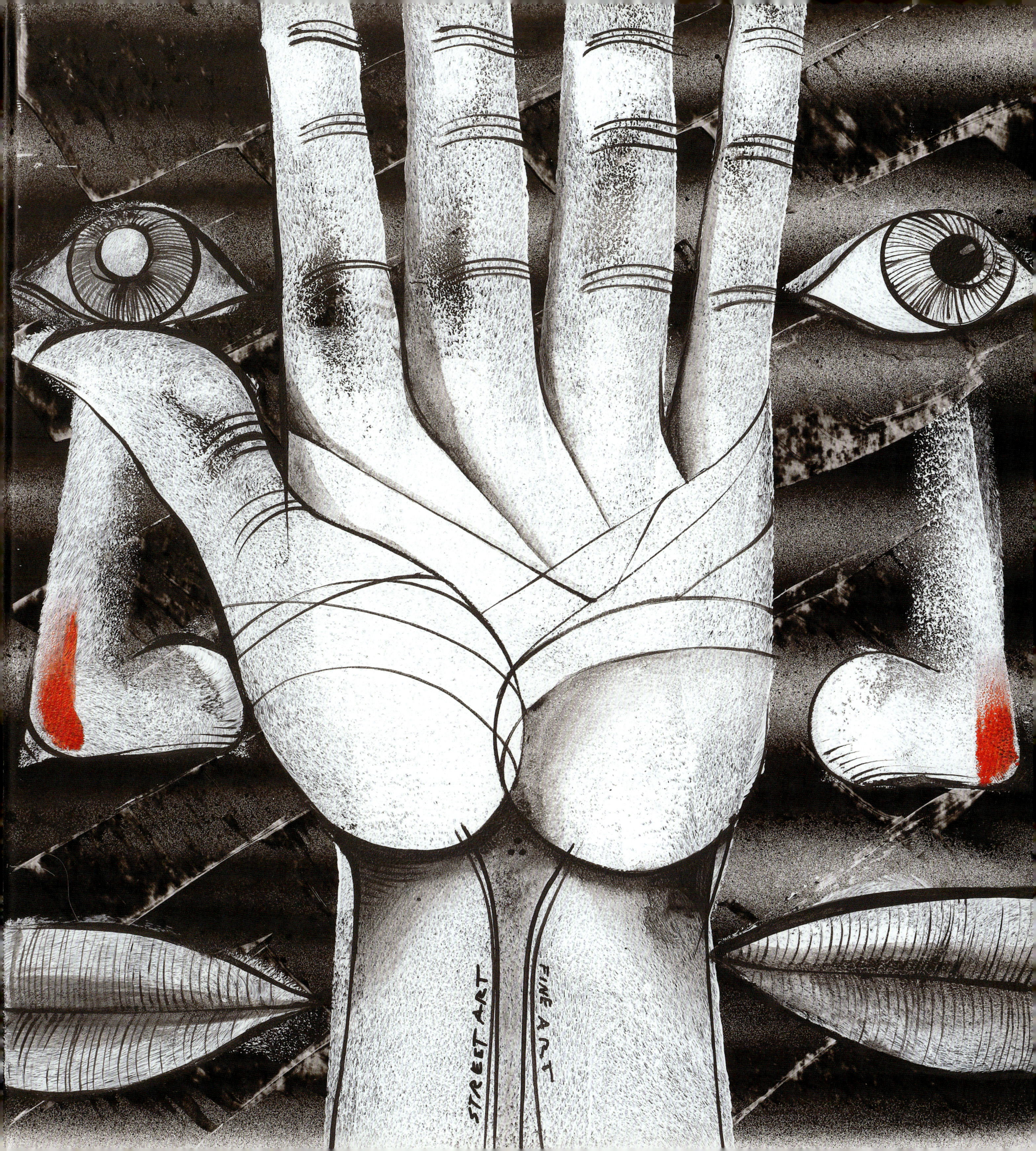
STREET ART
FINE ART

Stik

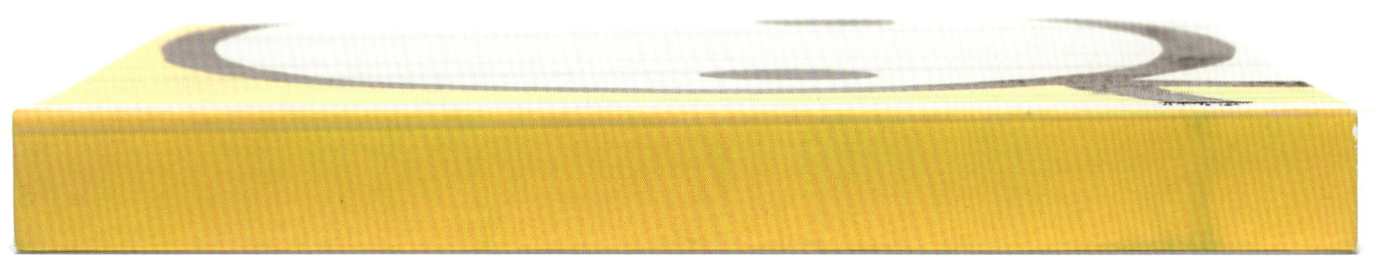

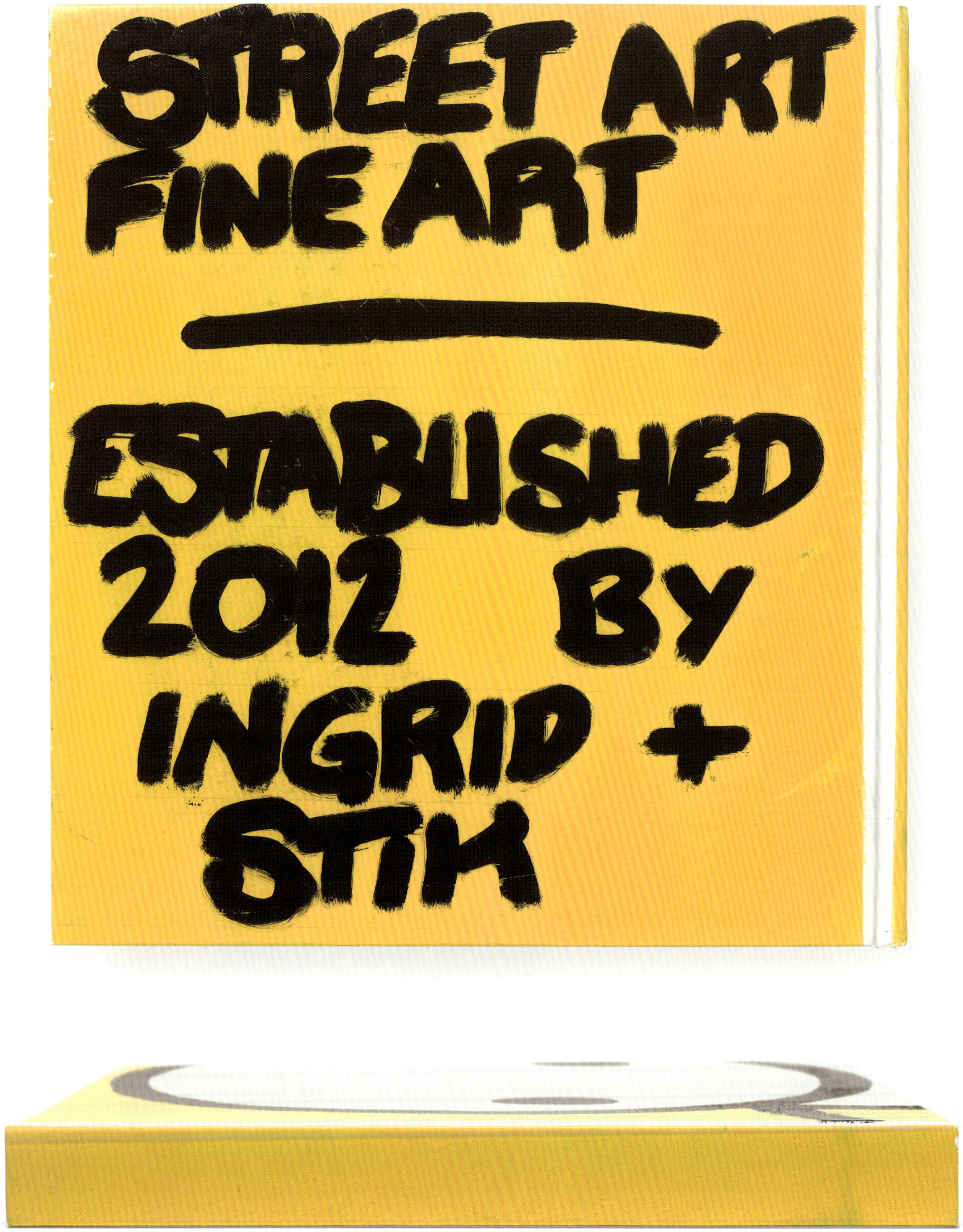

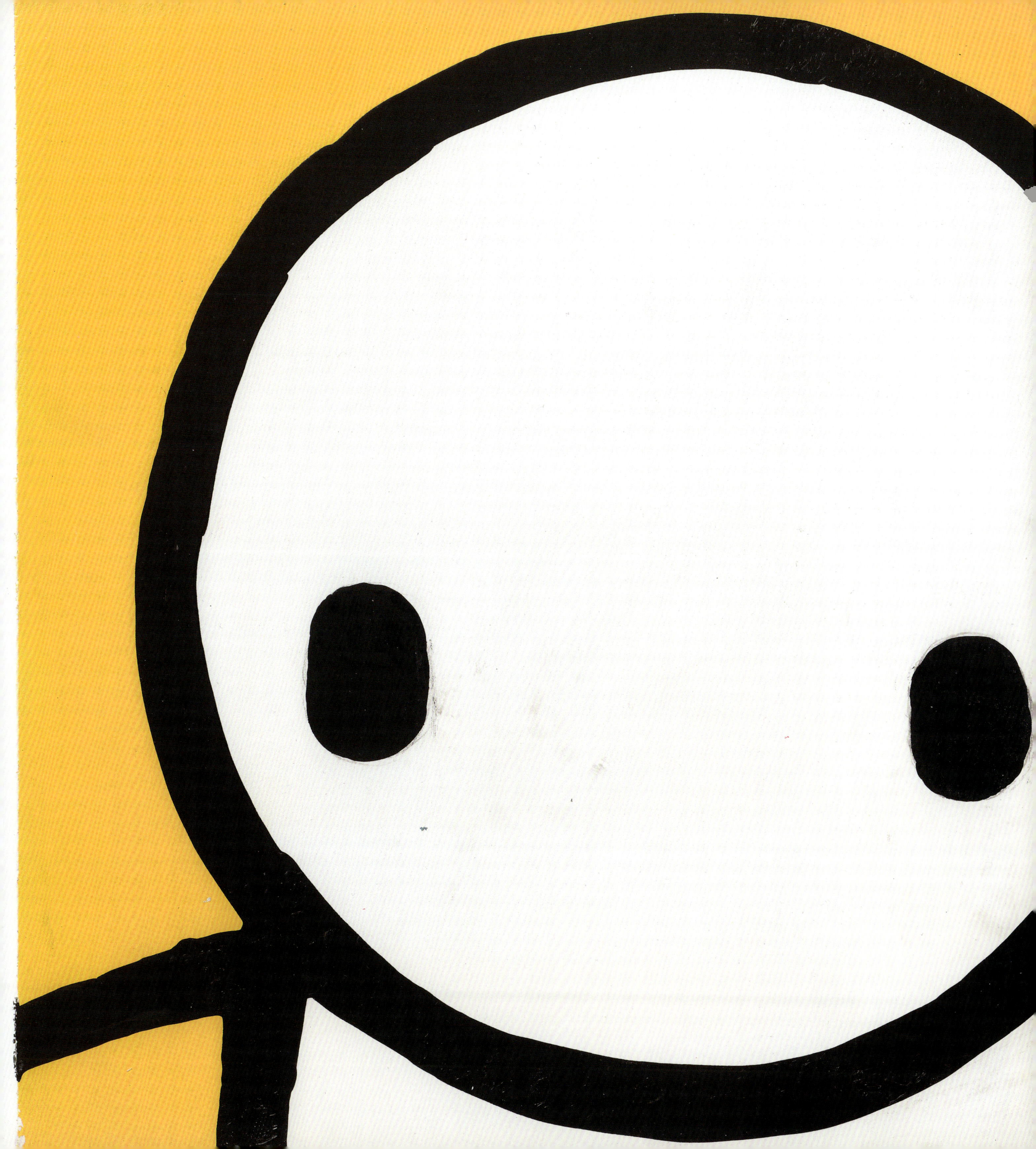

Stik

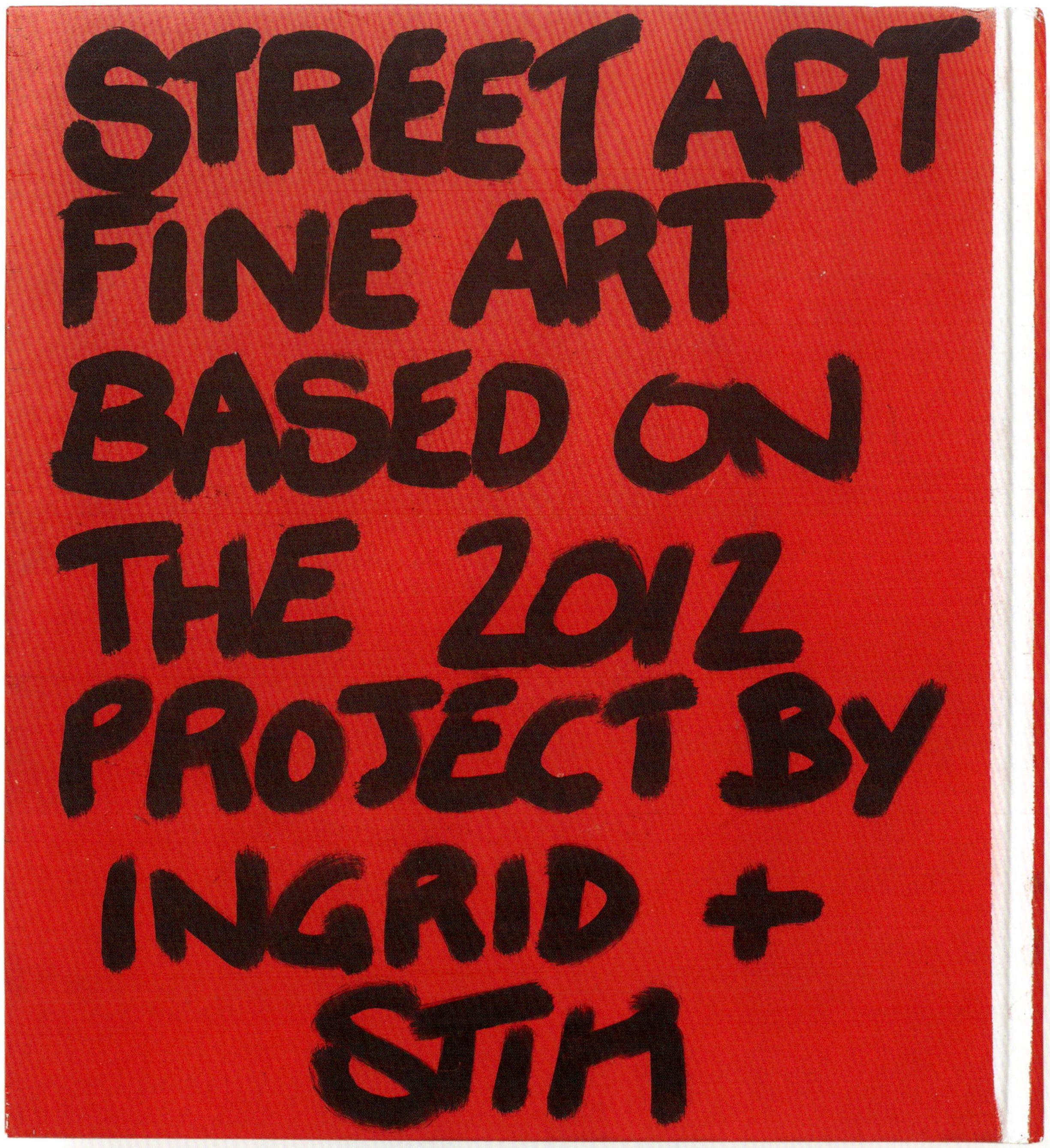

STREET ART
FINE ART
BASED ON
THE 2012
PROJECT BY
INGRID +
STIK

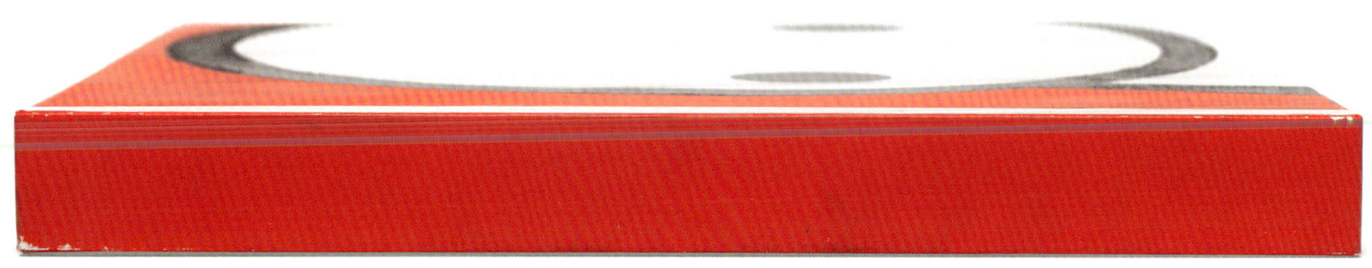

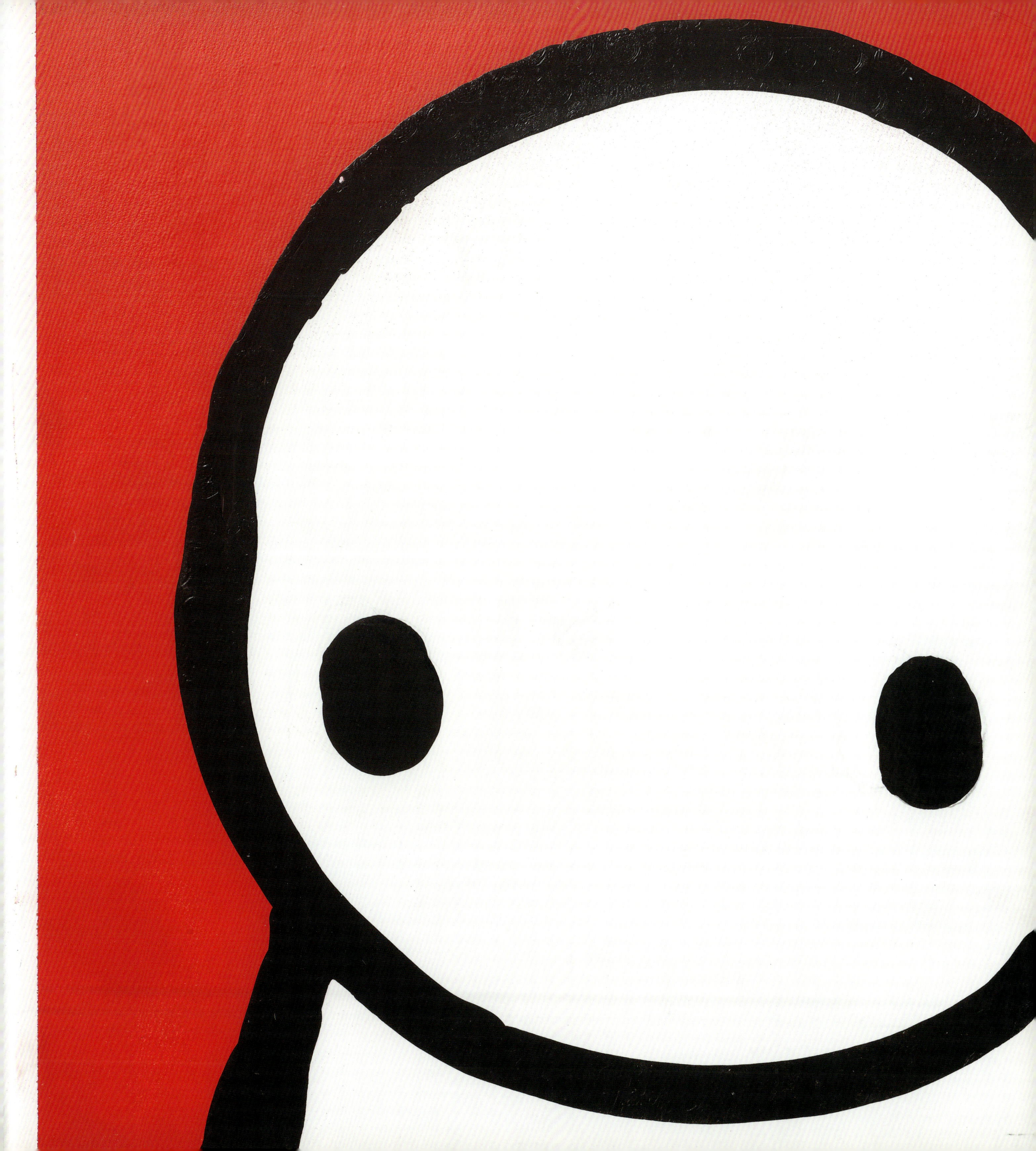

Stik

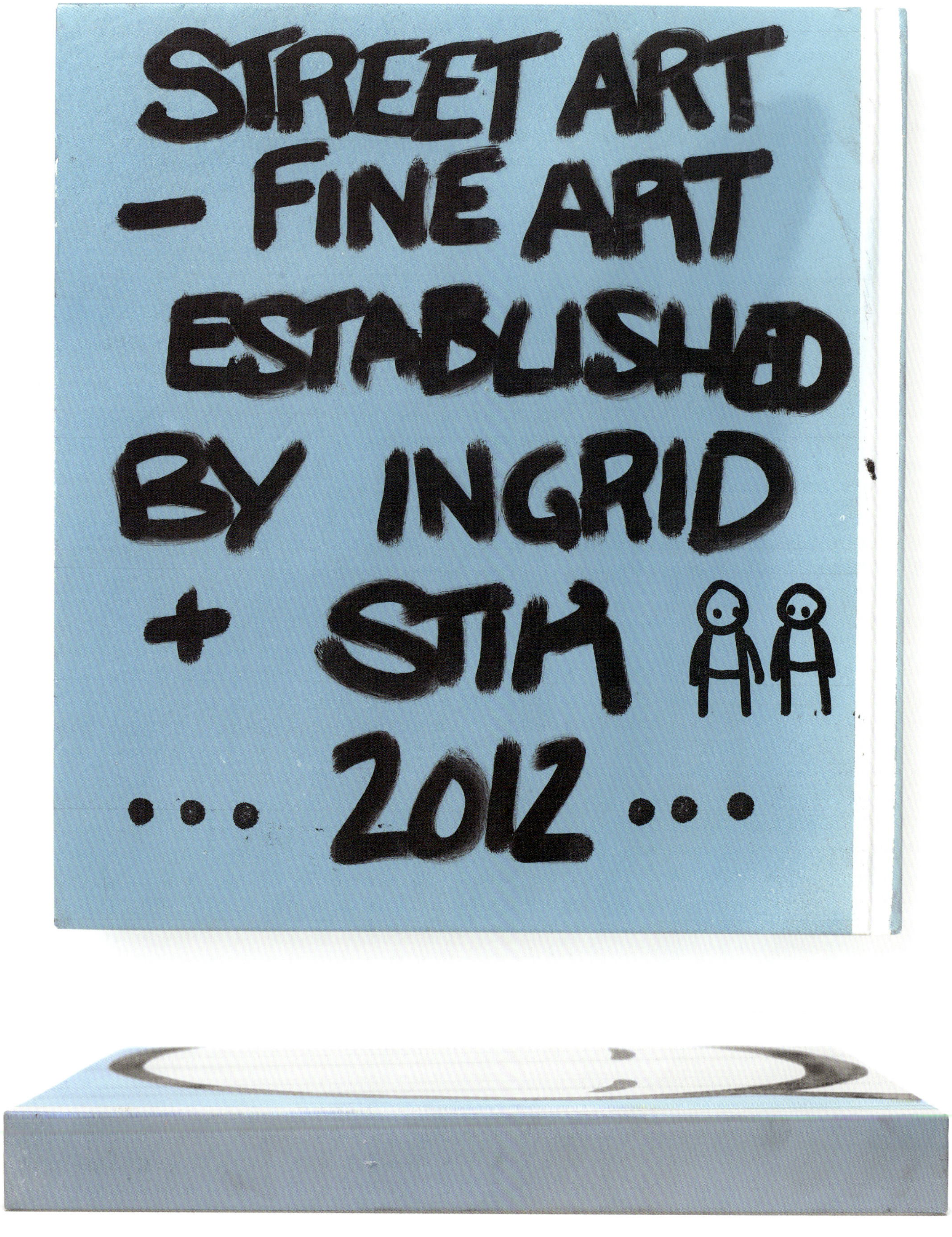

STREET ART
– FINE ART
ESTABLISHED
BY INGRID
+ STIK
... 2012 ...

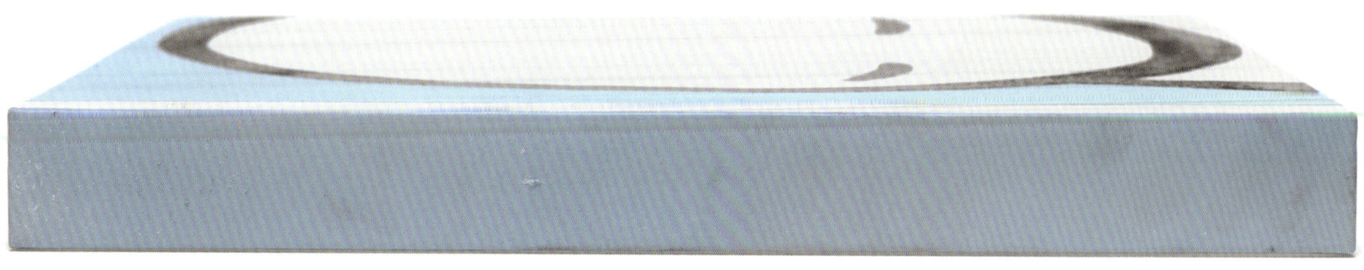

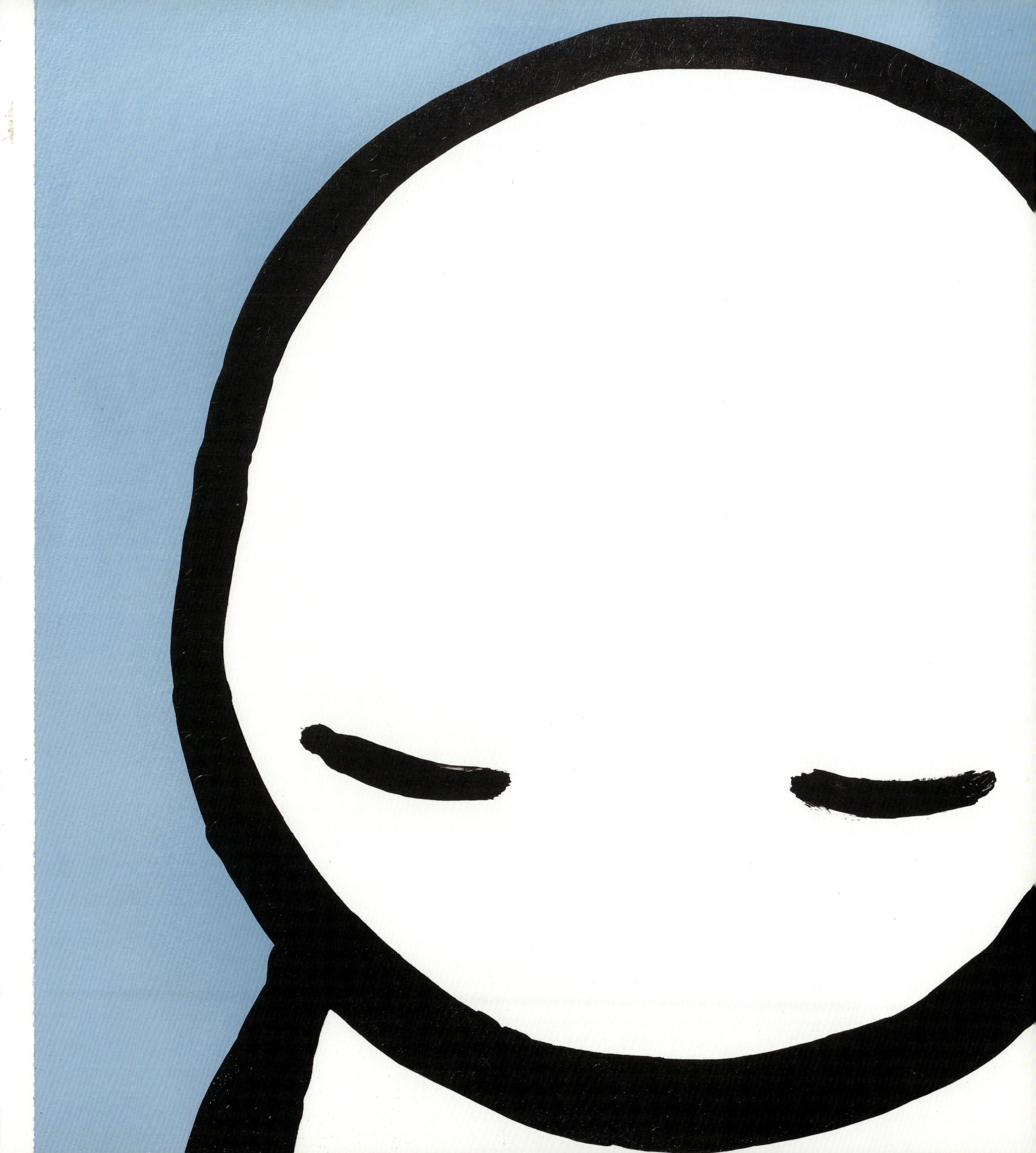

System

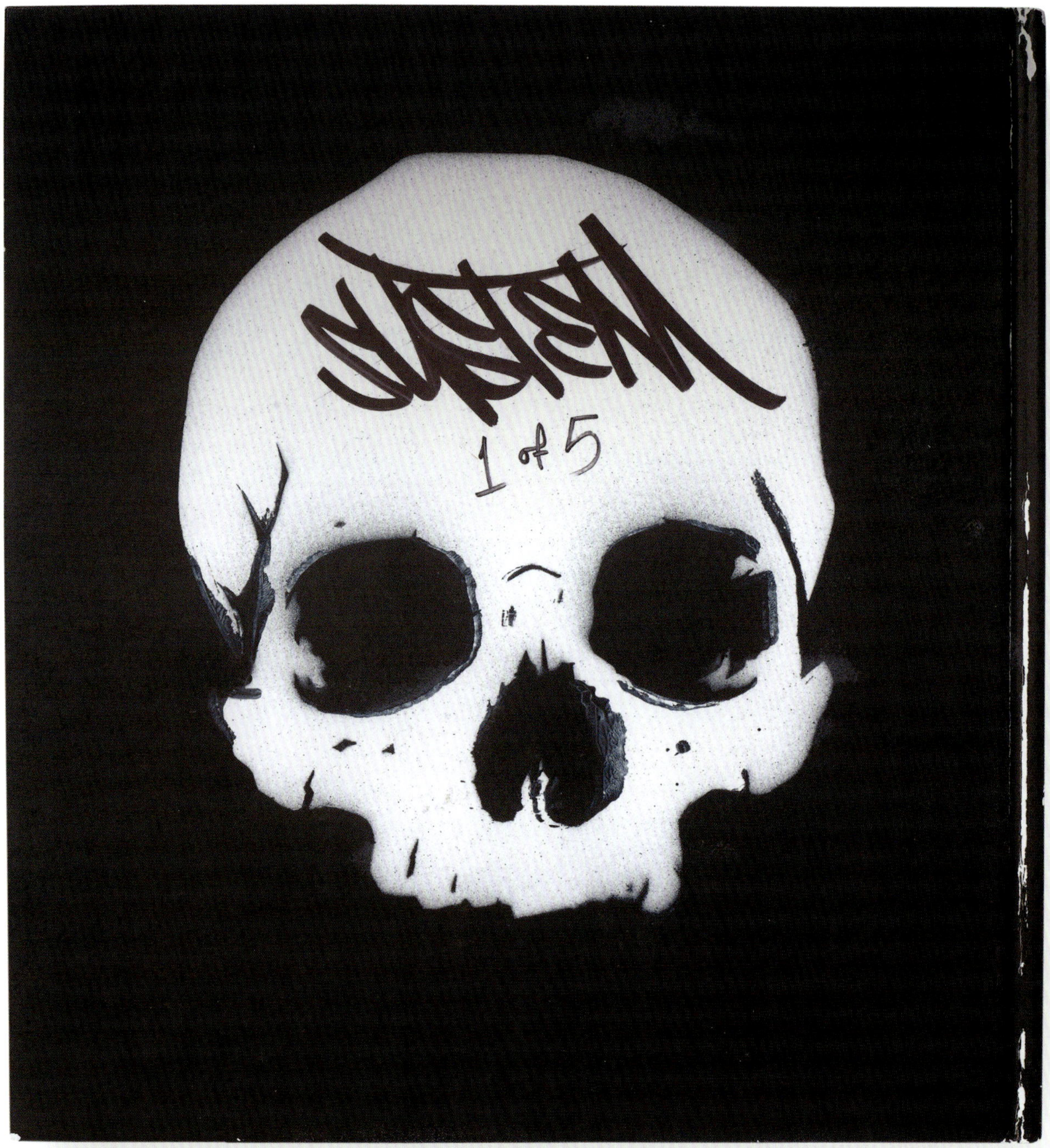

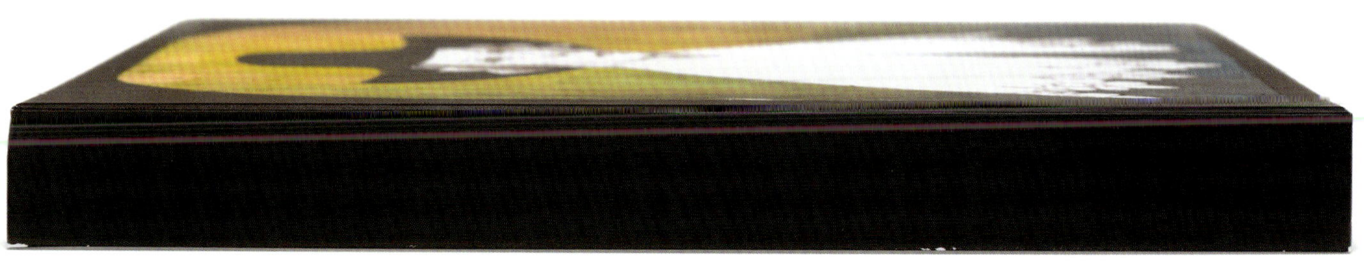

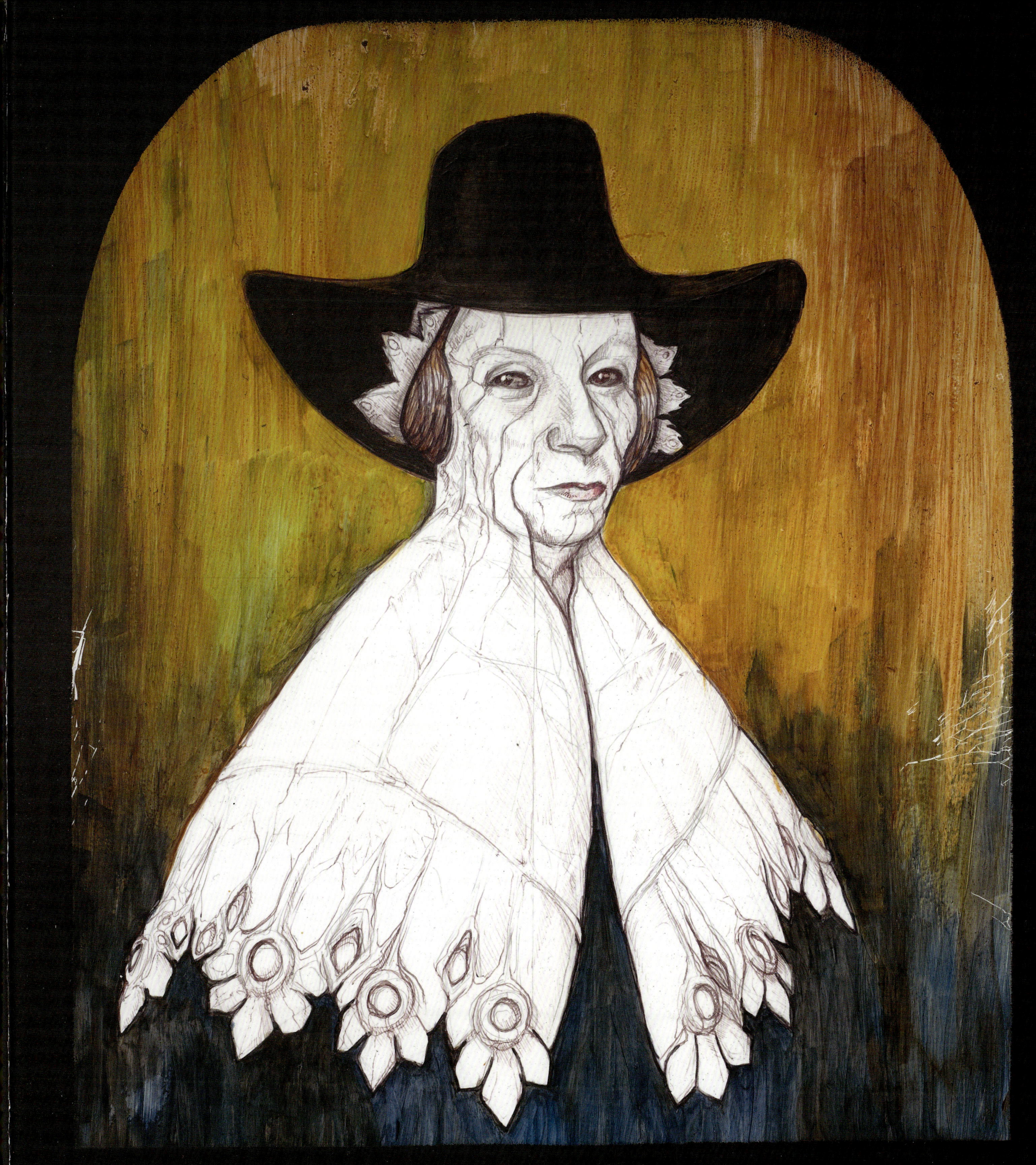

System

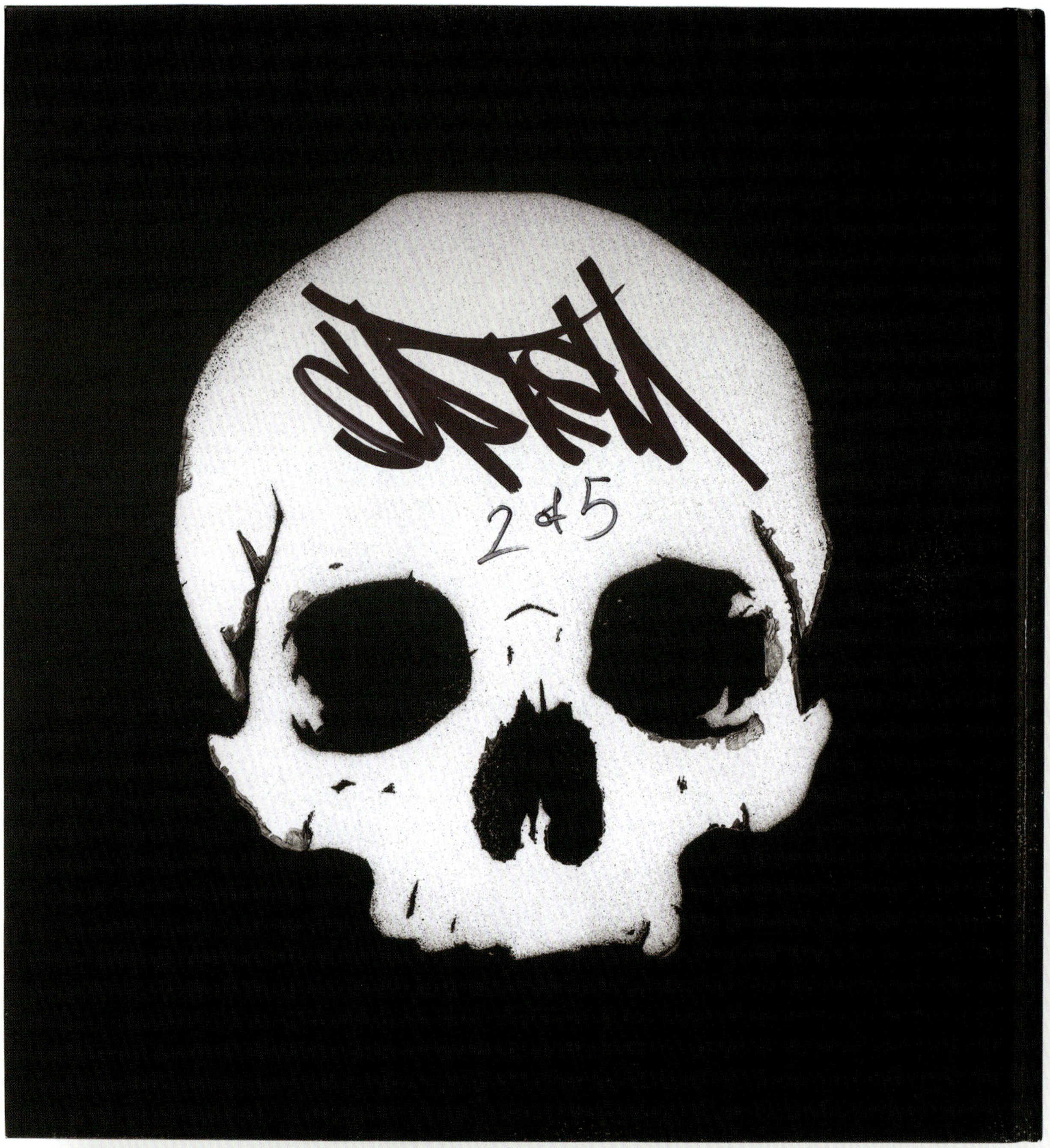

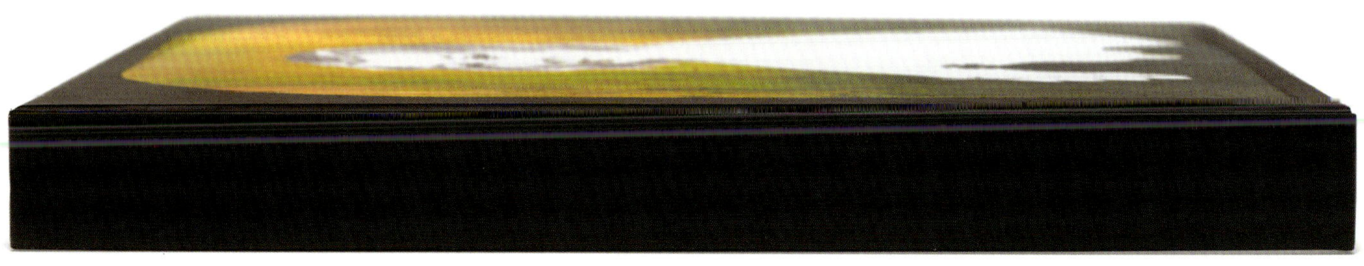

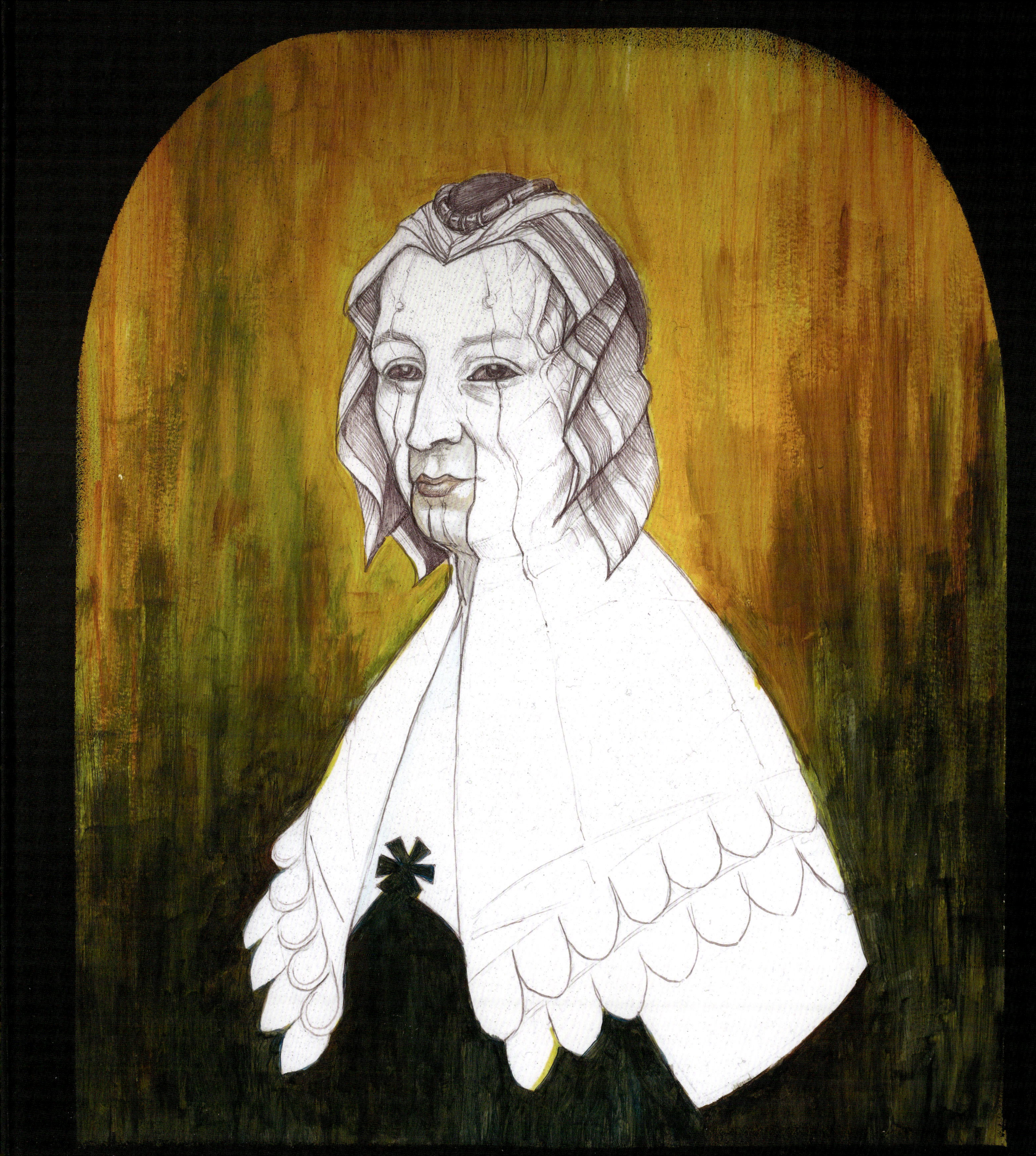

System

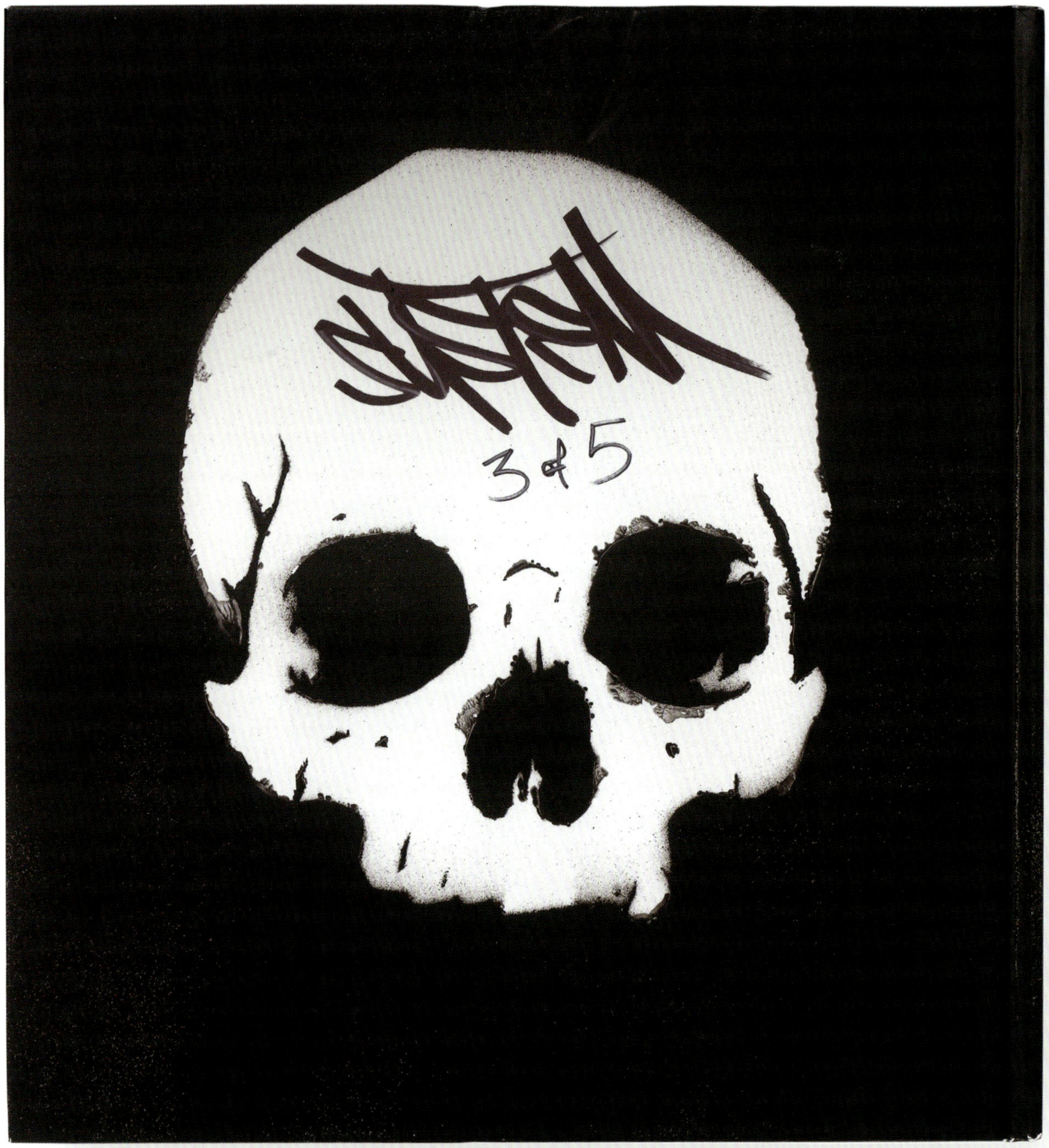

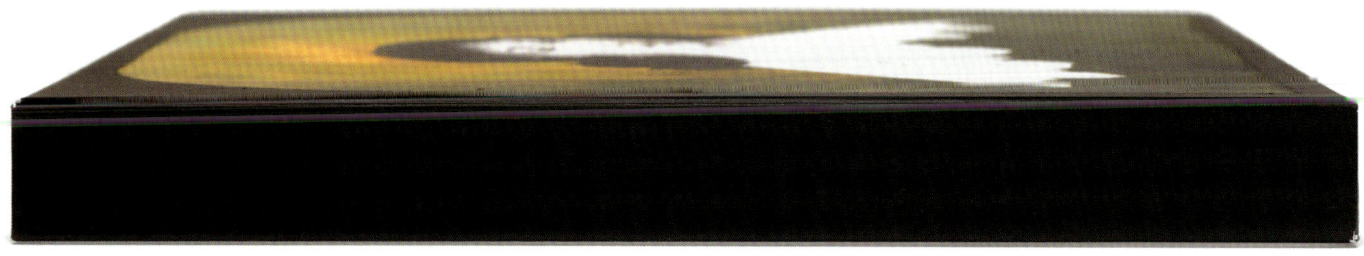

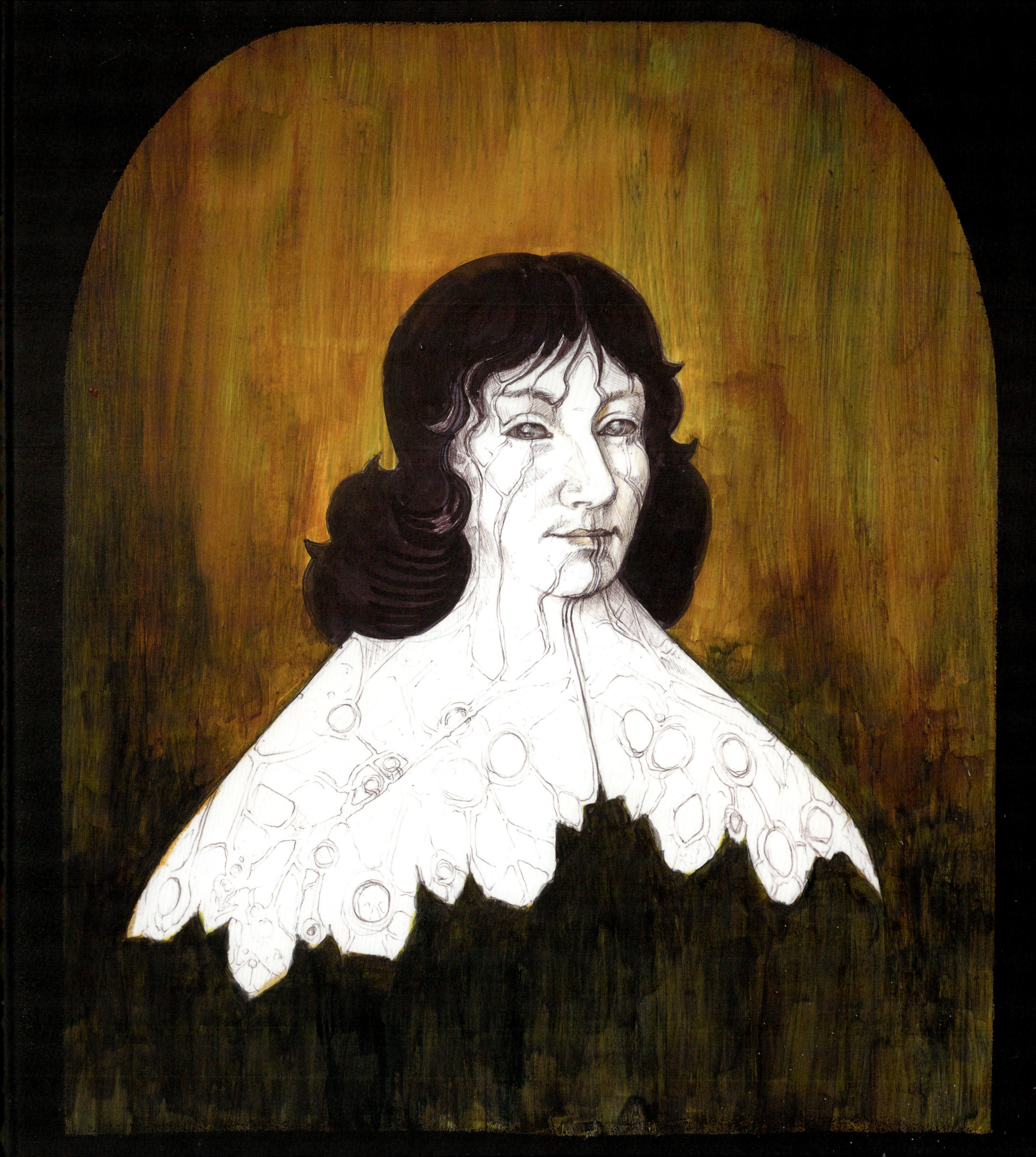

System

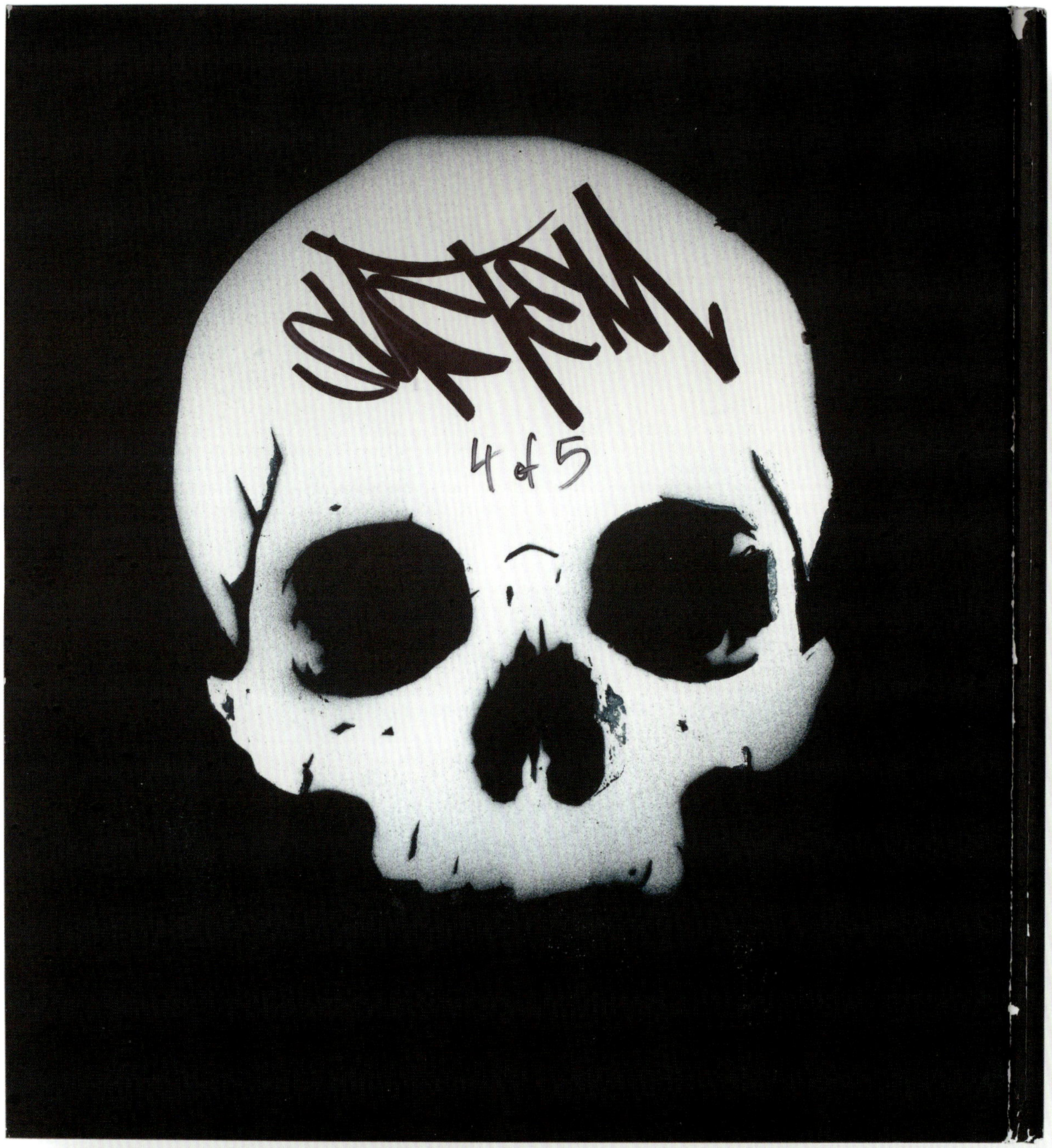

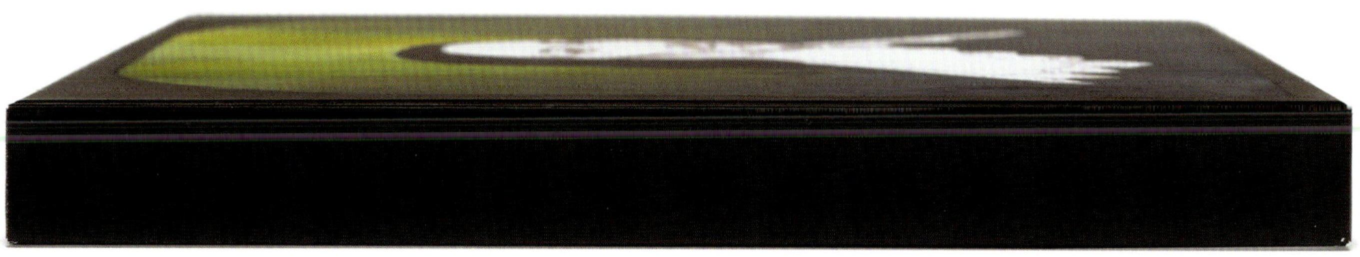

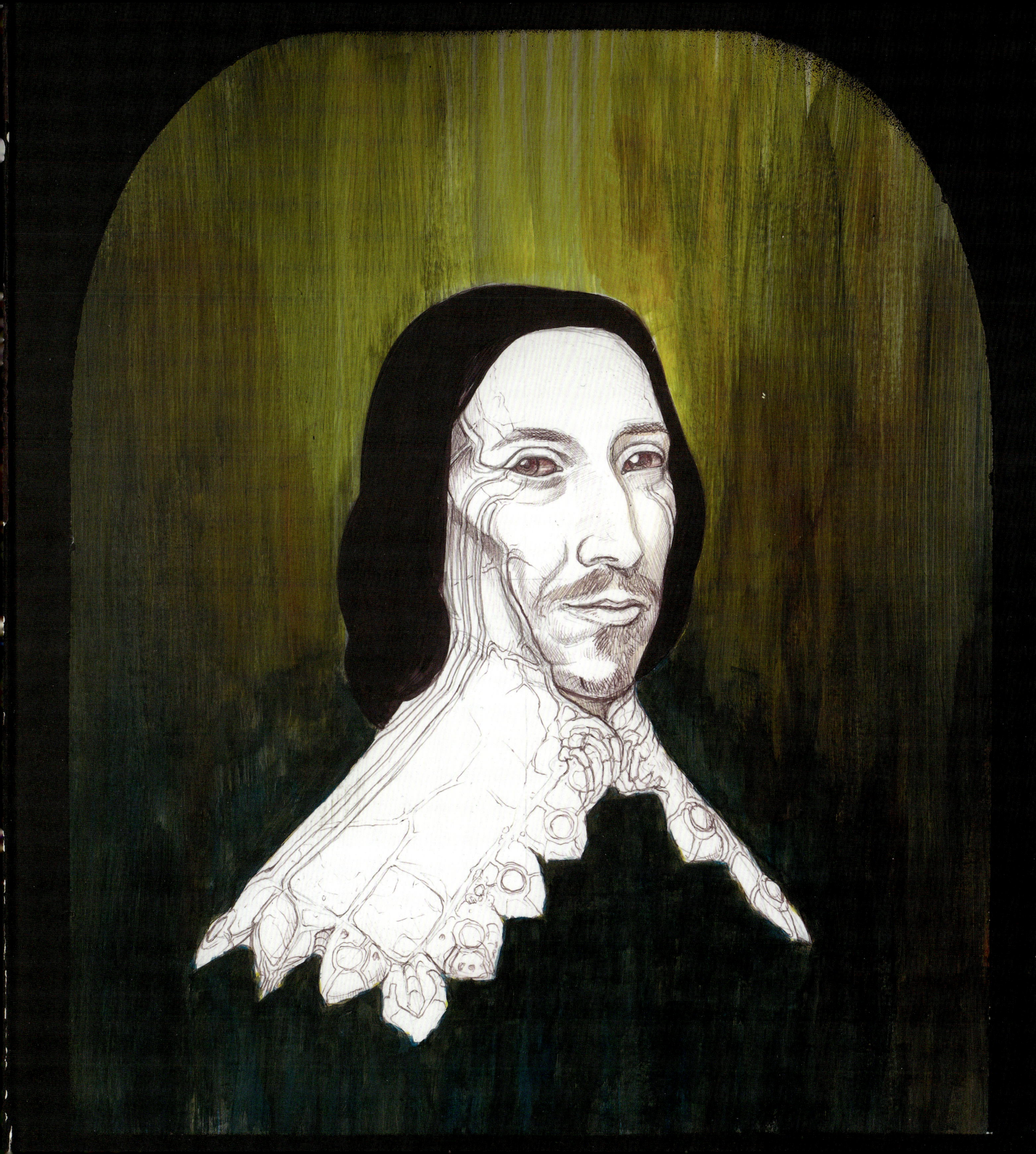

System

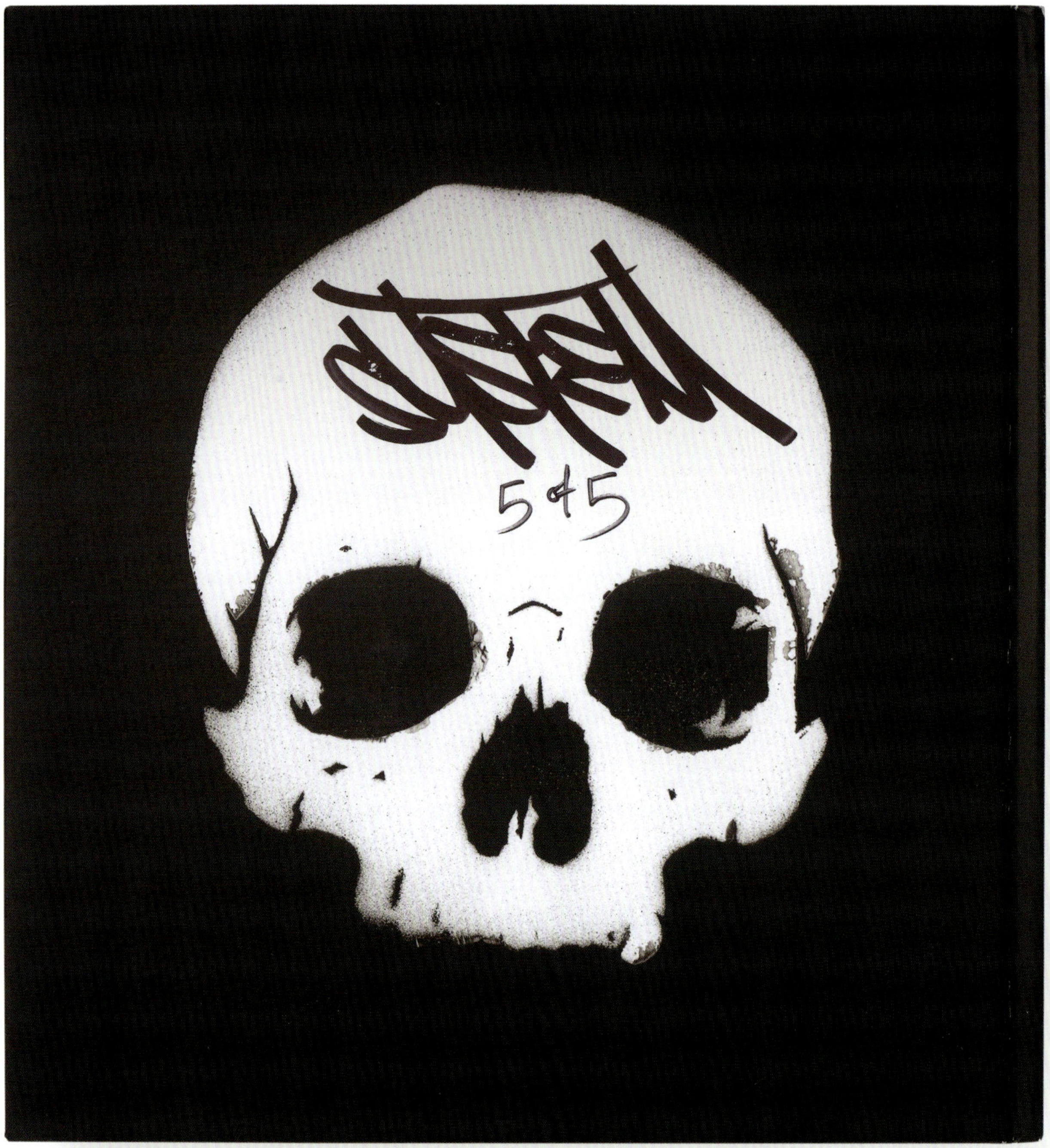

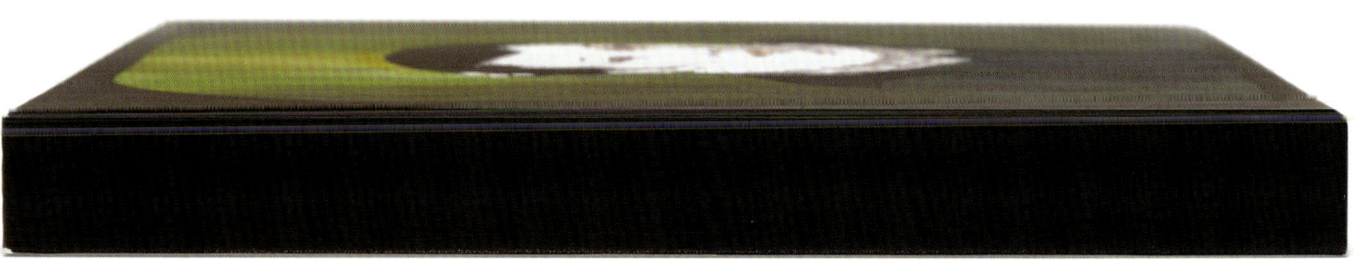

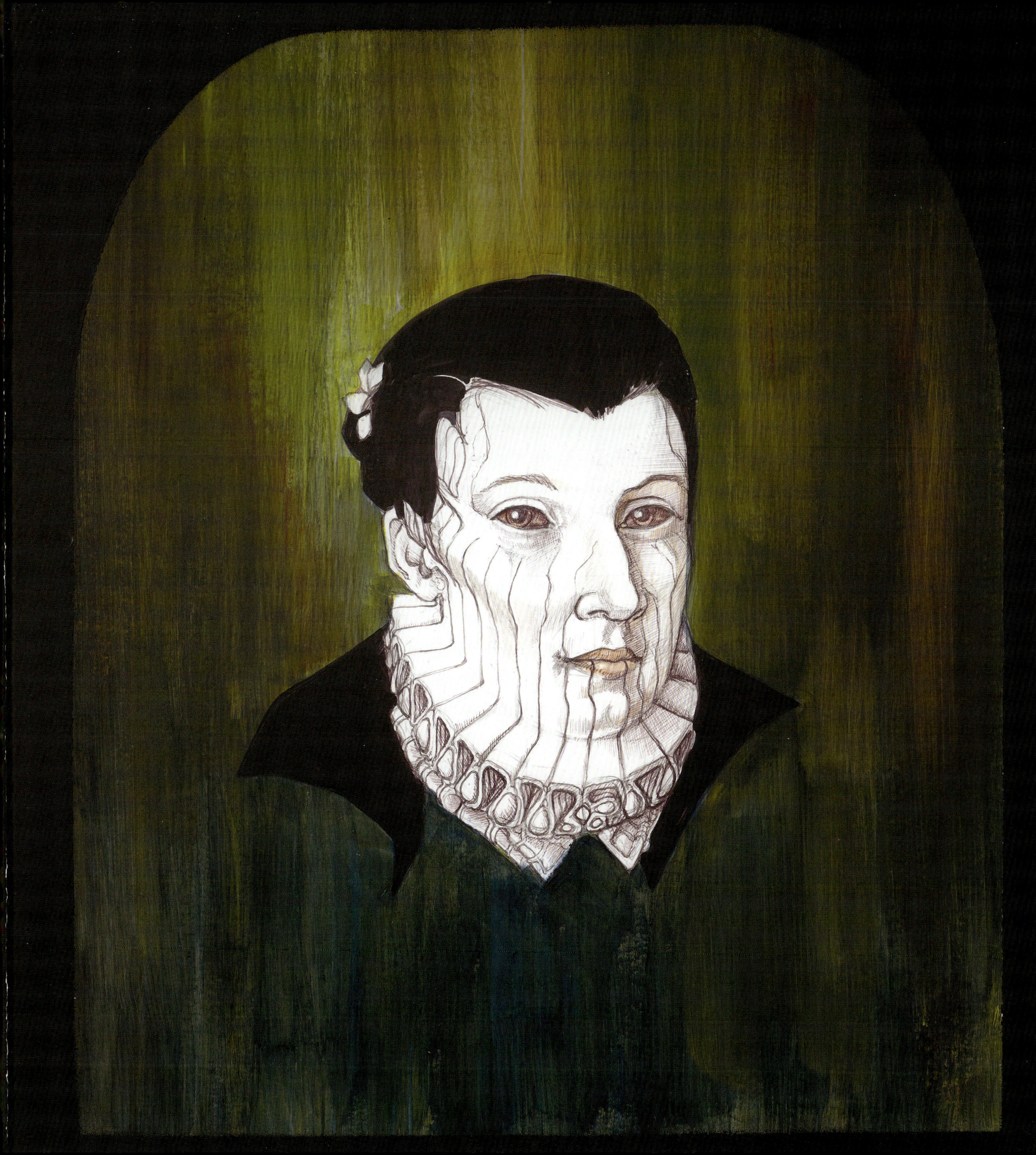

Thierry Noir

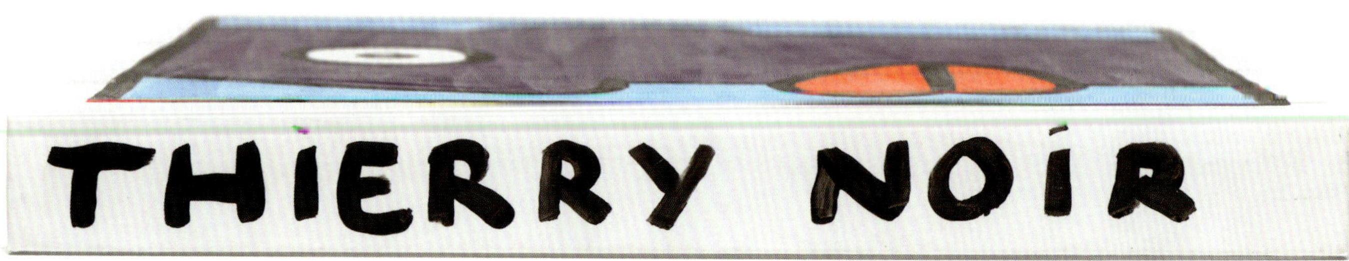

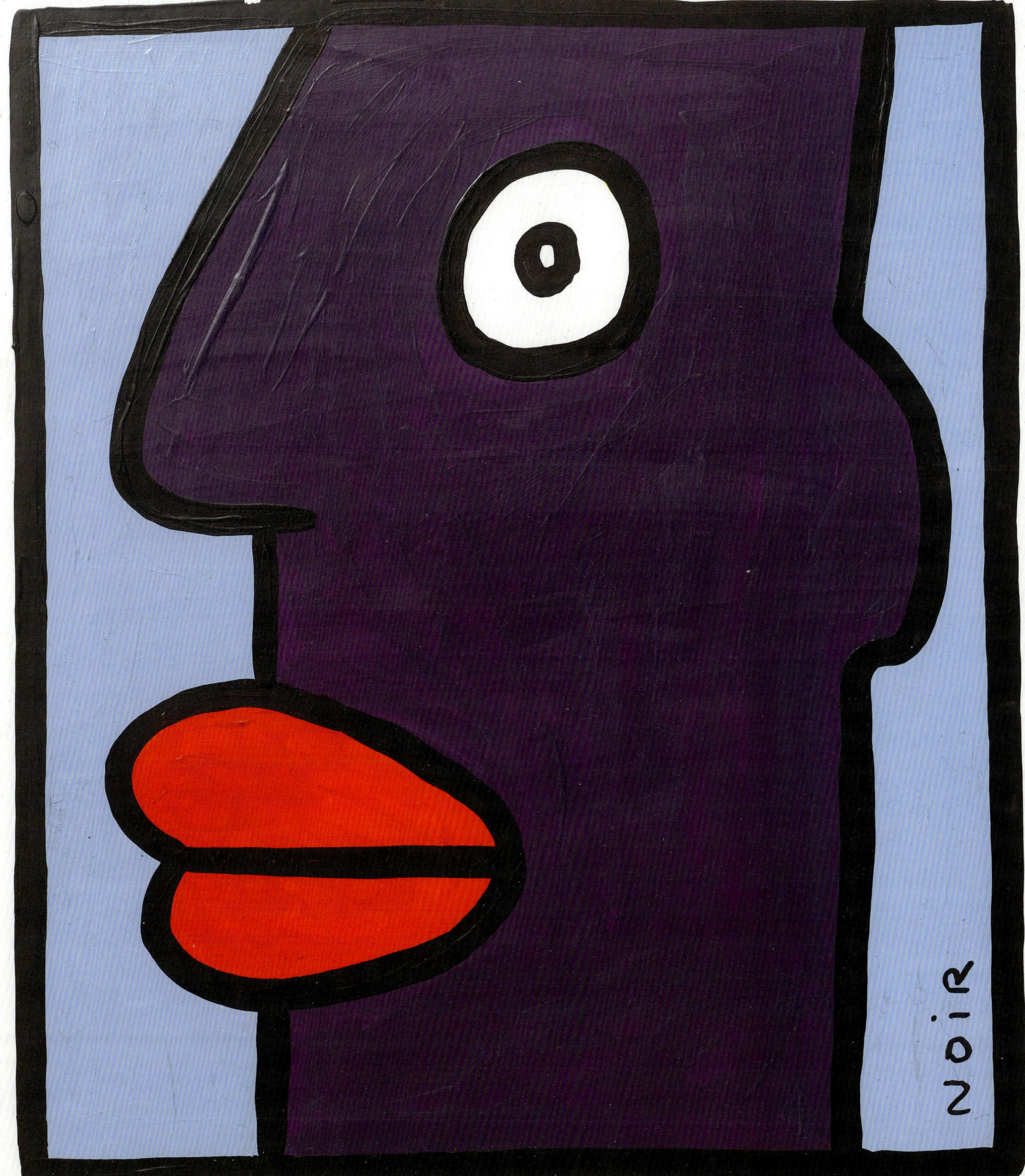
NOIR

Thierry Noir

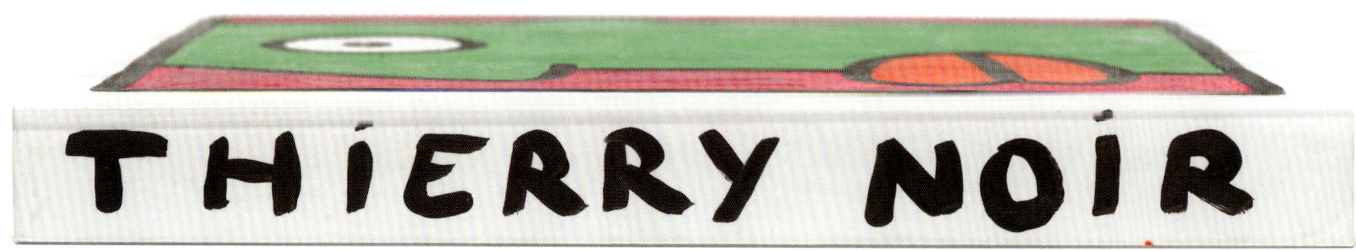

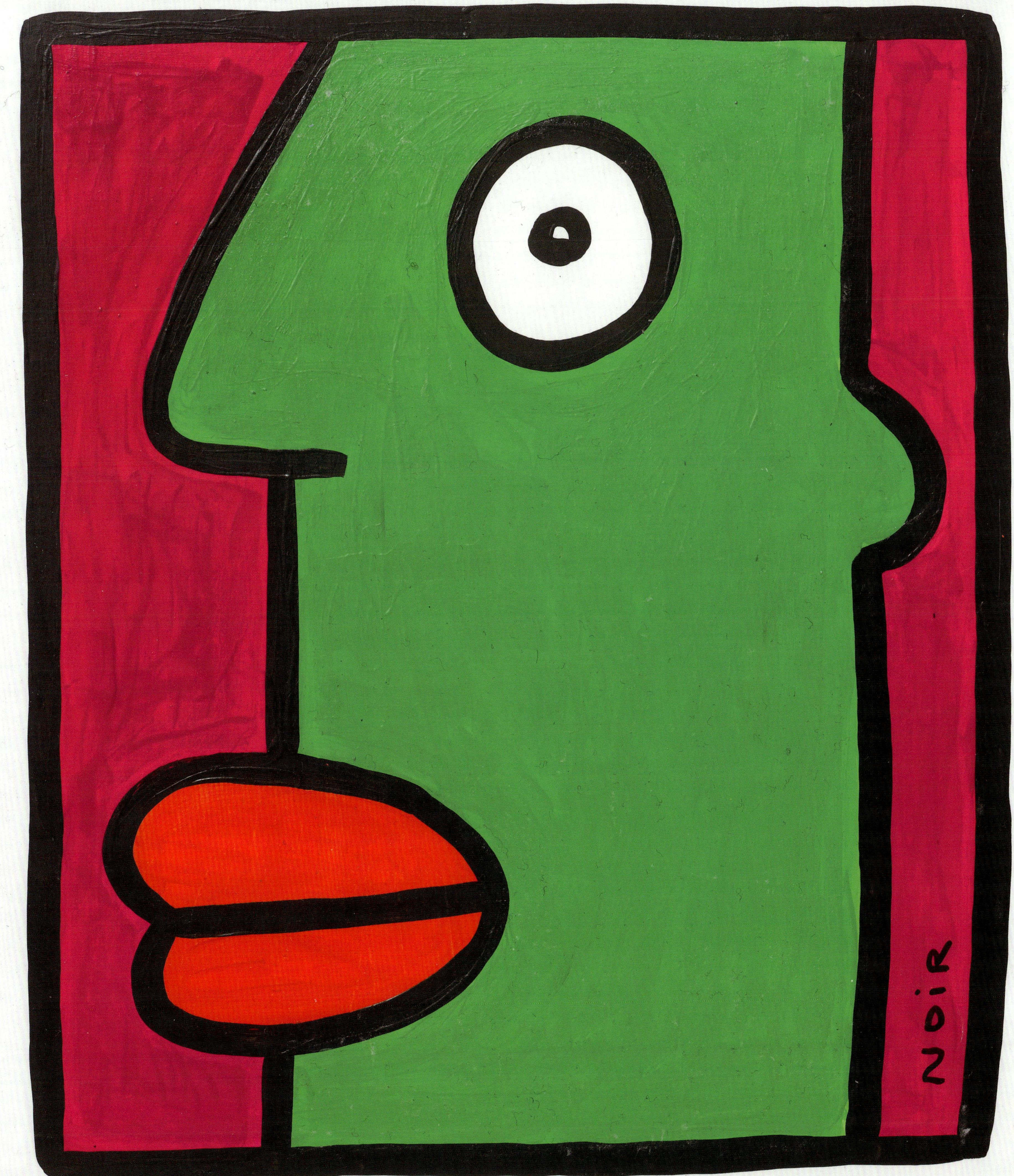
NOIR

Thierry Noir

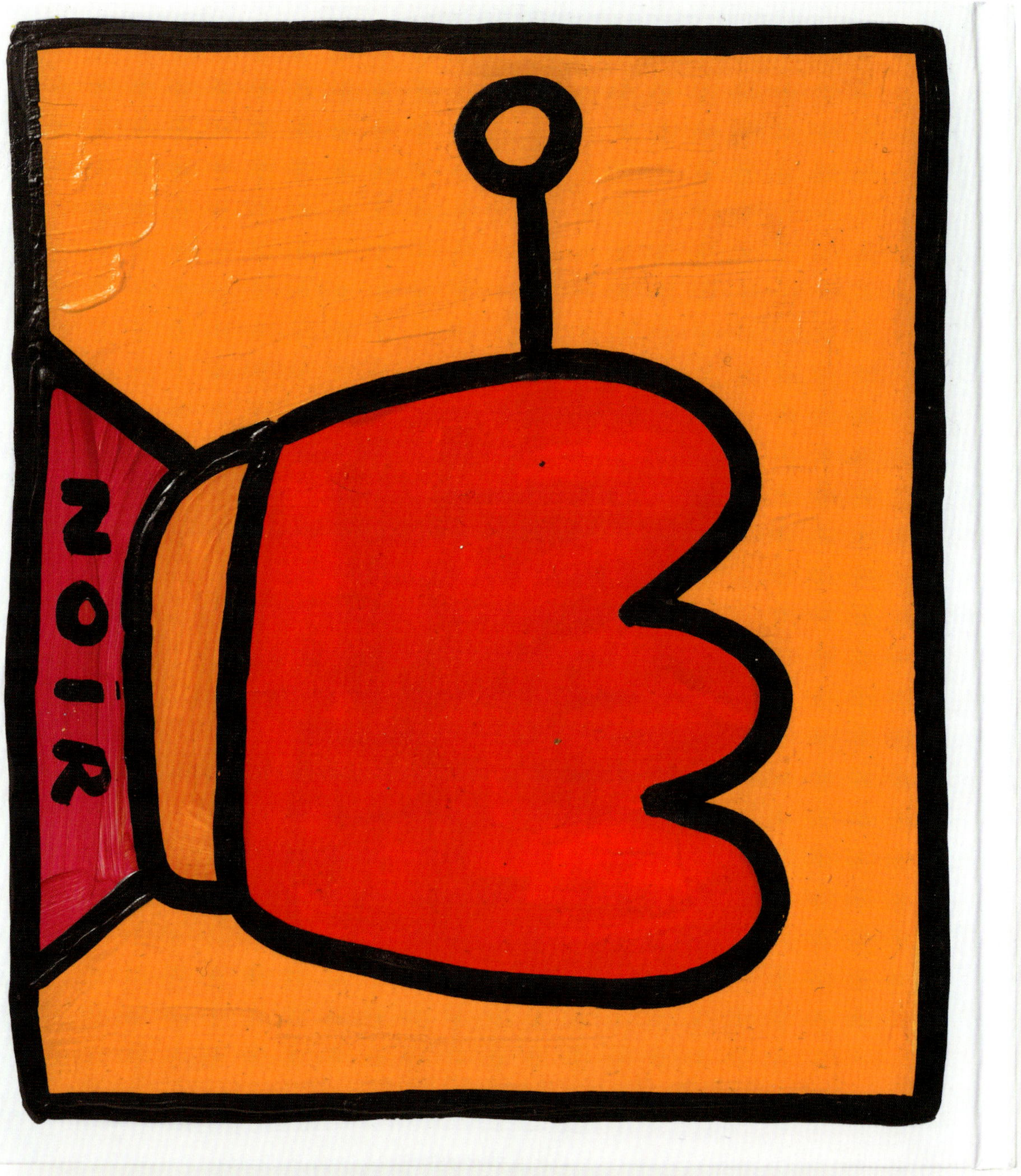

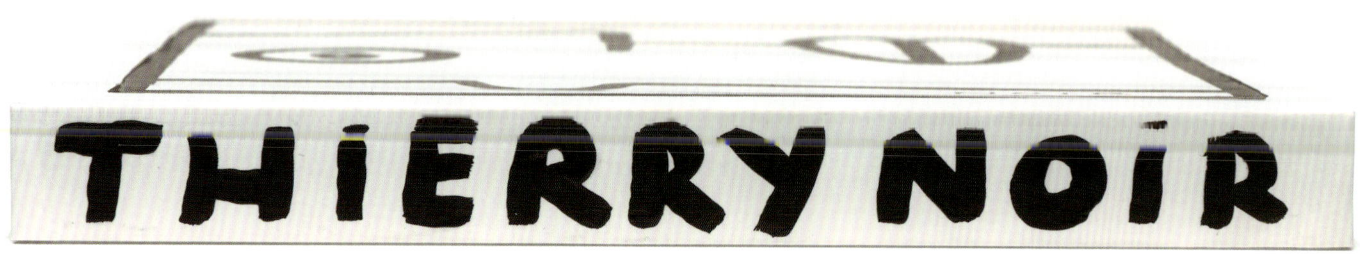

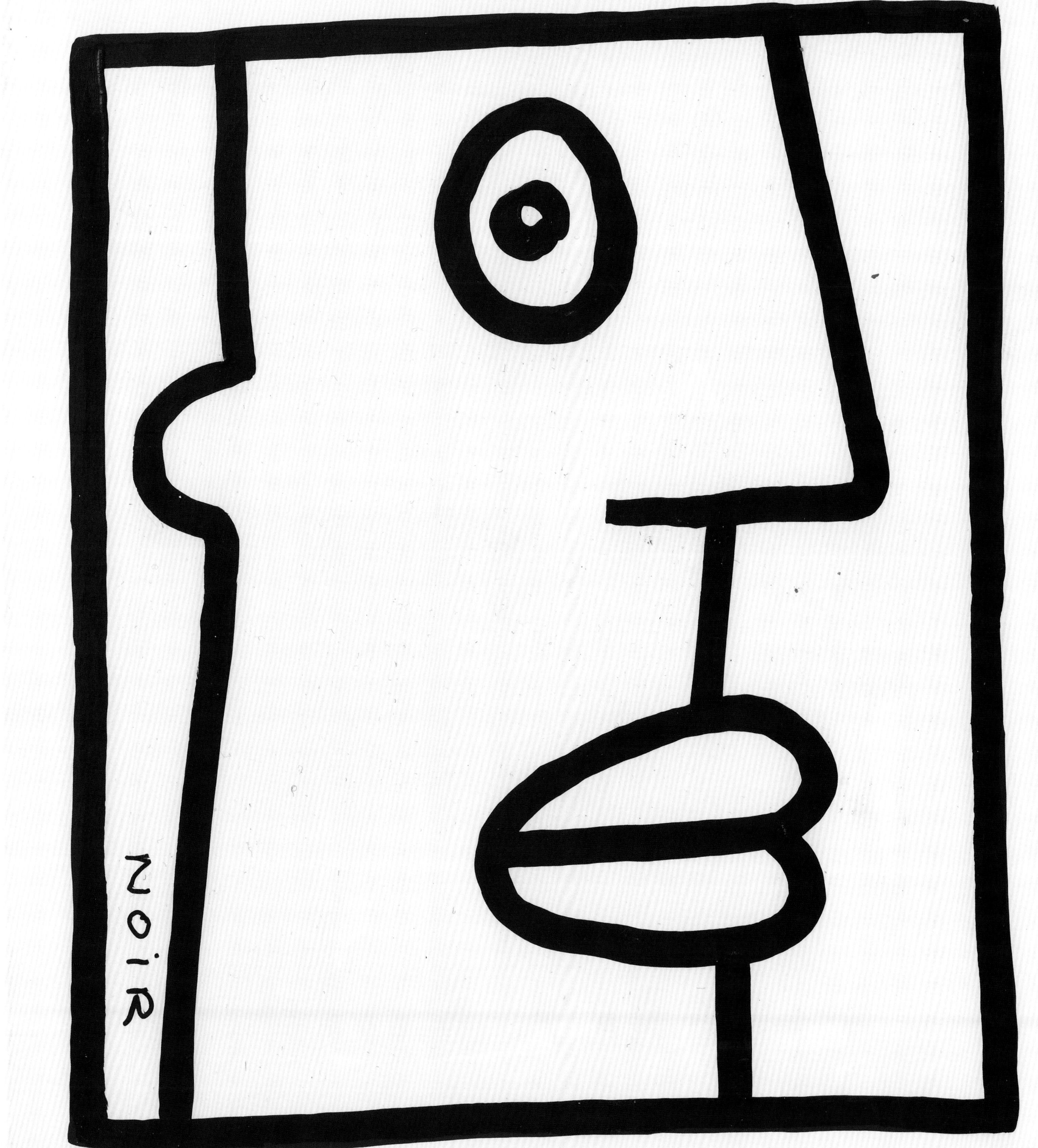
NOiR

Thierry Noir

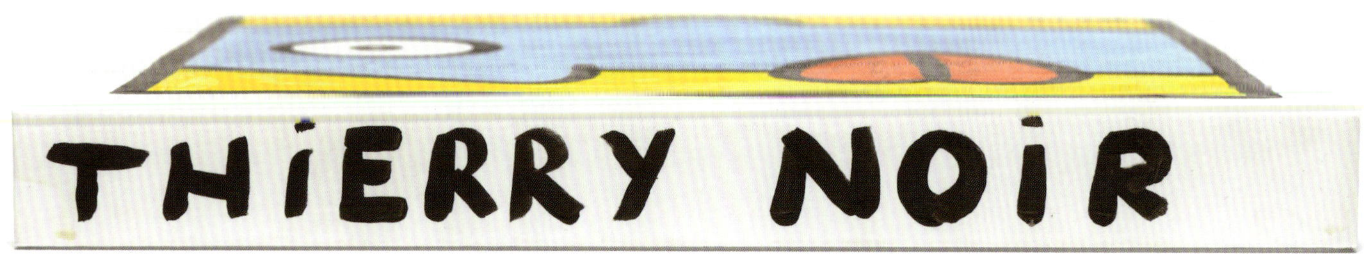

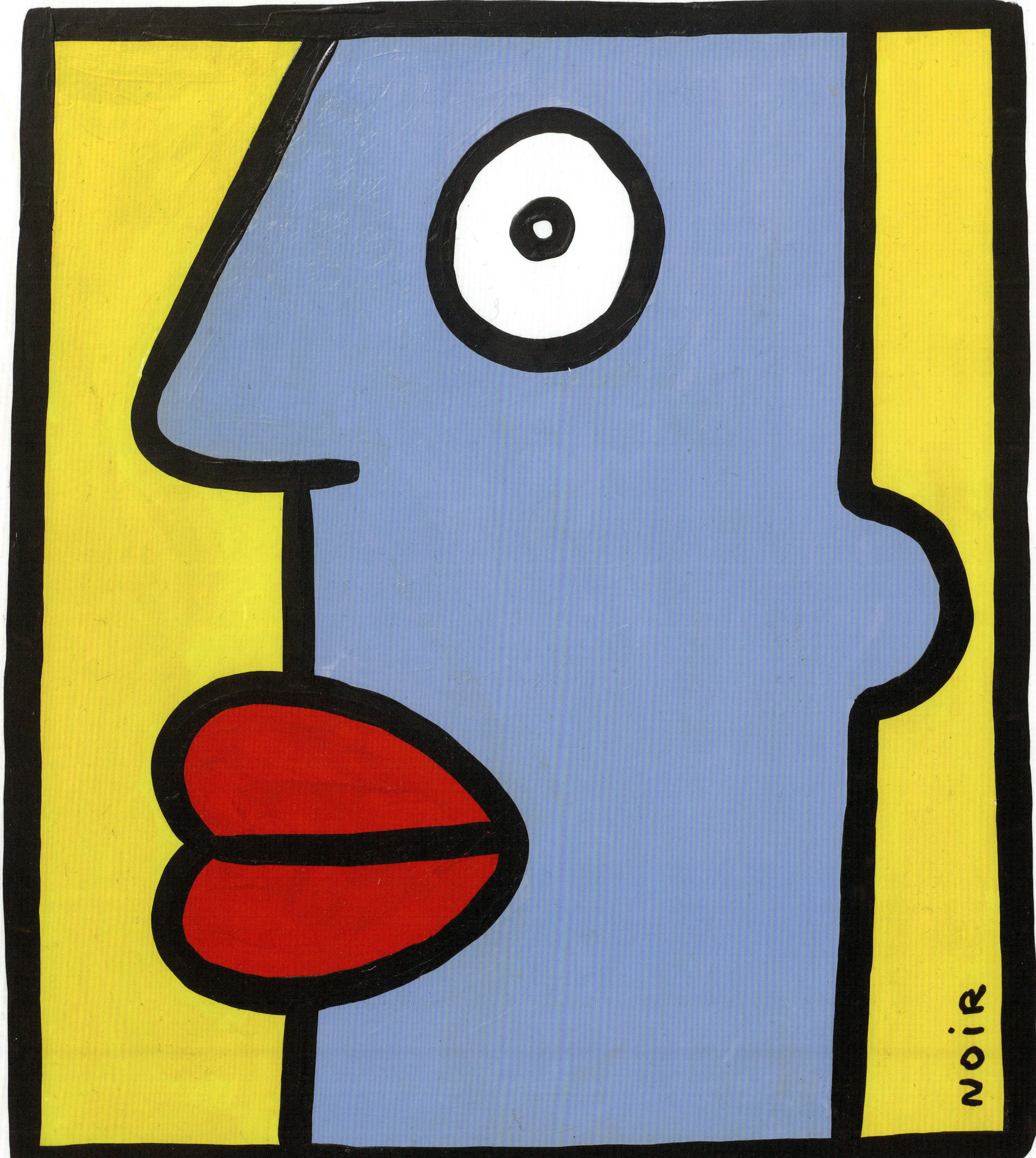
NOIR

Thierry Noir

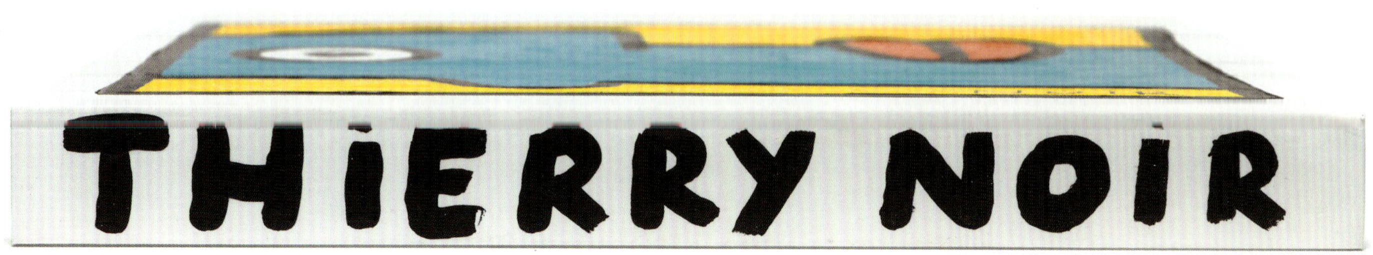

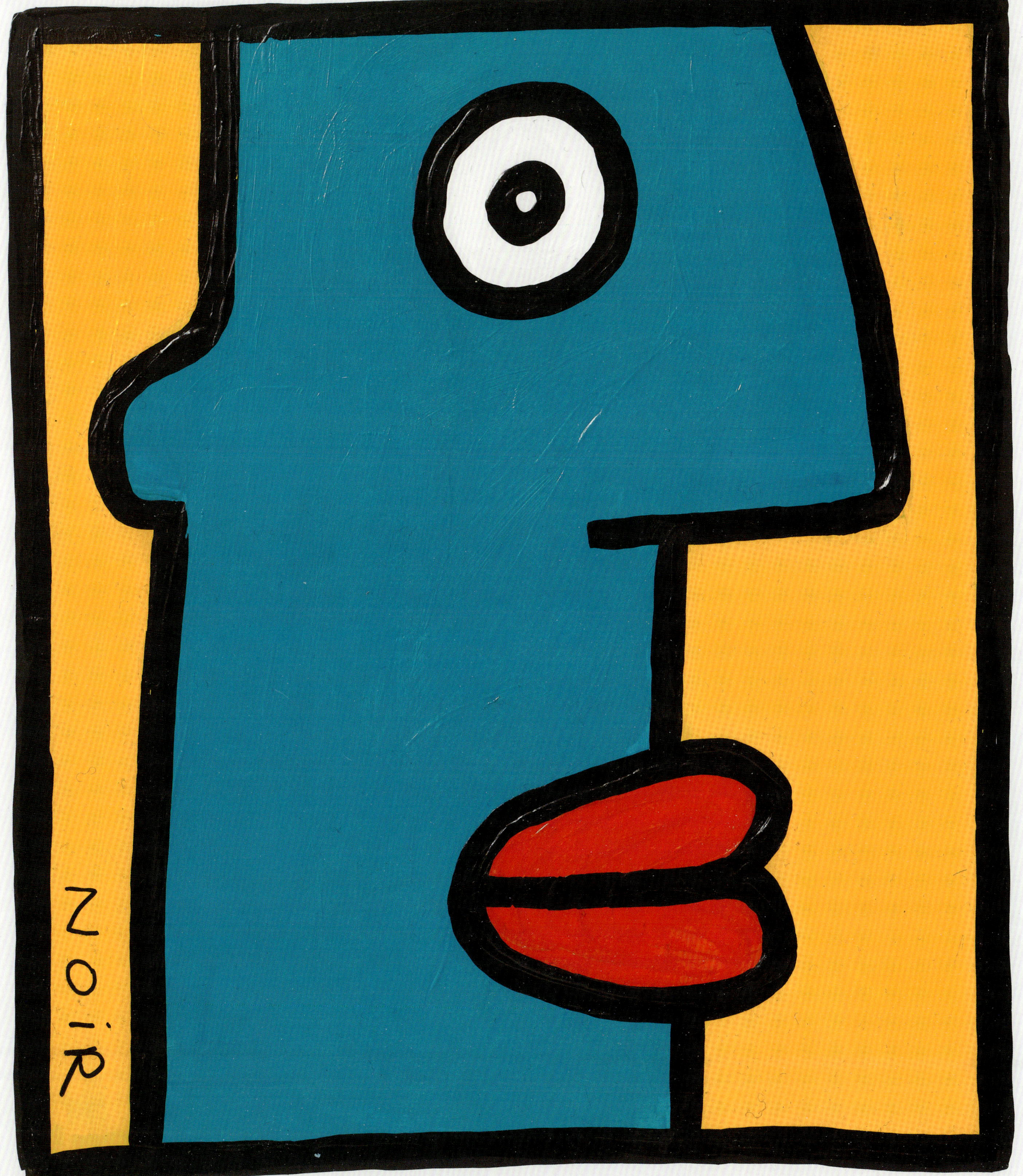
NOiR

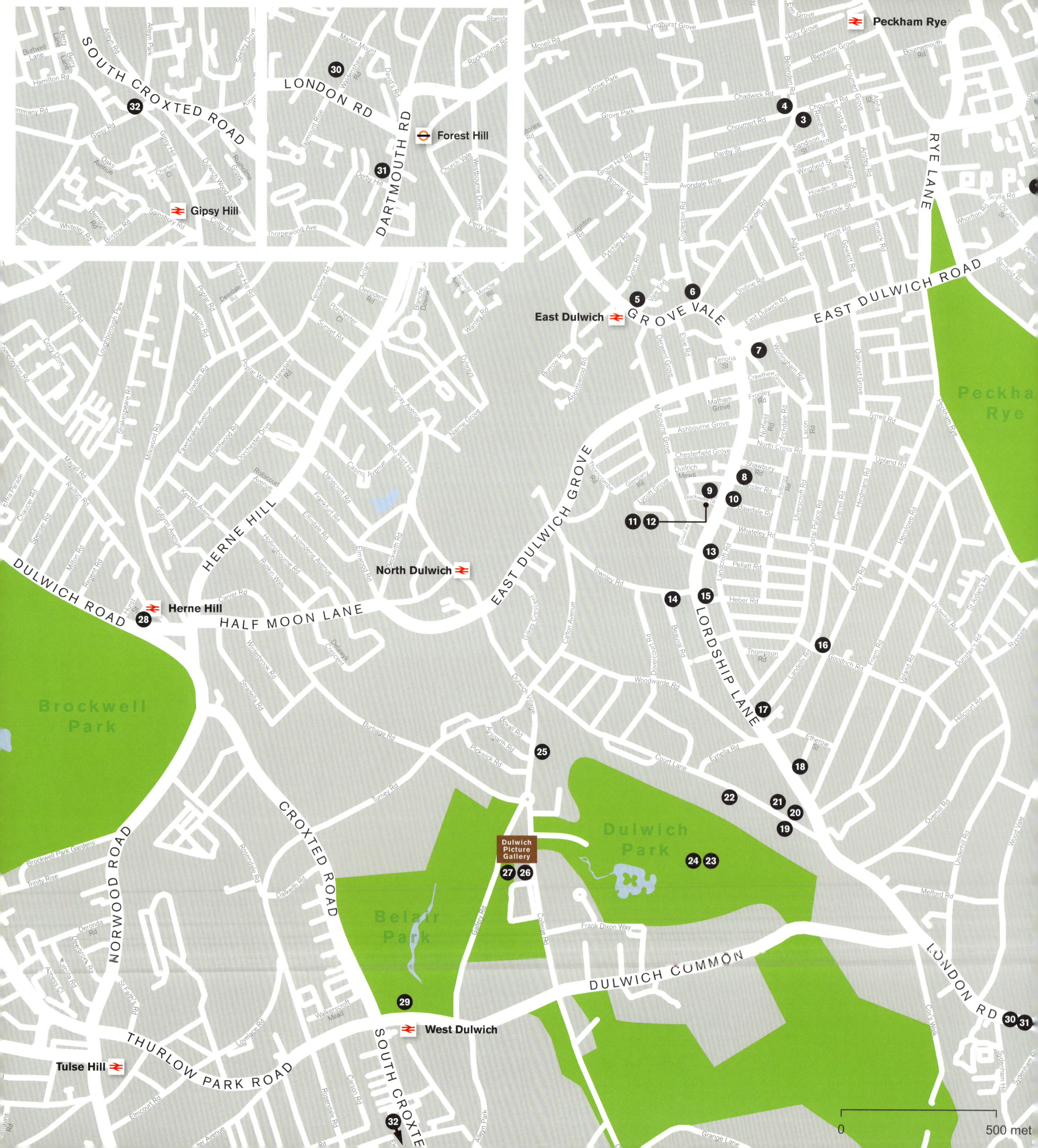

South Croxted Road
Gipsy Hill
London Rd
Dartmouth Rd
Forest Hill
Peckham Rye
Rye Lane
East Dulwich
Grove Vale
East Dulwich Road
Peckham Rye
East Dulwich Grove
Herne Hill
North Dulwich
Dulwich Road
Half Moon Lane
Lordship Lane
Brockwell Park
Croxted Road
Dulwich Picture Gallery
Dulwich Park
Belair Park
Norwood Road
Dulwich Common
London Rd
West Dulwich
Thurlow Park Road
Tulse Hill
South Croxte
0
500 met

Dulwich Outdoor Gallery

Accurate as of February 2015. This map includes artists that are part of Dulwich Outdoor Gallery who painted their walls after Street Art, Book Art was commissioned.

FAITH47	**01**	*Europa and the Bird* 197 Consort Road, SE15 3RY
AGENT PROVOCATEUR, INKIE and PURE EVIL	**02**	*Saint Catherine of Siena* The Old Nun's Head, 15 Nunhead Green, London, SE15 3QQ
ROA	**03**	*Landscape with Sportsmen and Game* Side of Victoria Inn, 77–79 Choumert Road, London, SE15 4AR
WALTER KERSHAW	**04**	*Landscape with Windmills near Haarlem* 166 Bellenden Road, London SE15 4QY
SYSTEM and REMI ROUGH	**05**	*Girl at a Window and The Triumph of David* 17 Grove Vale, London, SE22 8ET
PABLO DELGADO	**06**	*The Nurture of Jupiter, Princess Victoria aged Four, Woman Spinning* On the corner of Grove Vale and Coppleston Road, London, SE22
CONOR HARRINGTON	**07**	*Fight Club* Spurling Road, Opposite East Dulwich Tavern, London, SE22 8EW
STIK	**08**	*A Couple in a Landscape* On the side of Property In estate agent on the corner of Hansler Road and 133 Lordship Lane, London, SE22 8HX
STIK	**09**	*The Guardian Angel* Blackwater Court, London, SE22 8RS
CHRISTIAAN NAGEL	**10**	*Blue Mushroom* Franklins Farm Shop, 155 Lordship Lane, London, SE22 8HX
MICHAEL BEERENS	**11**	*St. Sebastian* Mrs Robinson, 153 Lordship Lane, London, SE22 8HD
CHRISTIAAN NAGEL	**12**	*Orange Mushroom* Mrs Robinson, 153 Lordship Lane, London, SE22 8HD
MEAR ONE	**13**	*New World Revolution* On the side of The Patch, 211 Lordship Lane, London, SE22 8HA
STIK	**14**	*The Fall of Man* The Moorings Townley Road/Beauval Road, London, SE22 8SW
PABLO DELGADO	**15**	*The Nurture of Jupiter, The Triumph of David* On the corner of Heber Road and Lordship Lane, London, SE22
PHLEGM	**16**	*The Triumph of David* Side of 206 Barry Road, London, SE22 0JW
PABLO DELGADO	**17**	*The Triumph of David, The Chaff-cutter, Jacob with Laban and his Daughters* 405 Lordship Lane, London, SE22 8JN
PABLO DELGADO	**18**	*White Horse in a Riding School, The Triumph of David, The Chaff-cutter* On the corner of Landells Road and Lordship Lane, London, SE22
STIK	**19**	*Elizabeth and Mary Linley* 184 Court Lane, London, SE21 7ED
MICHAEL BEERENS	**20**	*Three Sheep* 173 Court Lane, London SE21 7EE
MICHAEL BEERENS	**21**	*Three Sheep* 175 Court Lane, London SE21 7EE
MICHAEL BEERENS	**22**	*Three Sheep* 150 Court Lane, London SE21 7EB
STIK	**22**	*Eliza and Mary Davidson* 150 Court Lane, London, SE21 7EB
STIK	**23**	*Three Boys* The Bowling Building Dulwich Park, London, SE21
THIERRY NOIR	**24**	*Joseph Receiving Pharoah's Ring* The Bowling Building, Dulwich Park, London, SE21
RUN	**25**	*The Triumph of David* Crown and Greyhound, 73 Dulwich Village, London, SE21 7BJ
BEN WILSON	**26**	*Saint Catherine of Siena* Dulwich Picture Gallery, Gallery Road, London, SE21 7AD
BEN WILSON	**27**	*The Judgment of Paris* Dulwich Picture Gallery, Gallery Road, London, SE21 7AD
DAVID SHILLINGLAW	**28**	*Samson and Delilah* Side of The Florence, 131–133 Dulwich Road, London, London, SE24 0NG
MAD C	**29**	*Vase with Flowers* The back of the tennis practice wall, Belair Park, near South Circular Road, London, SE21
AGENT PROVOCATEUR	**30**	*Happy Hour* 30 Waldenshaw Road, Forest Hill, London, SE23 3XP
RUN	**31**	*The Translation of St. Rita of Cascia* 30 Dartmouth Road, Forest Hill, London, SE23 3XZ
REKA	**32**	*Europa and the Bull* The Paxton Pub, 255 Gipsy Road, London, SE27 9QY

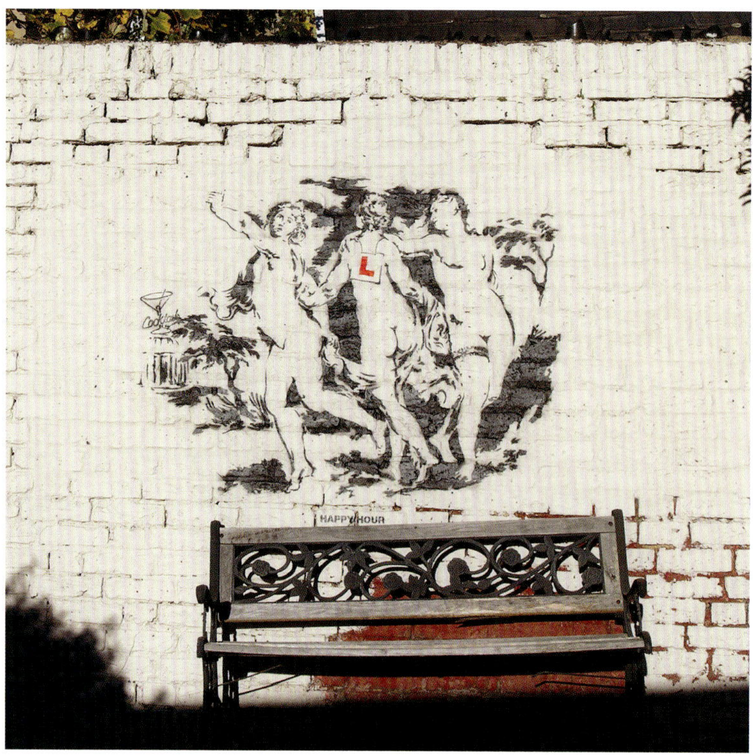

Agent Provocateur

30 Waldenshaw Road,
Forest Hill, London,
SE23 3XP

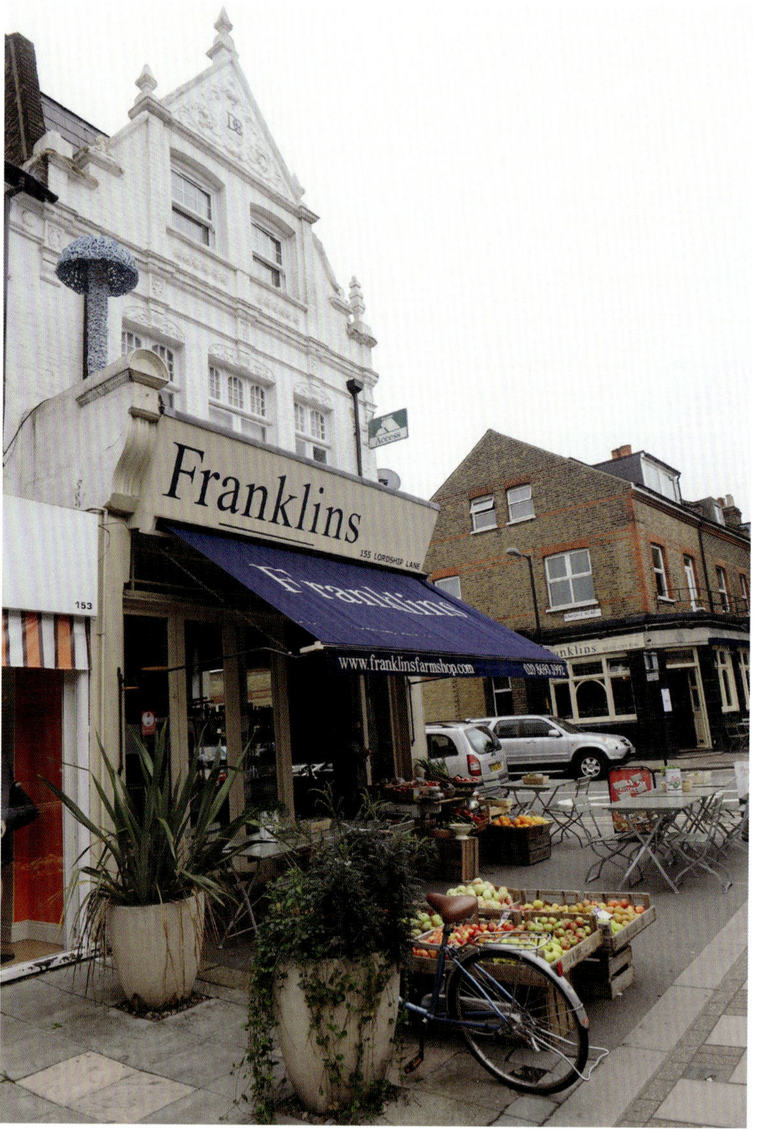

Christiaan Nagel

On the roof of Franklins Farm
Shop,157 Lordship Lane,
SE22 8HX

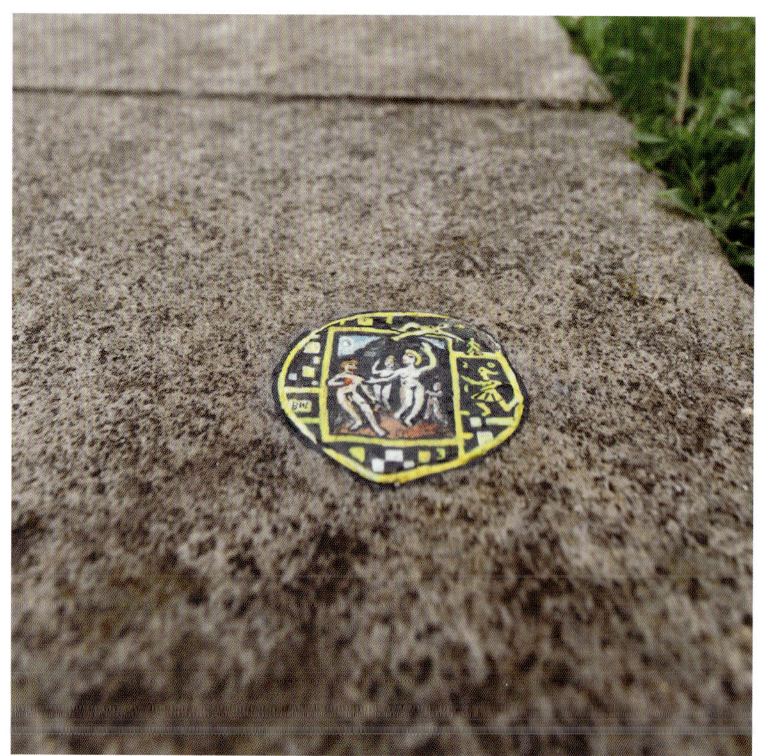

Ben Wilson

Dulwich Picture Gallery,
Gallery Road, London,
SE21 7AD

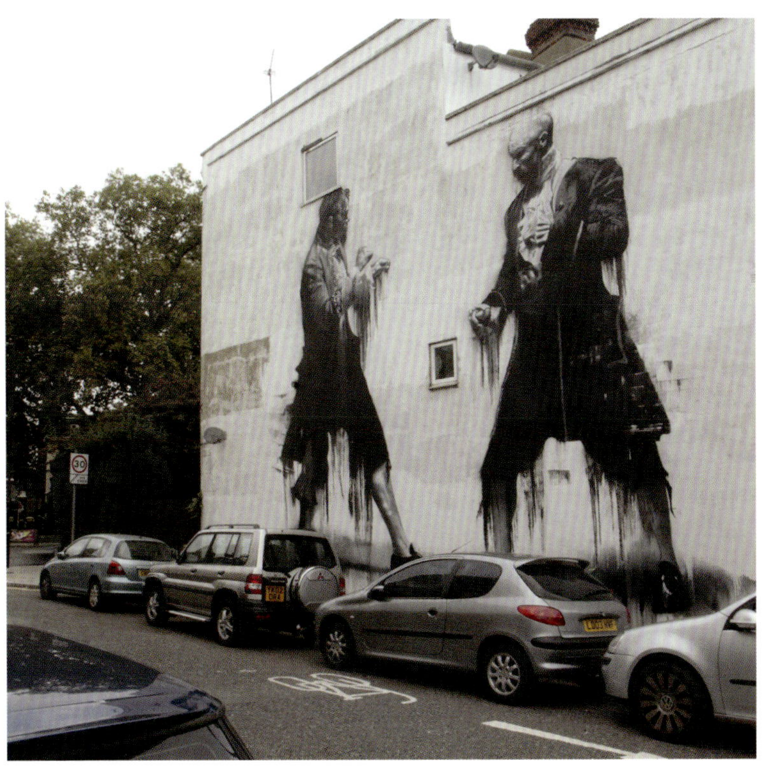

Conor Harrington

Spurling Road, Opposite the East Dulwich Tavern, London, SE22 8EW

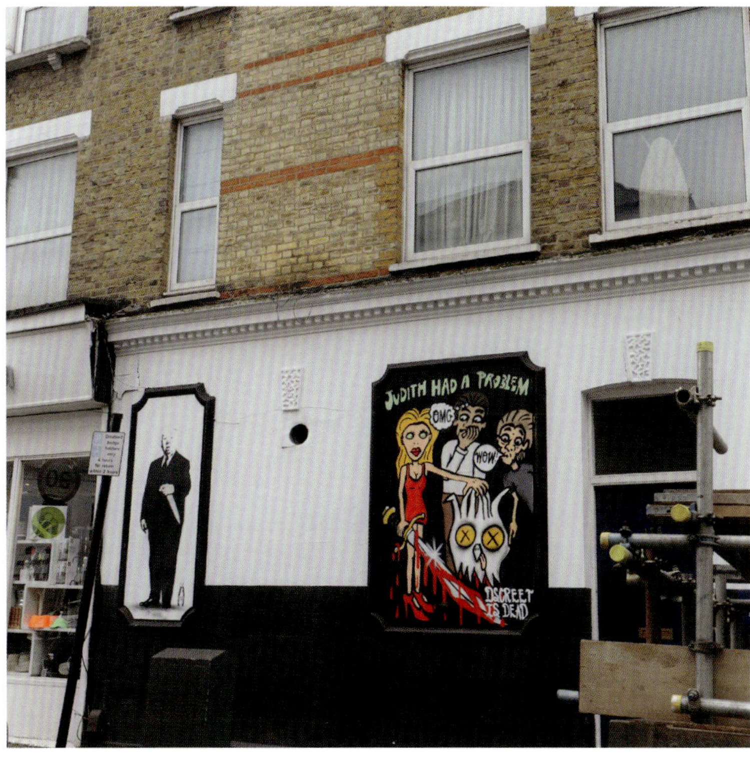

DSCREET

Was on Blackwater Street/ 153 Lordship Lane, London SE22 8HD

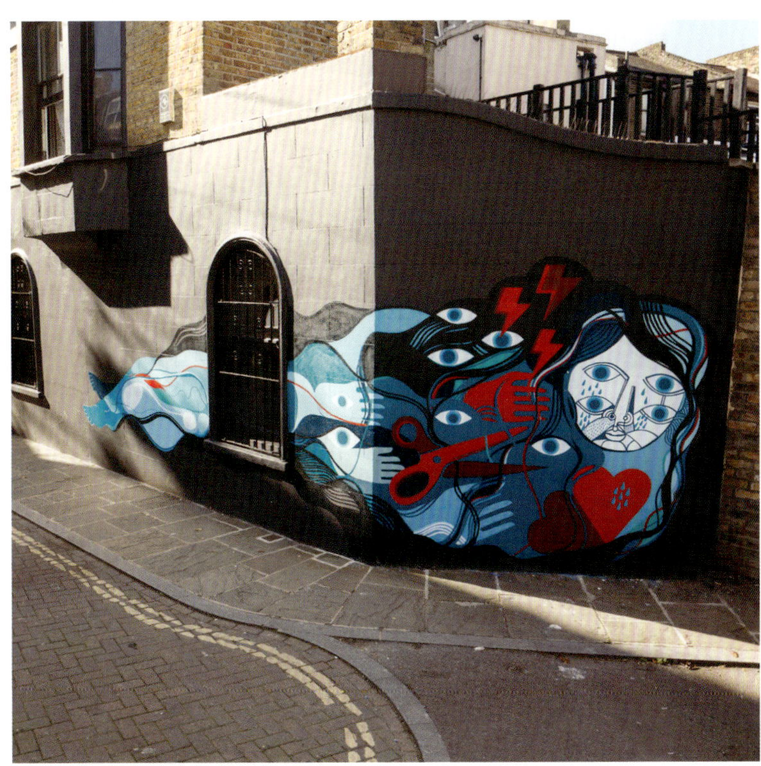

David Shillinglaw

The Florence Pub, 131–133 Dulwich Road, London, SE24 0NG

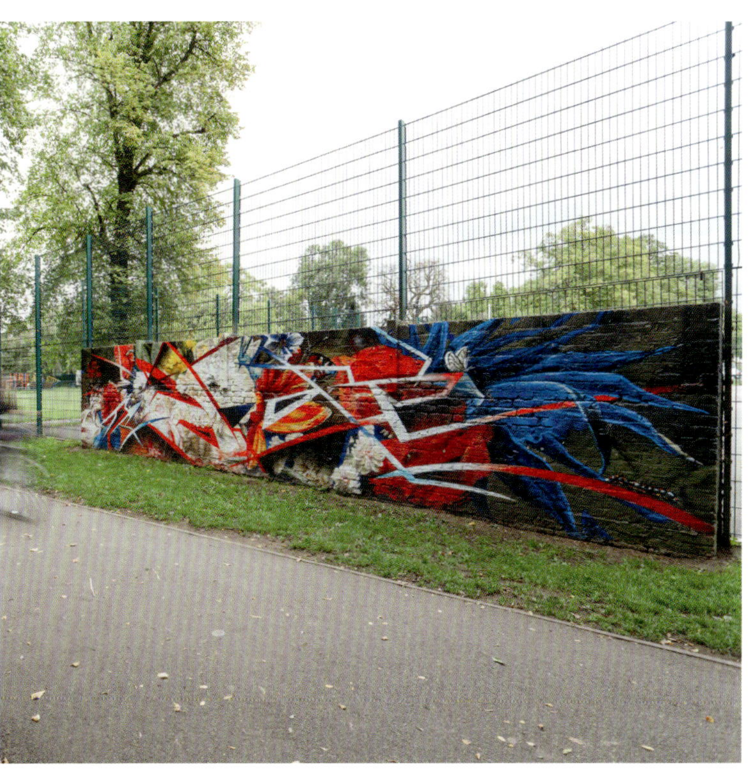

MadC

The back of the tennis practice wall, Belair Park, Gallery Road, London, SE21

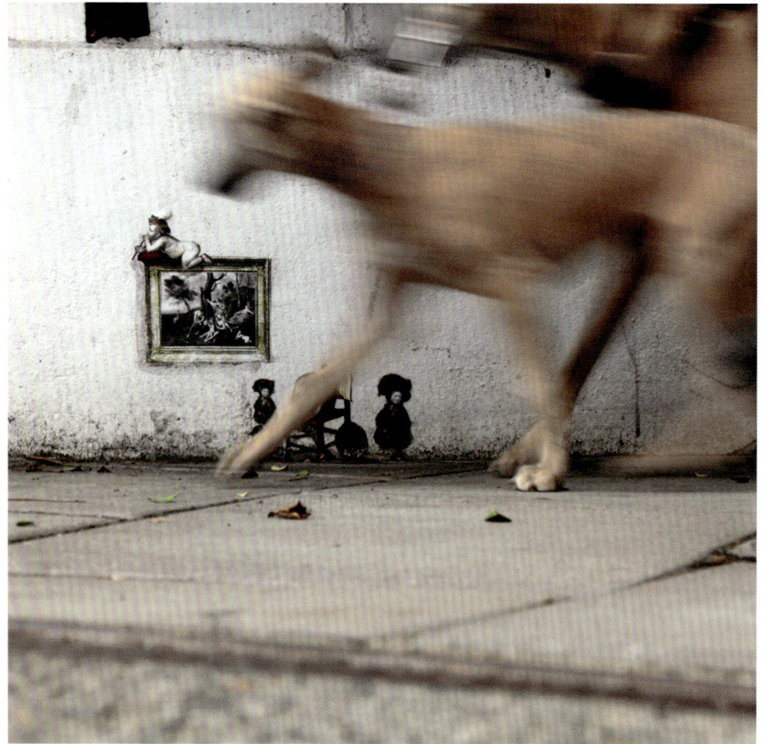

Pablo Delgado

On the corner of Grove Vale and Coppleston Road, London, SE22

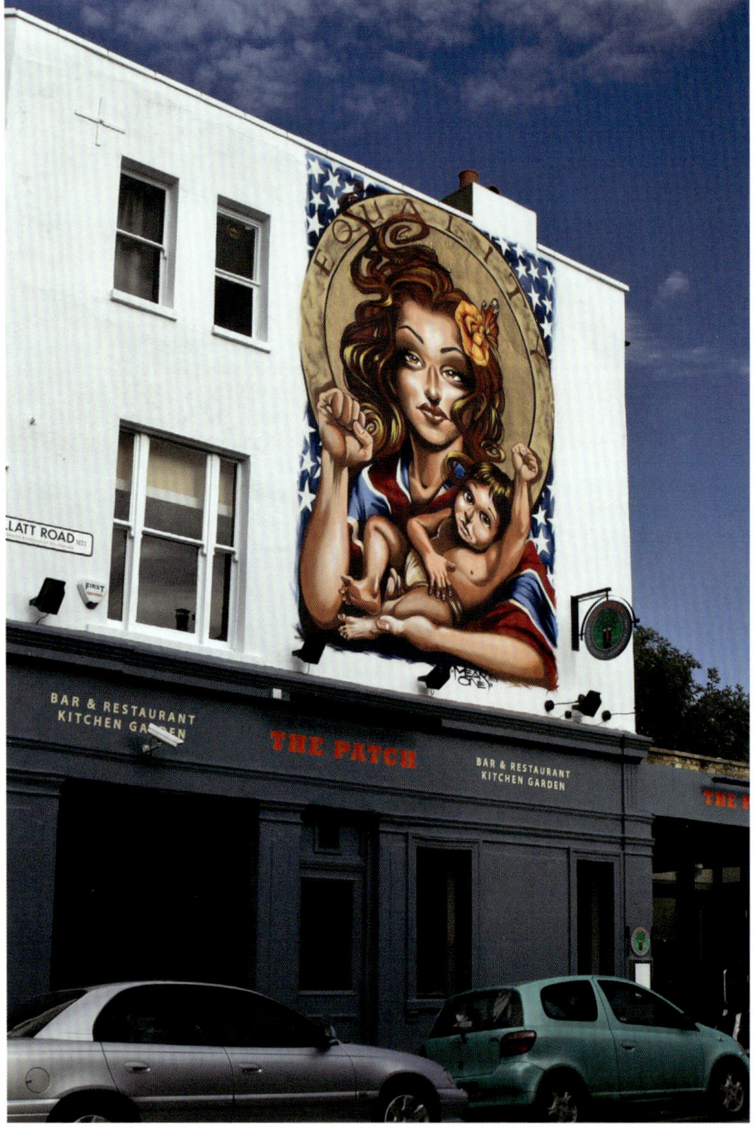

Mear One

On the side of The Patch, 211 Lordship Lane and Pellatt Road, London, SE22 9JD

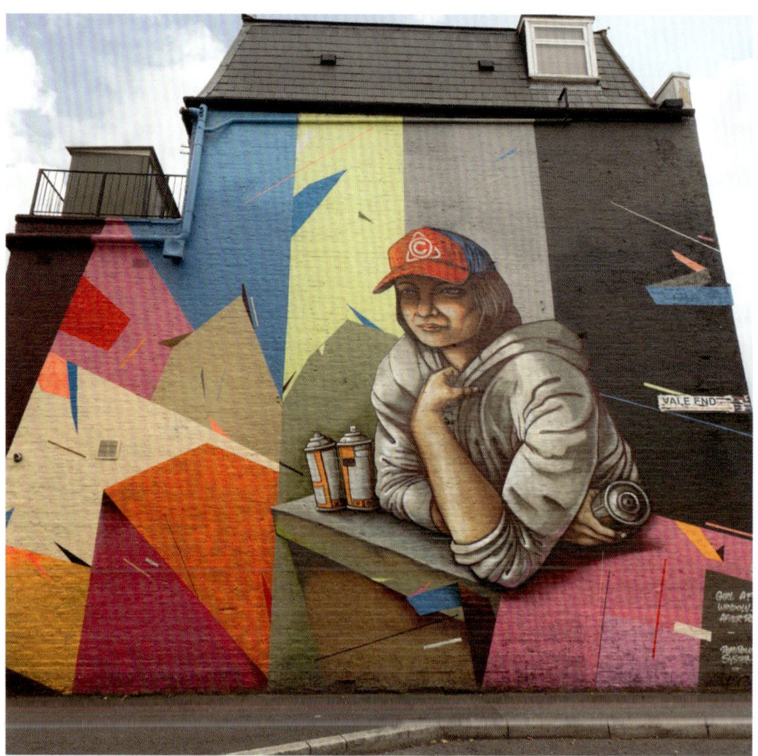

Remi Rough & System

17 Grove Vale, London, SE22 8ET

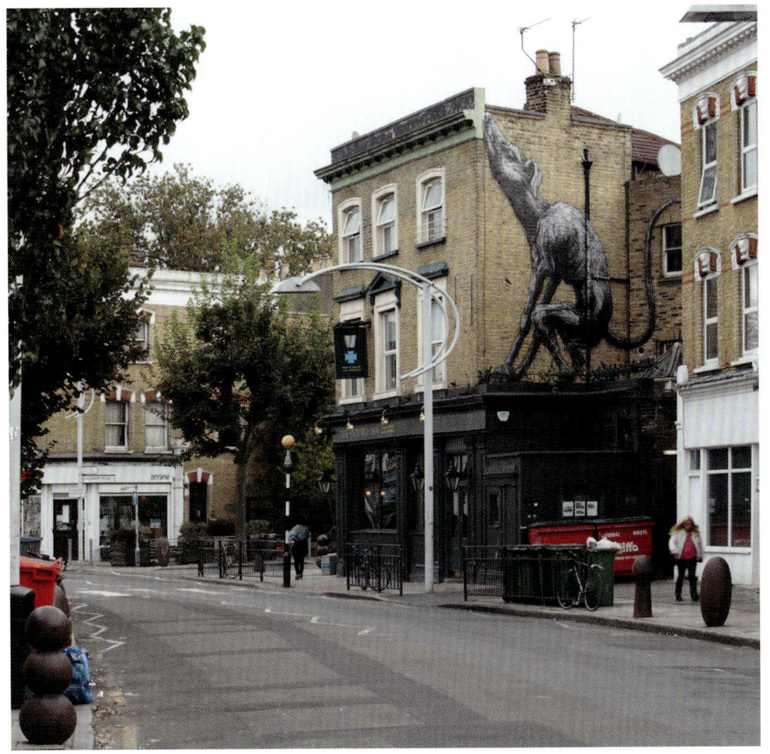

ROA

Back of Victoria Inn
77–79 Choumert Road,
London, SE15 4AR

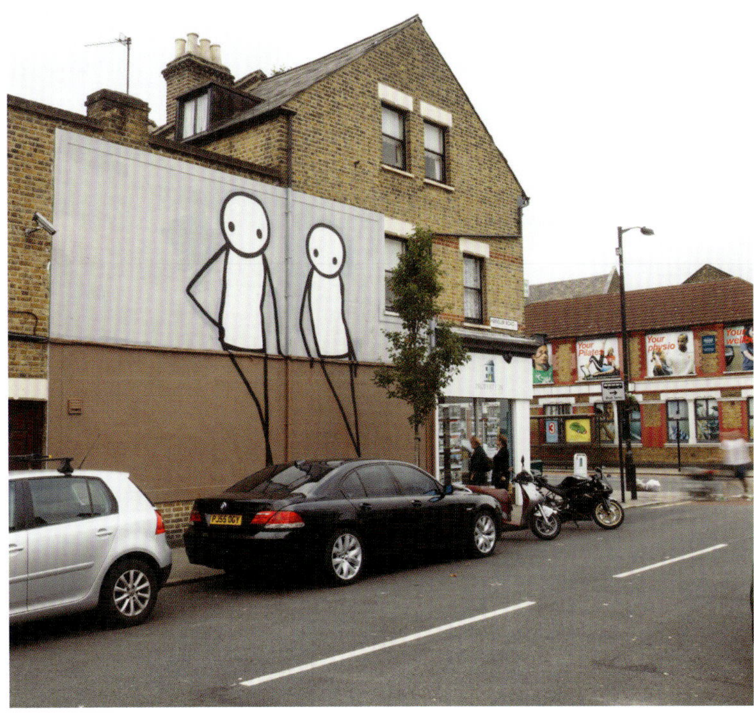

Stik

On the side of the estate agent Property In on the corner of Hansler Road and 133 Lordship Lane, London, SE22 8HX

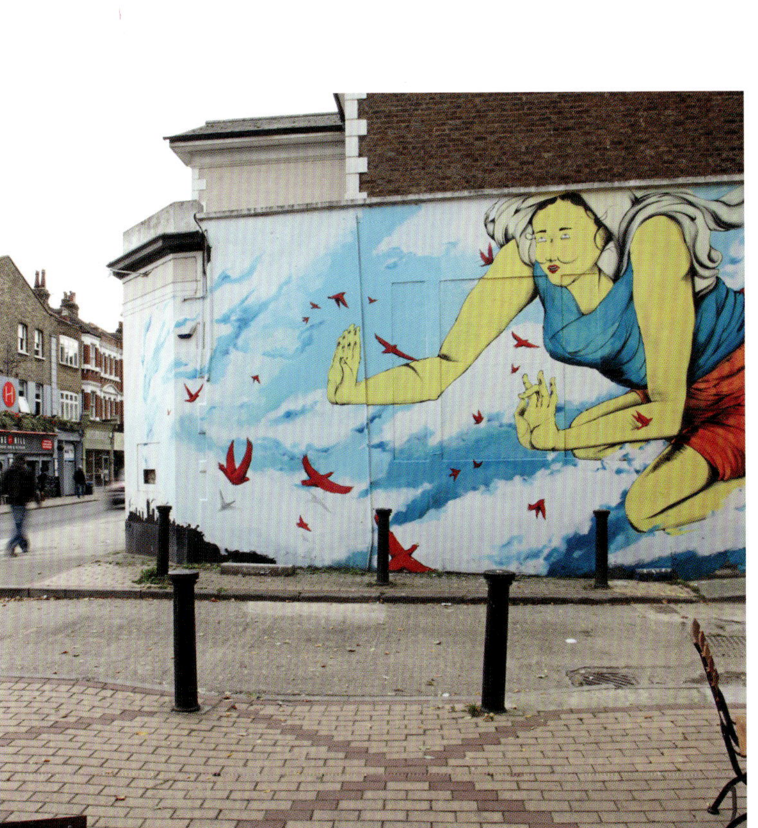

RUN

30 Dartmouth Road,
Forest Hill, London, SE23 3XZ

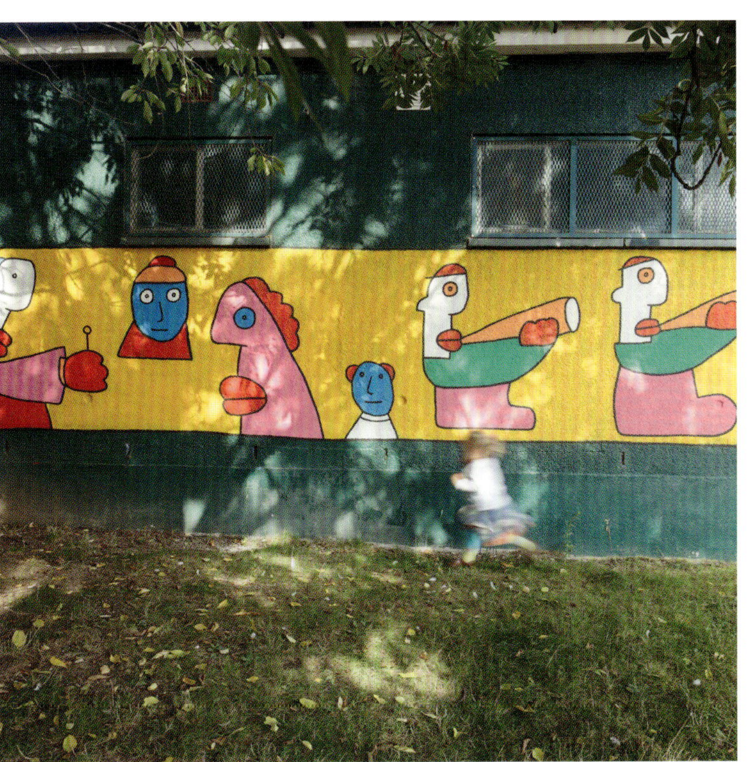

Thierry Noir

The Bowling Building
Dulwich Park, London,
SE21

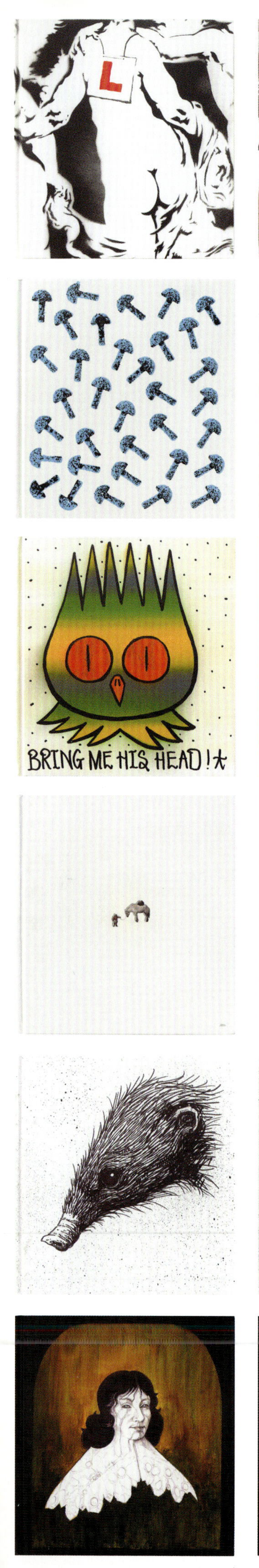
BRING ME HIS HEAD!
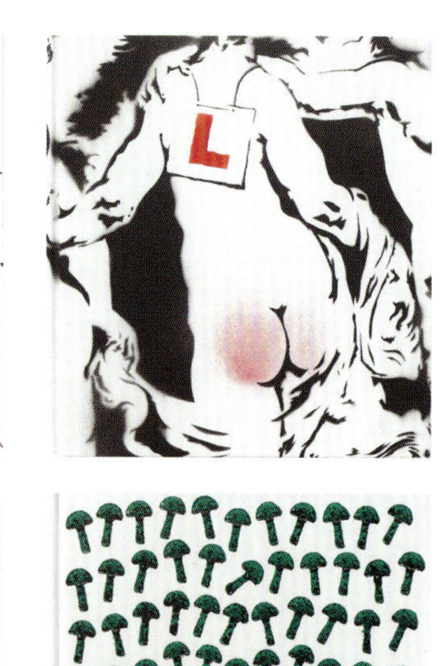
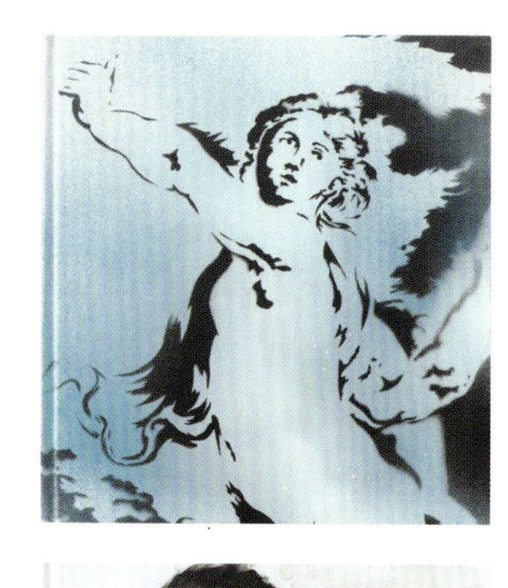
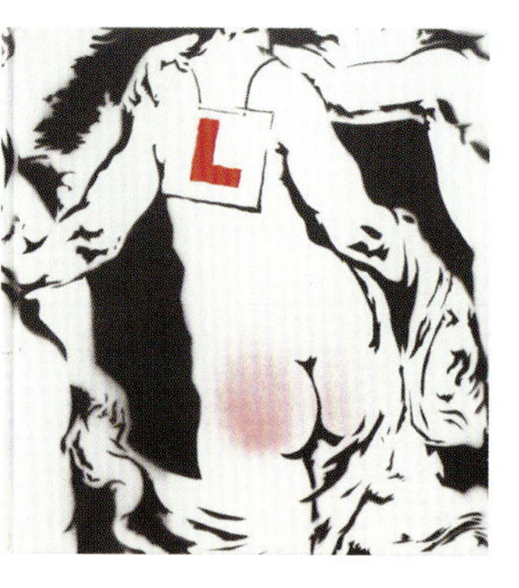
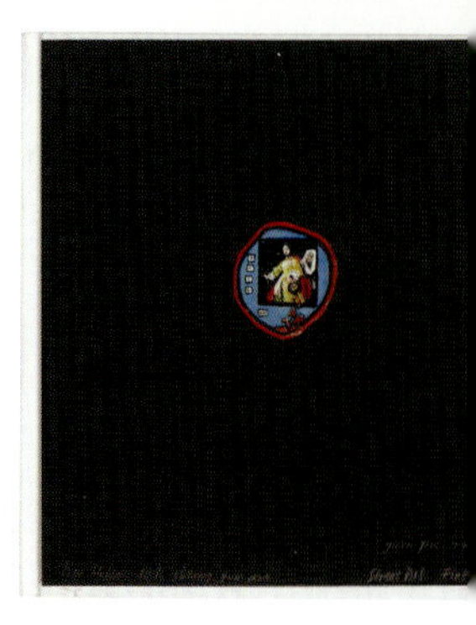
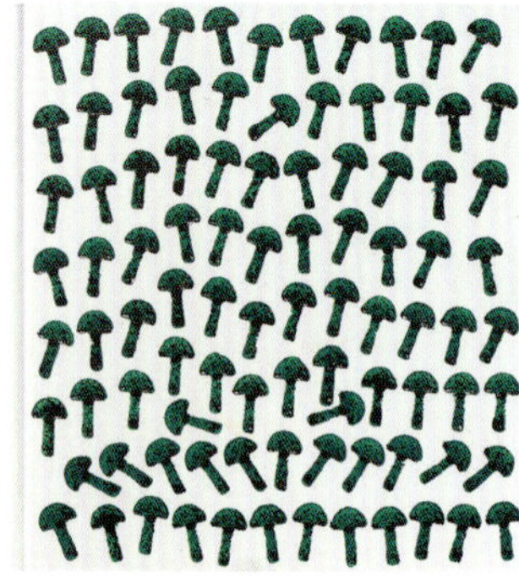
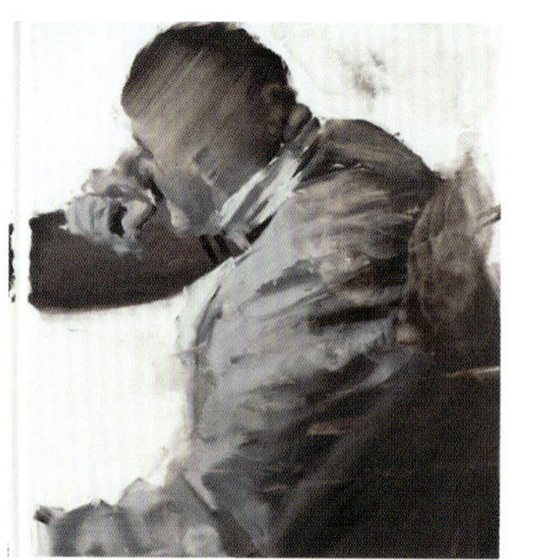
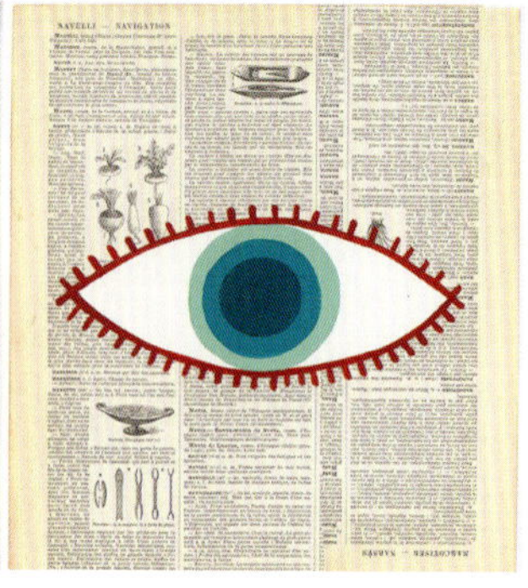
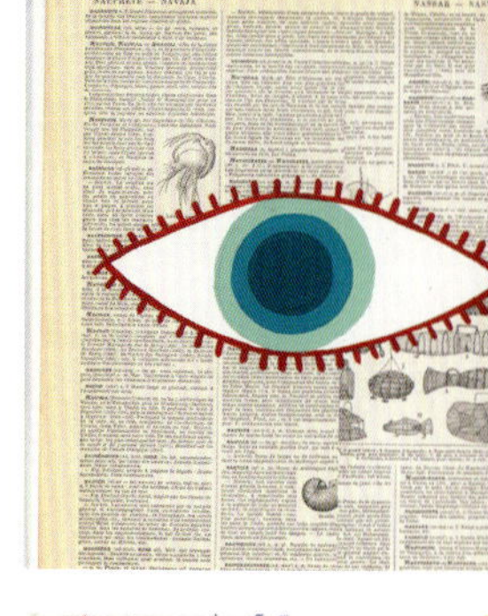
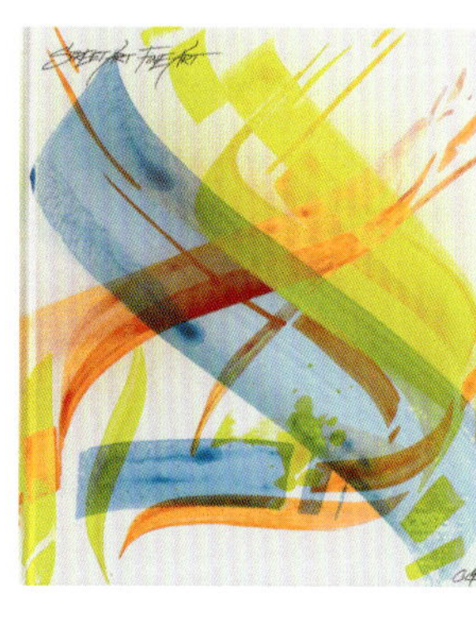
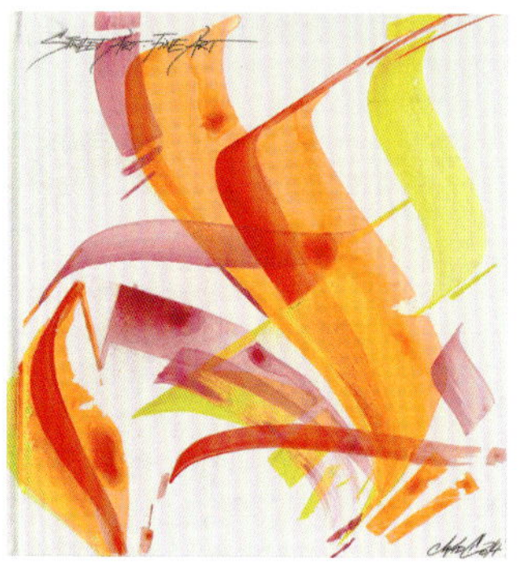
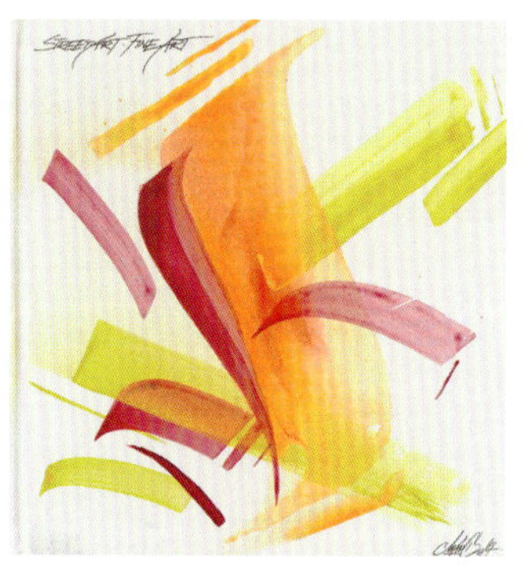
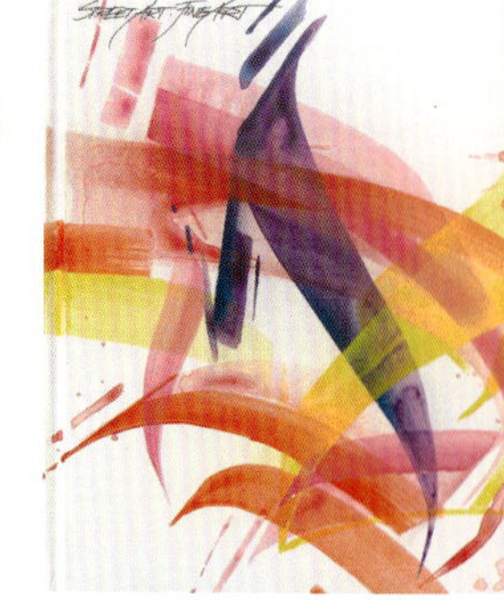
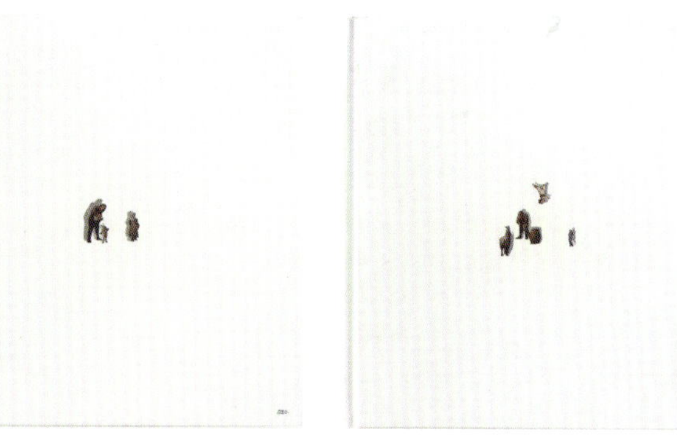
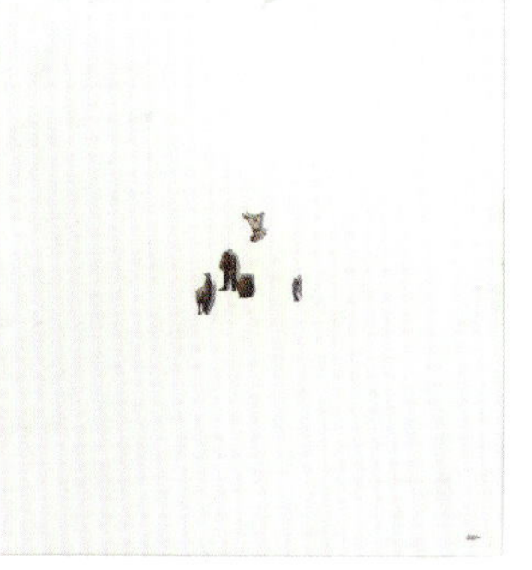
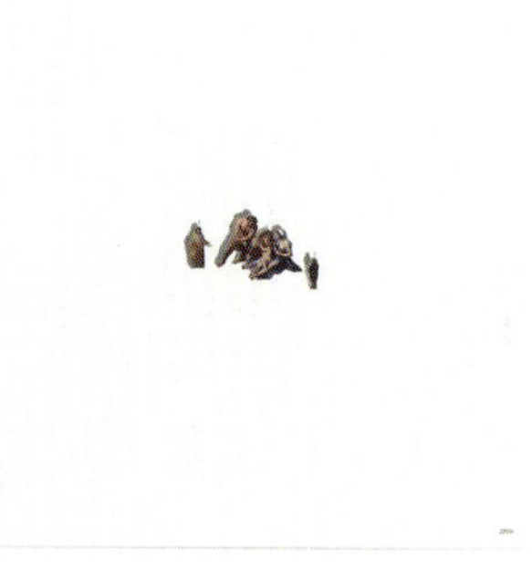

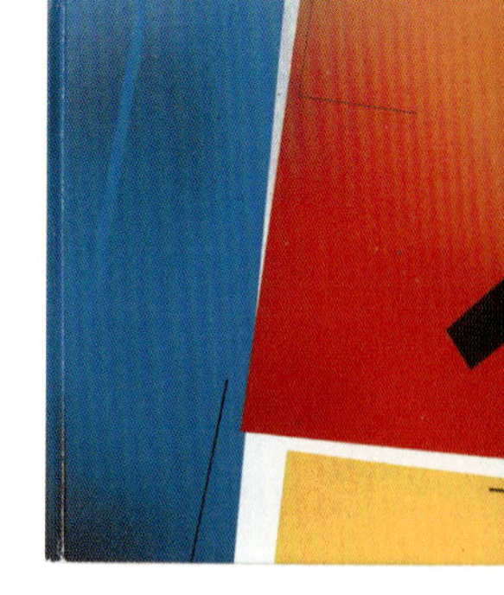
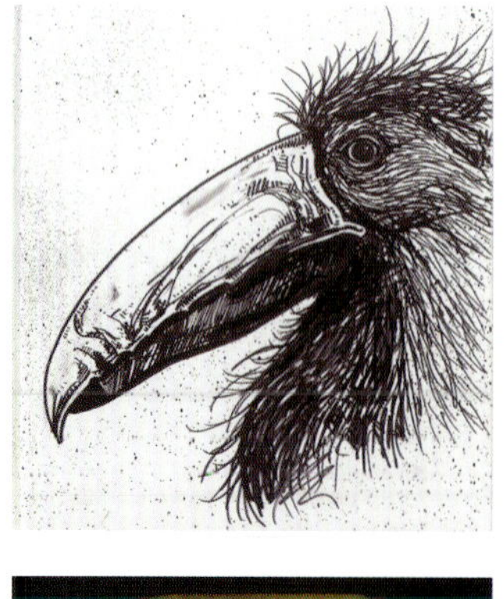
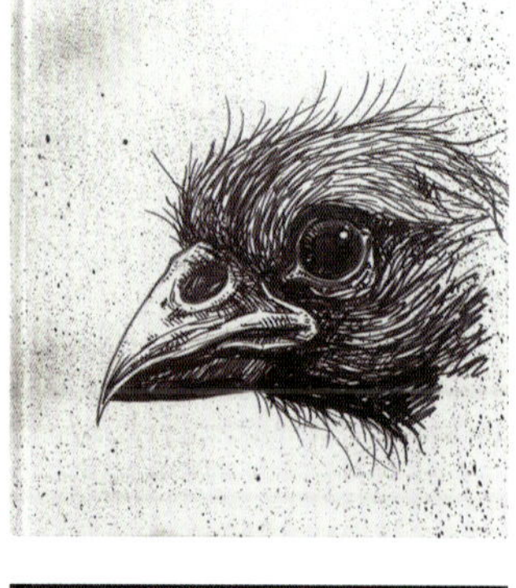
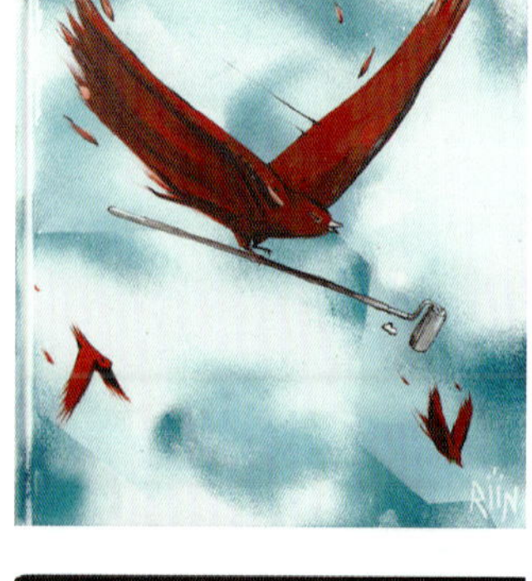
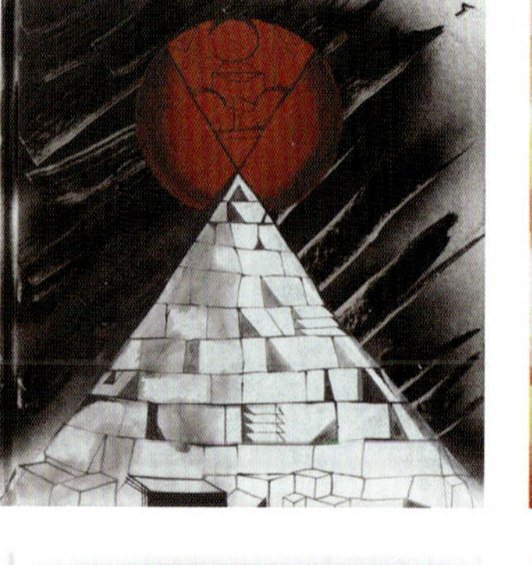
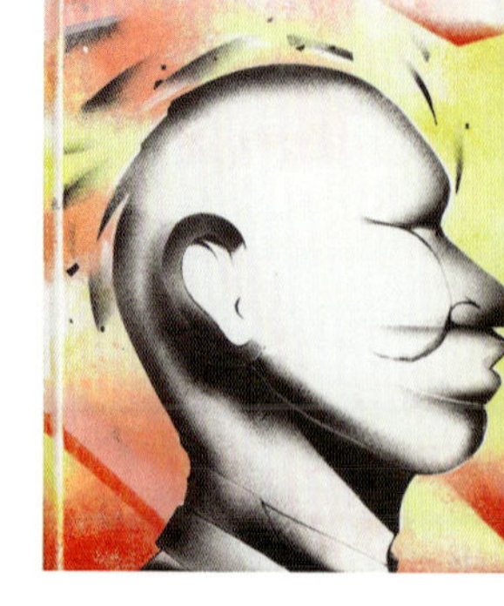
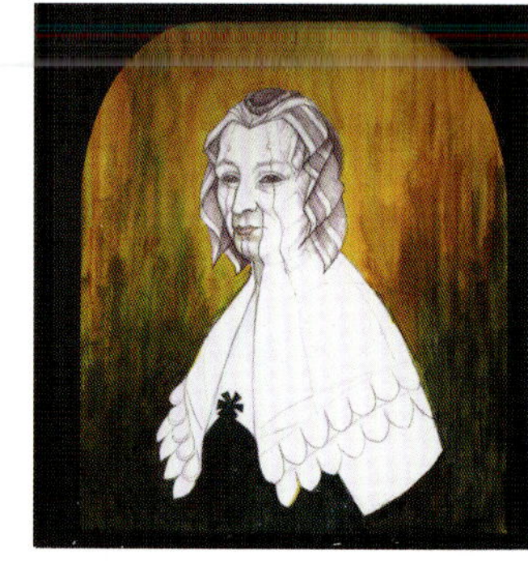
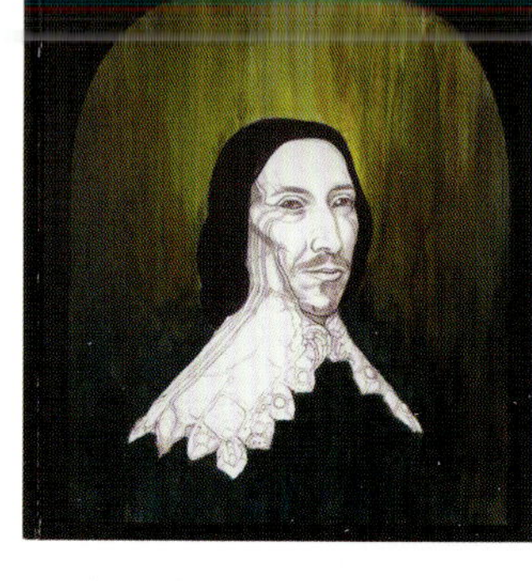
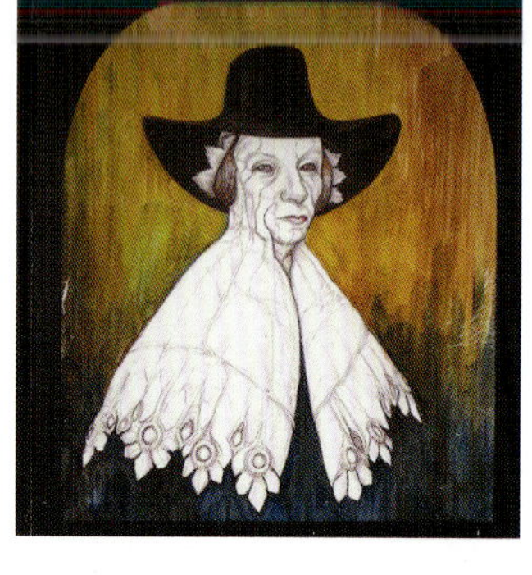
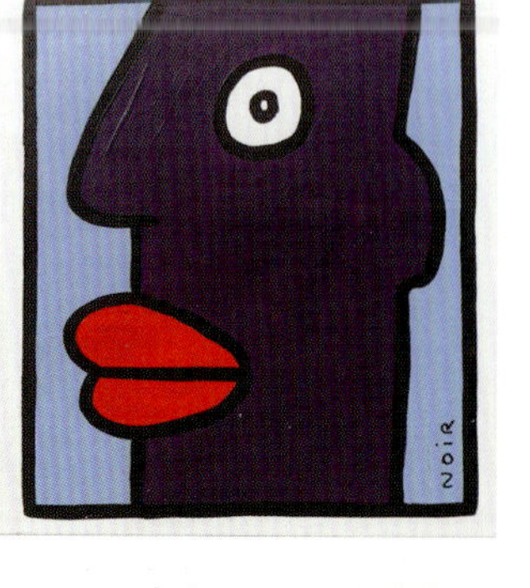
NOIR
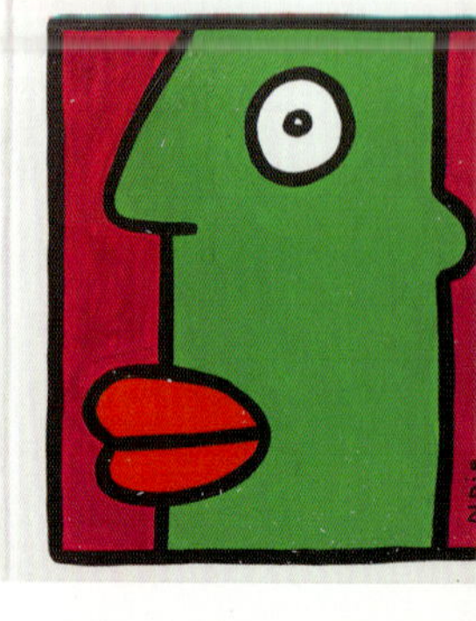

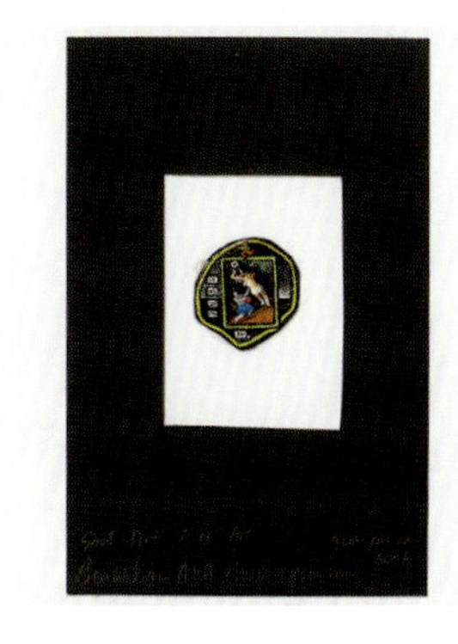

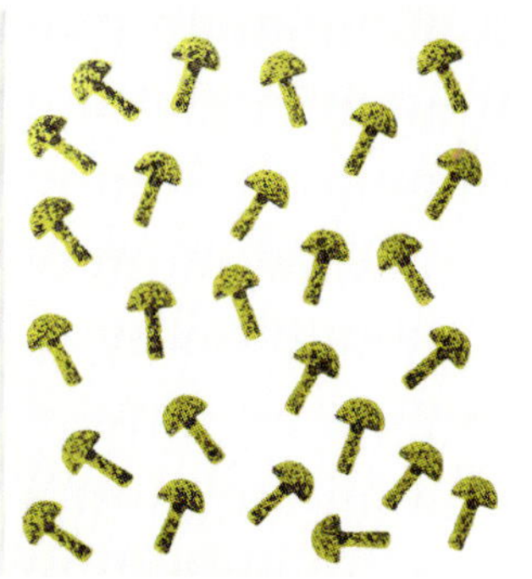
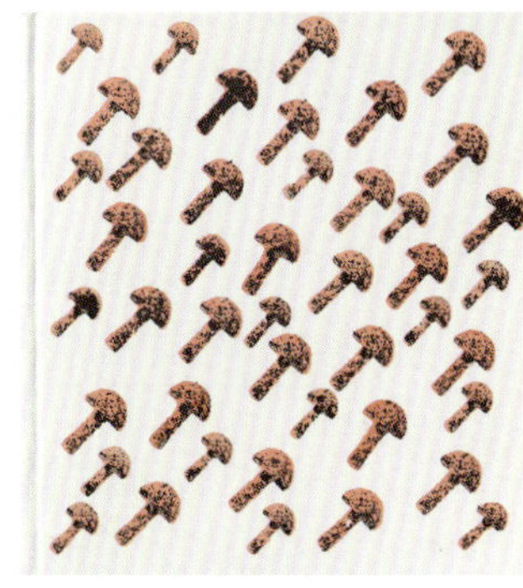
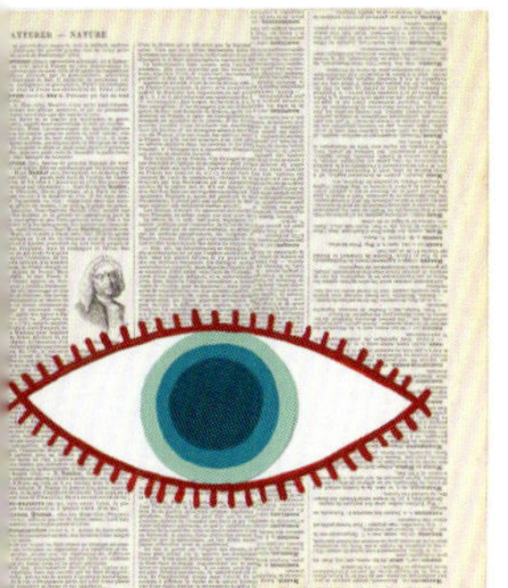
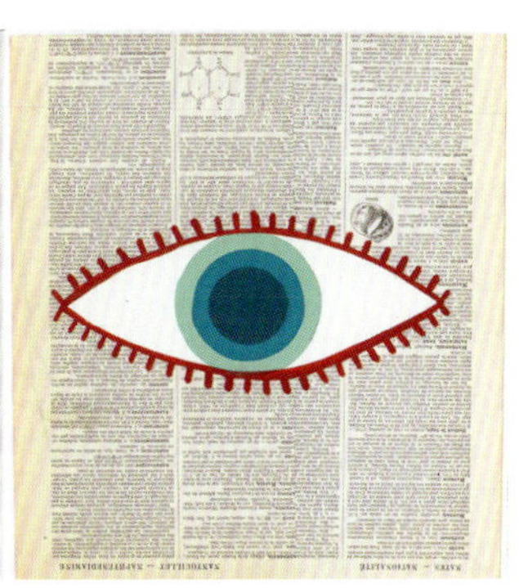
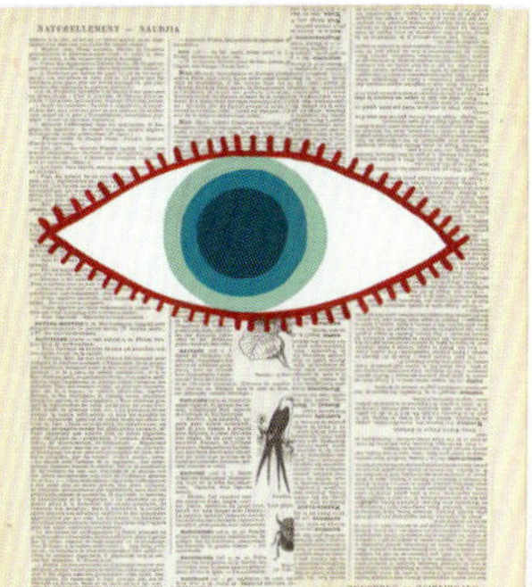

DSCREET

STREET ART ★ FINE-ART

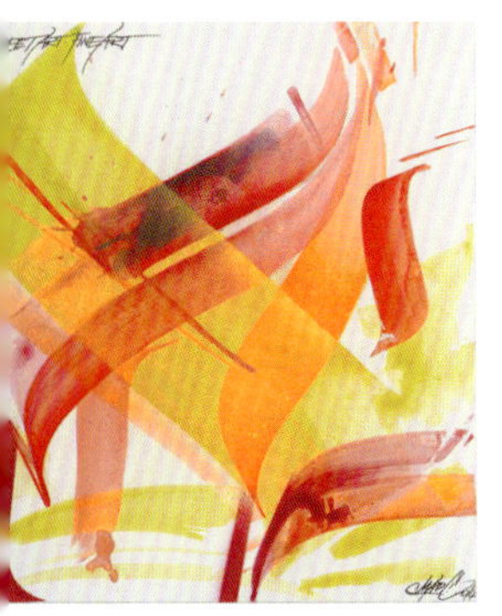
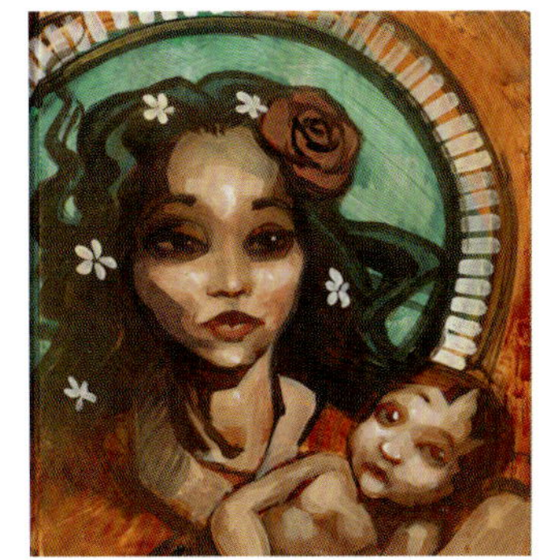
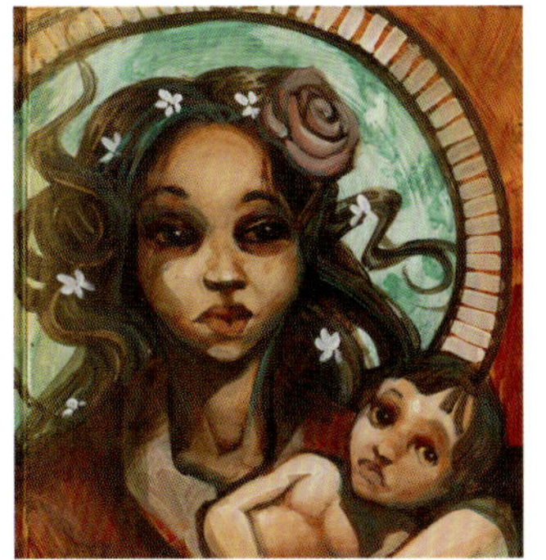
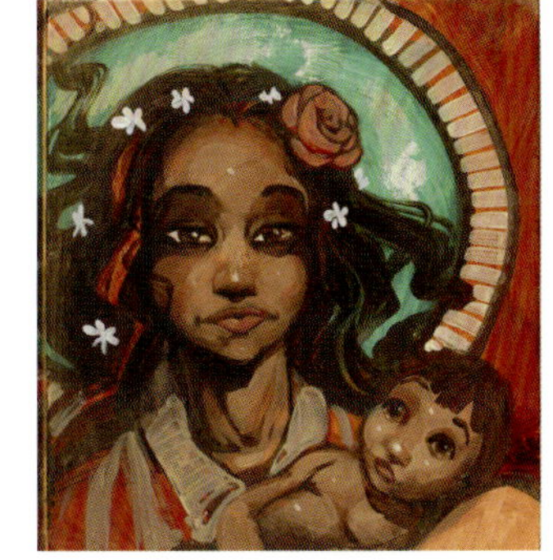
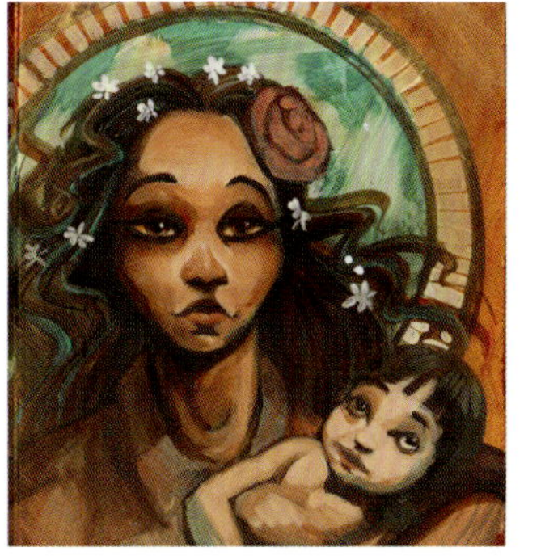
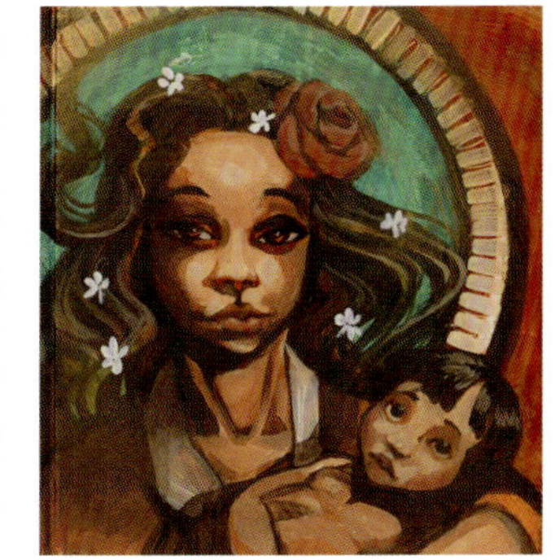

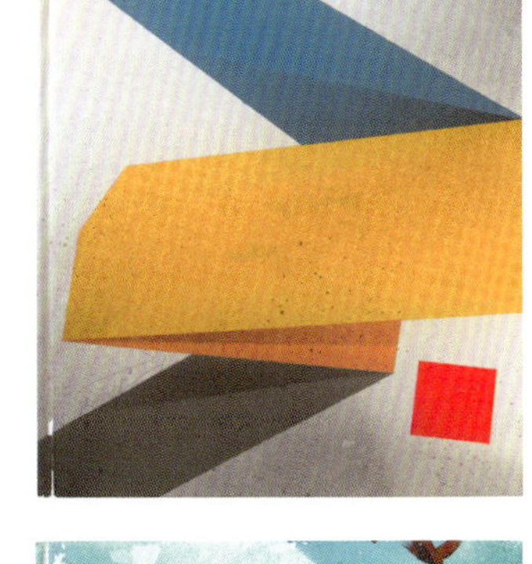
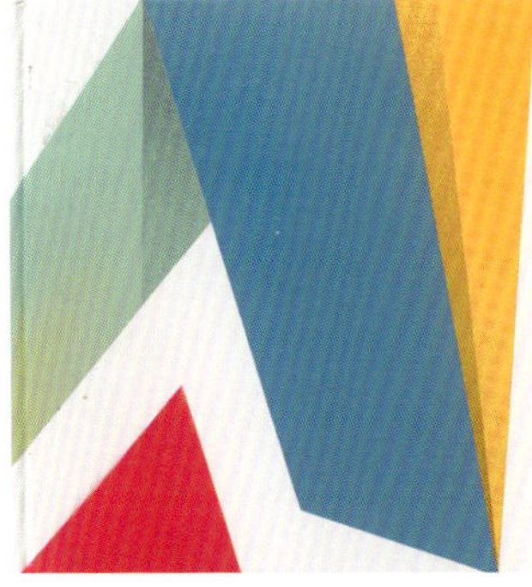
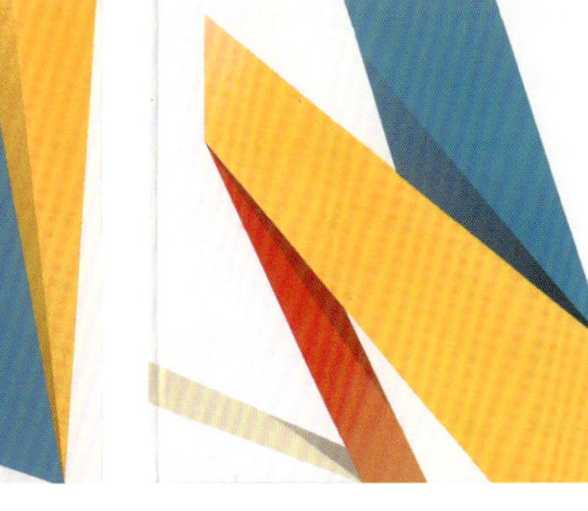
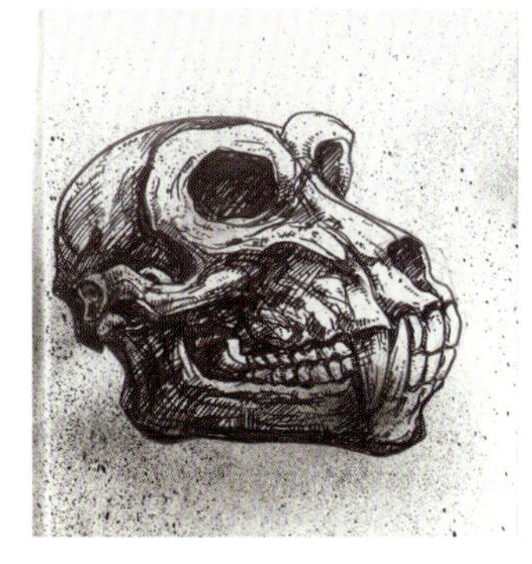
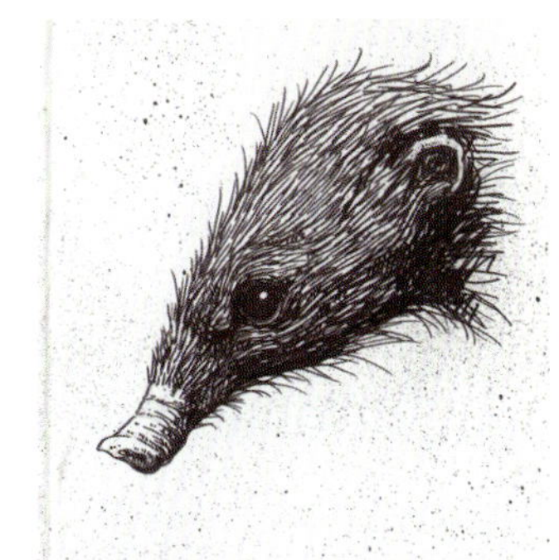
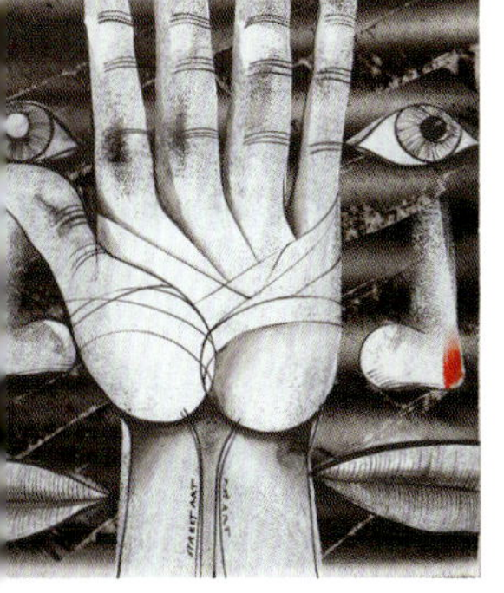
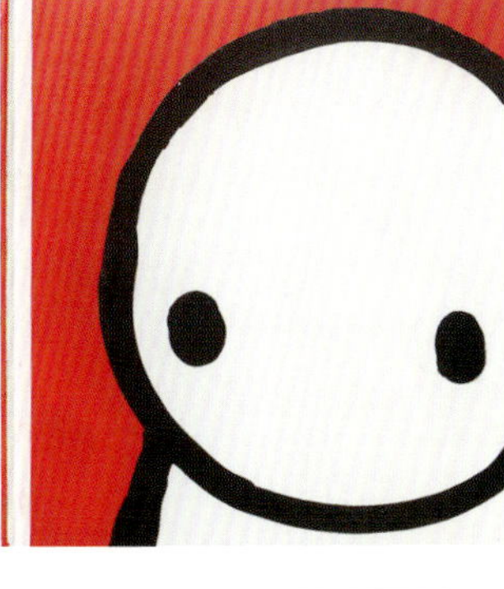
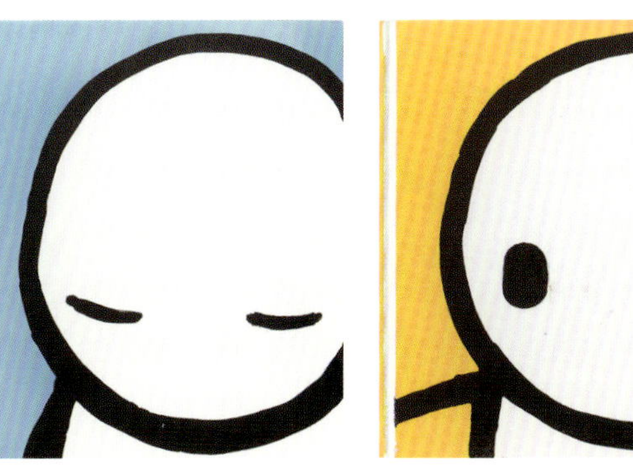
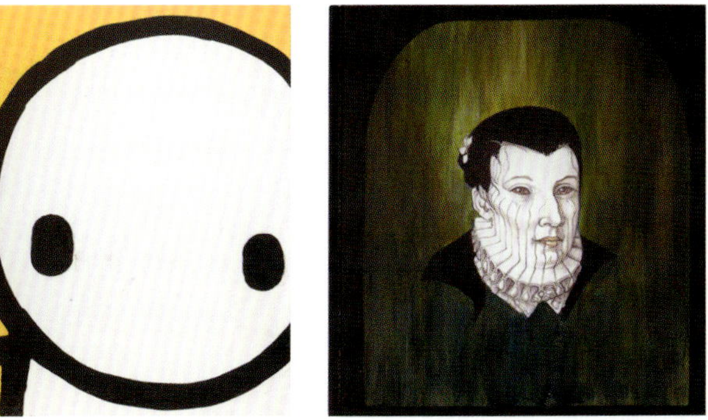
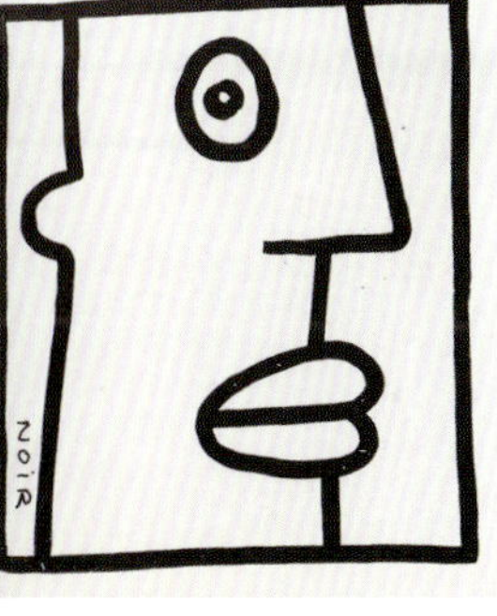
NOIR
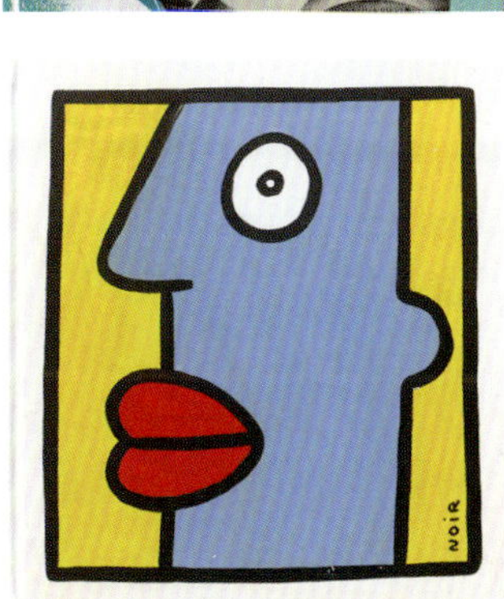
NOIR
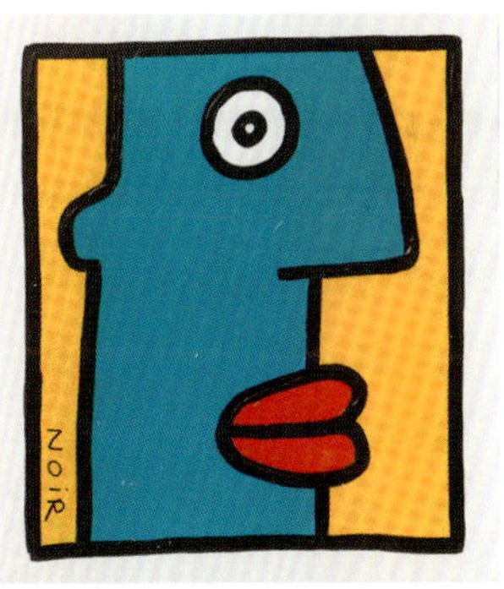
NOIR
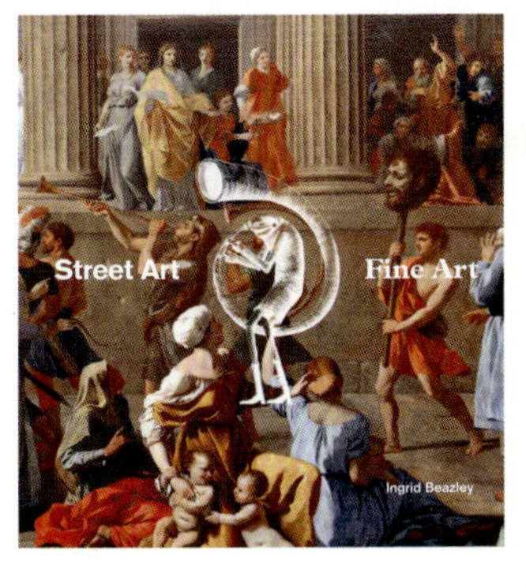
Street Art
Fine Art
Ingrid Beazley

Acknowledgements

Thanks to

The artists who gave their time and skill to support this project:

Agent Provocateur
Ben Wilson
Christiaan Nagel
Conor Harrington
David Shillinglaw
Dscreet
MadC
Mear One
Pablo Delgado
Remi Rough
ROA
RUN
Stik
System
Thierry Noir

A very special thank you to Joe Hage, who encouraged me to create these books, who published and promoted them and put on the exhibition *Street Art, Book Art* at Pace, London. Without him these books and the show would not have happened.

This book is dedicated to Joe Hage.

Photography Credits

Front cover
Prudence Cuming Associates Ltd.

p. 02
Lorenzo Photography

p. 04
John Davies

pp. 08 — 145
Prudence Cuming Associates Ltd.

pp. 148 — 151 & back cover images
Agent Provocateur: Agent Provocateur
Ingrid Beazley: Christiaan Nagel, Dscreet
Peter Falkner: Ben Wilson, David Shillinglaw, Conor Harrington, MadC, Pablo Delgado, Remi Rough & System, ROA, RUN, Stik, Thierry Noir
Lou Smith: Mear One
Ben Wilson: Ben Wilson

pp. 152 — 153
Prudence Cuming Associates Ltd.

First published 2015 by HENI Publishing,
London, W1F 0LB, United Kingdom.

A catalogue record for this book is available from The British Library

ISBN 978-0-9568738-6-6

Publishing Manager: Phoebe Adler

Designer: Dominic Burr

Printed in the UK by Geoff Neal Litho